Hanna Jaacks

Die große Strickschule

Von Anschlag bis Zusammennähen

Bassermann

Wir bedanken uns bei der Firma Junghans-Wolle, 52055 Aachen, die uns für das Foto auf Seite 13 Material zur Verfügung gestellt hat.

Das für dieses Buch verwendete FSC-zertifizierte Papier *Profimatt* wurde von Sappi Deutschland im Werk Alfeld produziert.

978-3-8094-2063-7

Umschlaggestaltung: Atelier Versen, Bad Aibling
Projektkoordination: Dr. Iris Hahner
Herstellung: Sonja Storz
Bildredaktion: Sabine Kestler
Fotos: Alescha Birkenholz, München (S. 13), Achim Kalk, Kelkheim (S. 144); alle übrigen: Photo-Design-Studio Gerhard Burock, Wiesbaden-Naurod
Schritt-für-Schritt-Zeichnungen: Regina Brendel, Aarbergen-Panrod; Ulrike Hoffmann (S. 19 r., S. 48 r. u.)
Mustersymbolschriften: Schoeller Eitorf AG/Atelier, Eitorf

Druck und Bindung: Těšínská Tiskárna a.s., Český Těšín (CZ)

Printed in the Czech Republic

048210296X81726354453

Die große

Strickschule

Inhalt

Muster

Stricknadeln und Zubehör

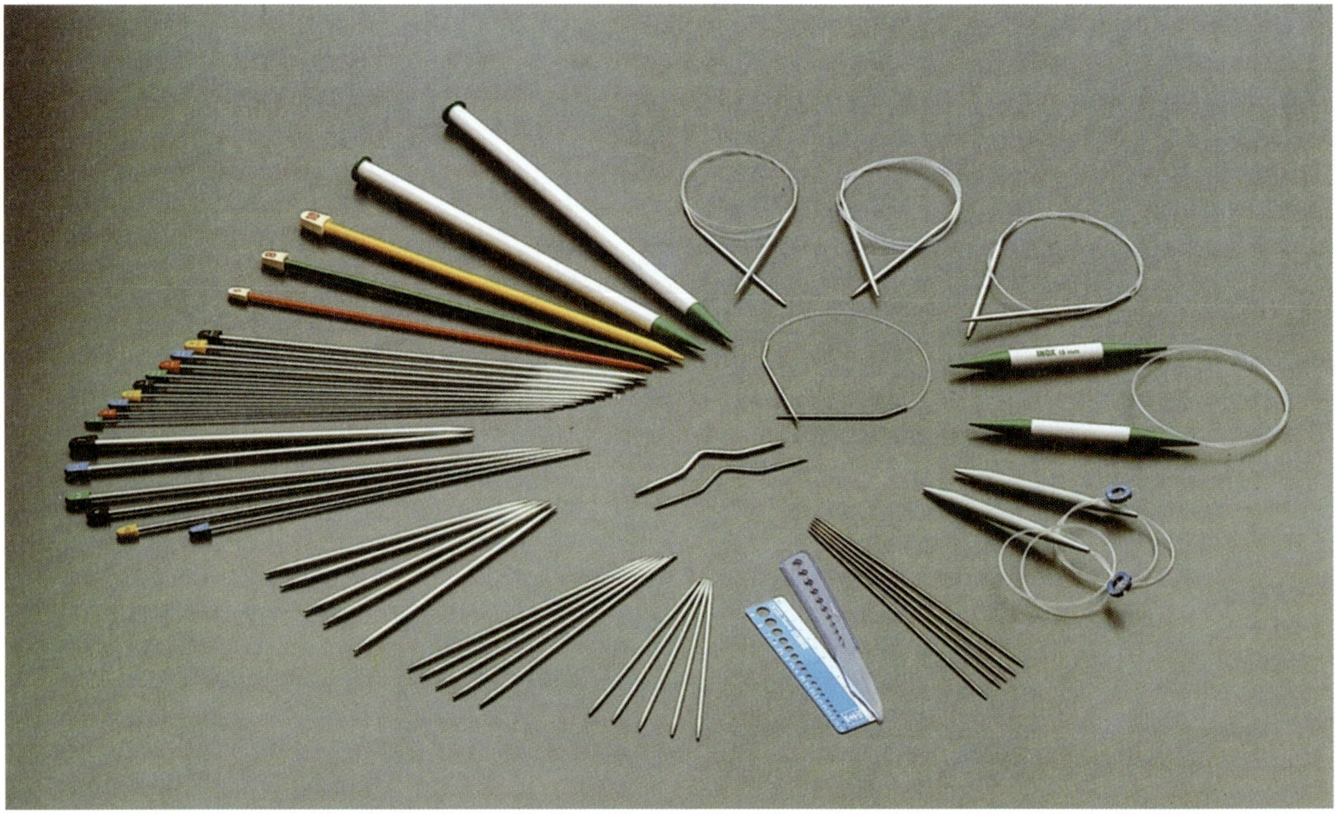

Das Angebot an Stricknadeln ist sehr groß, und die Entscheidung, mit welchen Nadeln der neue Pullover gestrickt wird, ist nicht leicht.
Da jede Nadel bei der Strickerin anders in der Hand liegt, müssen Sie selbst entscheiden, ob Sie lieber mit geraden oder mit Rundstricknadeln arbeiten.

1 Nadelmaß aus Aluminium oder Plastik zum Bestimmen der Nadelstärke.
2 Zopfnadeln; von der leicht gebogenen Hilfsnadel können die stillgelegten Maschen nicht so leicht herunterrutschen.
3 Jackenstricknadeln mit gleichbleibendem Schaft.
4 Schnellstricknadeln werden in verschiedenen Längen und Stärken angeboten. Vorteil dieser Nadeln: der Schaft verjüngt sich nach einigen Zentimetern, so daß sich die Maschen besser zusammenschieben lassen.
5 Jackenstricknadeln aus Kunststoff sind in den Stärken 12, 15 und 20 vor allem für sehr dicke Garne geeignet.
6 Rundstricknadeln werden heute nicht nur für Rundgestricktes verwendet. Das Gewicht der Maschen verteilt sich auf das Perlonseil und damit auf beide Nadeln.
7 Rundstricknadeln mit Plastikspitze gibt es in den Größen 12 und 15.
8 Flex-Stricknadeln gleichen den Rundstricknadeln, jedoch hat jede Nadel einen eigenen Kopf.
9 Strumpfstricknadeln aus Stahl. Durch die 2 Spitzen kann jede Nadel von beiden Seiten abgestrickt werden.
10 Strumpf- und Handschuhstricknadeln erleichtern das Stricken kleiner Runden, sie sind sehr kurz.
11 Nadelspiel; es besteht aus 5 Nadeln. Beim Rundstricken werden die Maschen auf 4 Nadeln verteilt und mit der fünften abgestrickt.

Nadelart/-stärke	2,0	2,5	3,0	3,5	4,0	4,5	5,0	5,5	6,0	7,0	8,0	9,0	10,0
Rundstricknadel													
40 cm	●	●	●	●	●	●	●	●	●	●			
50 cm	●	●	●	●	●	●	●		●				
60 cm	●	●	●	●	●	●	●	●	●	●			
70 cm	●	●	●	●	●	●	●		●				
80 cm	●	●	●	●	●	●	●	●	●	●	●	●	●
90 cm	●	●	●	●	●	●	●		●				
Schnellstricknadel													
25 cm	●	●	●	●									
30 cm	●	●	●	●	●	●	●						
35 cm	●	●	●	●	●	●	●	●	●	●			

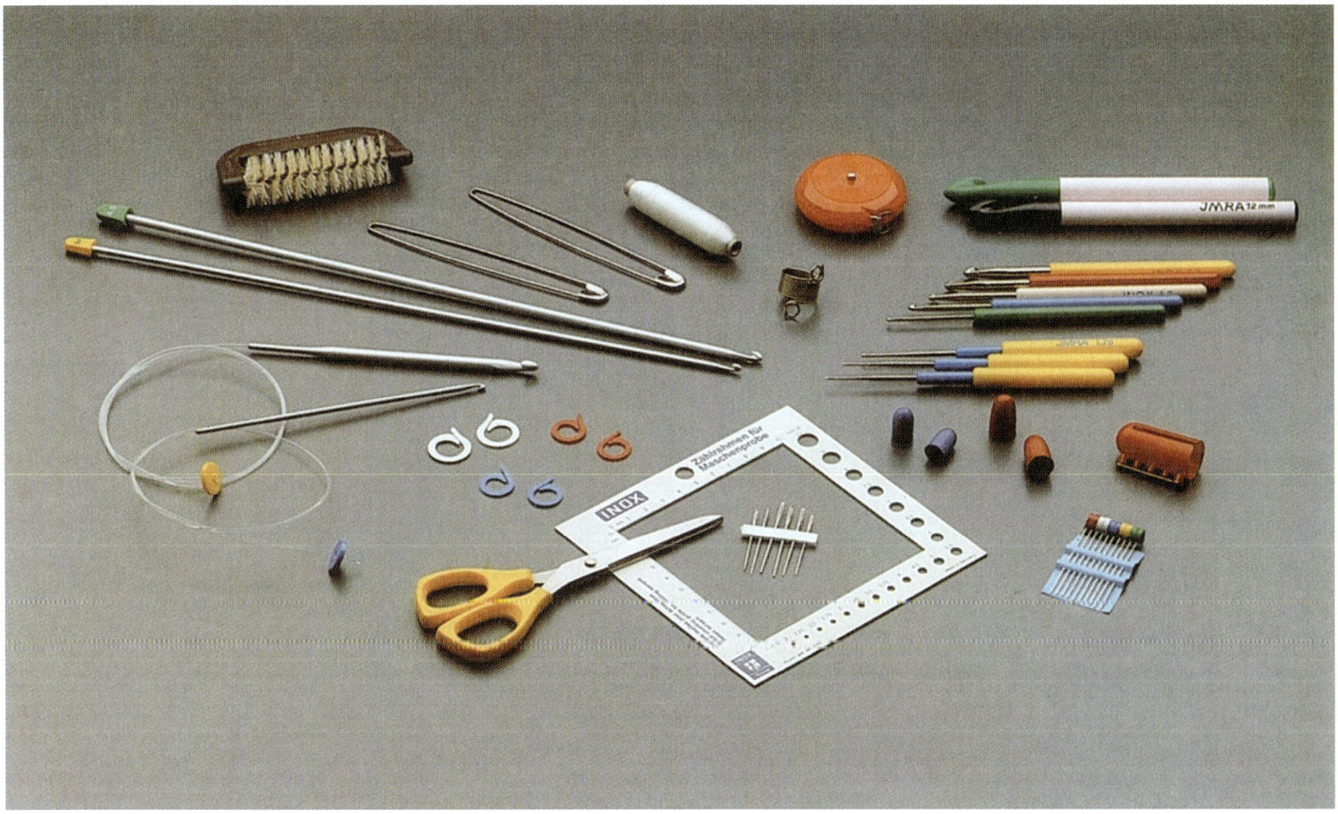

Neben den Stricknadeln benötigen Sie zum Fertigen eines Pullovers noch weiteres Handarbeitszubehör. Das Angebot ist auch hier sehr groß, deshalb wurden nur Geräte aufgenommen, die häufig beim Stricken und Häkeln verwendet werden. Auskünfte über weitere Spezialgeräte gibt Ihnen der Fachhandel.

1 Schere, die Sie nur zum Schneiden textiler Werkstoffe verwenden sollten; alle anderen Materialien mit einer anderen Schere schneiden.
2 Zählrahmen für die Maschenprobe.
3 Sticknadeln ohne Spitze oder Smyrna-Nadeln sind zum Zusammennähen der Strickteile und zum Vernähen der Fäden besonders geeignet. Sie werden zwischen die Maschen und nicht in die Fäden eingestochen.
4 Maschenmarkierungsringe zum Kennzeichnen von Änderungen im Maschenbild.
5 Flexible Häkelnadeln, die hauptsächlich für tunesische Häkelarbeiten verwendet werden.
6 Häkelnadeln mit besonders langem Schaft. Vor allem für tunesische Häkelei.
7 Maschenraffer; auf dieser übergroßen Sicherheitsnadel können sehr viele Maschen stillgelegt werden.
8 Mohairbürste zum Kämmen von Rauhgarnen.
9 Elastischer Beistrickfaden wird in Bündchen mit eingestrickt, damit diese nicht ausleiern.
10 Ein Rollmaßband oder Zentimetermaß darf in keinem Handarbeitskorb fehlen.
11 Fadenführer für zweifarbige Muster.
12 Strickfingerhut zur Fadenführung beim Stricken von mehrfarbigen Mustern.
13 Häkelnadel mit Plastikgriff in verschiedenen Stärken. Diese Nadeln liegen besser in der Hand als Nadeln ohne Griff und sind deshalb für die Verarbeitung von Häkelgarnen geeigneter.
14 Nadelschützer sind als Maschenstopper für Nadeln mit zwei Spitzen gedacht, die nur einseitig abgestrickt werden.
15 Spannadeln zum Spannen und Zusammenstecken der Strickstücke. Nur selten sollten Stecknadeln verwendet werden. Sie verschwinden in groben Garnen, sie sind zu kurz.

Häkelnadel/-stärke	2,0	2,5	3,0	3,5	4,0	4,5	5,0	5,5	6,0	7,0	8,0	9,0	10,0
Häkelnadel mit Griff													
15 cm	●	●	●	●	●	●	●	●	●				
Häkelnadel mit langem Schaft													
30 cm	●	●	●	●	●	●	●	●	●	●			
35 cm	●	●	●	●	●	●	●	●	●	●			

Garne

Wicklungsformen der Garne

1 Knäuel
2 Flachknäuel
3 Docke oder Strang
4 Wicklung auf Pappröhre

Kleine Garninformation

Im Handel wird eine Vielzahl Strickgarne angeboten, die sich durch Material, Spinnverfahren und Farbe unterscheiden.
Es ist nicht ganz einfach, die geeignete Wolle für das geplante Strickstück herauszufinden; deshalb sollten Sie sich im Fachgeschäft beraten lassen. In diesem Buch kann nur ein kleiner Überblick über mögliche Unterscheidungsmerkmale gegeben werden.
Nach ihrer Faserherkunft werden Strickgarne unterschieden. So gibt es Garne aus Naturfasern (Baumwolle, Wolle, Seide, Leinen), Garne aus Fasern, deren Grundsubstanz Holz oder Rinde ist (Viskose, Modal) und Garne aus Polyamiden (Polyacryl, Polyester) und Mischfasern.
Der Banderole können Sie die genaue prozentuale Zusammensetzung des Strickgarns und die damit verbundene Pflegeanleitung entnehmen.
Struktur und Haltbarkeit der Garne sind abhängig vom Spinnverfahren. Hier einige Beispiele:
Cablé wird aus mehreren Zwirnen gedreht.
Melange wird aus verschiedenfarbigen oder verschiedenartigen Fasern gesponnen.
Mouliné entsteht durch das Zwirnen von zwei- oder mehrfarbigen Fäden.
Modeabhängig sind die verschiedenen Effektzwirne, die nebenstehend benannt sind.
Der haarige Charakter der Rauhgarne, die einen sehr hohen Mohairanteil haben, entsteht durch einen zusätzlichen Arbeitsgang auf der Rauhmaschine.
Metallisierte Garne sind Fasermischungen aus Kunstfasern und durch Galvanisation metallisch beschichtete Fasern.
Die im Handel angebotenen Fadenstrukturen sind ebenso modeabhängig wie die sich ständig wandelnde Farbpalette.
Bei Ihrer Entscheidung für dies oder jenes Garn sollten Sie vor allem den Verwendungszweck berücksichtigen. Nur dann haben Sie lange Freude an Ihrem Selbstgearbeiteten.

Pflege: Symbole und Tips

Voraussetzung für die richtige Pflege Ihres Selbstgestrickten ist, daß Sie sich die Banderolen der verarbeiteten Garne genau anschauen. Auf jeder Banderole ist angegeben, wie Ihr Strickstück nach der Fertigstellung behandelt werden muß.
Bewahren Sie immer eine Banderole auf, damit Sie auch nach Jahren noch wissen, ob Sie das Strickstück waschen dürfen oder ob eine Reinigung angebracht ist.
Das Zeichen Waschbottich mit der Inschrift 30 °C bedeutet, daß das Garn waschmaschinenfest ausgerüstet ist und gleichzeitig auch geschleudert werden darf. Die Temperatur darf 30 °C nicht überschreiten.
Der Balken unterhalb des Bottichs bedeutet: Bitte im Schonwaschgang waschen. Sie werden beobachtet haben, daß sich die Trommel Ihrer Waschmaschine beim Schonwaschgang langsamer dreht und der Wasserstand höher ist.

Der Bottich mit der Hand darin besagt, daß Sie mit der Hand waschen müssen. Achten Sie immer darauf, daß Sie viel Wasser und wenig Waschmittel verwenden. Bei der Angabe von 30 °C muß auch bei der Handwäsche die Temperatur eingehalten werden. Haben Sie kein Thermometer zur Hand, dann machen Sie die Wärmeprobe wie beim Babybaden mit dem Ellenbogen. Dieser ist wesentlich empfindlicher als Ihre Hände.
Bei sehr hochwertigen Garnen gibt es Ausnahmen. So sollten Sie zum Beispiel Angora immer kalt mit der Hand waschen und spülen.
Vermeiden Sie beim Waschen und Spülen ein Reiben oder Wringen. Nach dem Spülen rollen Sie das Gewaschene in ein Frottiertuch, drücken leicht und legen es, in die richtige Form gezogen, auf einem Tuch zum Trocknen aus. Nicht in die Sonne oder an die Heizung legen.

Waschen Sie nicht zu oft. Ein Lüften bei feuchter Witterung, meist am Abend, ersetzt so manche Wäsche.

Zum Abschluß meiner Pflegetips möchte ich eine Bitte äußern: wählen Sie das richtige Feinwaschmittel und gehen Sie sparsam damit um, schon unserer Umwelt zuliebe. Beachten Sie die auf den Flaschen und Paketen angegebenen Mengen und verwenden Sie lieber zu wenig als zu viel Waschmittel, vor allem bei kostbaren Fasern, zu der die reine Schurwolle gehört. Es handelt sich hierbei um vom lebenden Schaf geschorene Wolle, die zum ersten Mal versponnen wurde.
Das Internationale Woll-Sekretariat in Düsseldorf hat Feinwaschmittel dahingehend überprüft, ob sie sich für Selbstgestricktes oder -gehäkeltes eignen. Alle empfohlenen Waschmittel wurden mit dem Gütesiegel des IWS ausgezeichnet. Es ist dasselbe Siegel wie es auch zur Kennzeichnung von reiner Schurwolle Verwendung findet (Siegel seit 1964).
Überdies gibt es in Ihren Handarbeitsfachgeschäften Feinwaschmittel, die speziell zur Pflege von Handstrickgarnen entwickelt wurden.

Abschließend noch eine Empfehlung für Selbstgearbeitetes, das Sie aus edlen Garnen hergestellt haben: Tragen Sie Angora, Alpaka, Cashmere, reine Schurwolle nicht auf bloßer Haut, sondern ziehen Sie ein T-Shirt oder Hemd darunter an. Schweiß ist wesentlich aggressiver als Wasser und schadet der empfindlichen Faser.
Nicht alle Garne eignen sich für Strickapparate. Prüfen Sie vor dem Kauf des Garns, ob auf der Banderole der Strickapparat abgebildet ist.

Wenn Sie dies alles beachten, werden Sie lange Freude an Ihrem Selbstgearbeiteten haben.

Waschmaschinen- und schleuderfest, im Schonwaschgang waschen

Nur Handwäsche

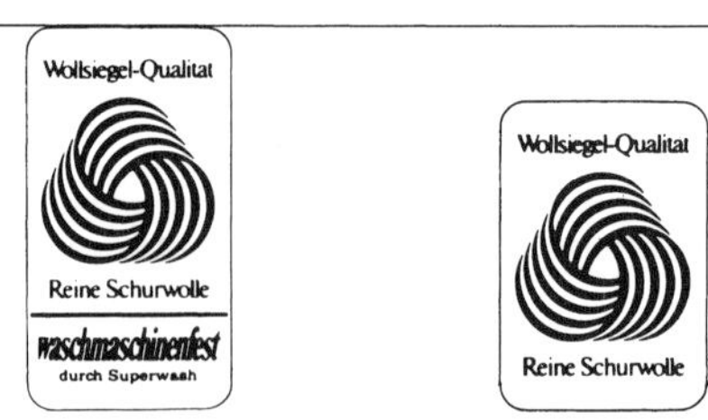

Gütesiegel des Internationalen Wollsekretariats für Schurwolle

Chemisch Reinigen

Nicht chemisch Reinigen

Nicht Bügeln

Geeignet für Strickapparate

Schurwolle
Junghans-Wolle
Baumwoll-Cab
50 g
Junghans-Wolle
Cotton-Plus
50 g

Maschenprobe

Es gibt wohl keine Strickerin, die gern eine Maschenprobe macht. Aber es nützt nichts, Sie kommen nicht darumherum, wenn Ihr Pullover, Ihre Jacke oder jedes andere Strickstück nach der Fertigstellung sitzen soll.
Voraussetzung ist, daß Sie die gleiche Wolle und die gleiche Nadelstärke wählen, sowie das Muster arbeiten, das Sie später stricken wollen.
Schlagen Sie 30 Maschen an, bei dikken Wollen reichen 24 Maschen, und stricken Sie ca. 10 cm hoch; dann abketten. Das Probestück darf nicht zu klein sein, da die Maschen in der Nähe der Randmaschen erfahrungsgemäß unterschiedlich ausfallen.
Vor dem Vermessen spannen Sie Ihre Maschenprobe, besprühen diese mit Wasser, so daß sie feucht wird, und lassen sie trocknen.
Benutzen Sie zum Messen kein Maßband, sondern wählen Sie einen Zählrahmen oder ein Winkeldreieck. Beides liegt fest auf Ihrem Probestück. Messen Sie in der Mitte, reihengerade in der Breite und in der Höhe. Sie verringern so die Gefahr der Ungenauigkeit. Zählen Sie die Maschen und Reihen für 5 cm aus und übersehen Sie bitte keine halben Maschen, die beim Umrechnen für das ganze Strickstück wichtig sind (Foto oben).
Haben Sie schon einmal probiert, beim Zählen der Reihen die linksgestrickte Seite zu benutzen? Sie werden feststellen, daß sich Reihen auf dieser Seite leichter zählen lassen.
Nachdem Sie aufgrund Ihrer Maschenprobe die Reihen in der Höhe und die Maschen in der Breite errechnet haben, vergleichen Sie diese Zahlen mit der in der Anleitung angegebenen Maschenprobe. Beachten Sie bitte, daß die Zahlen auf 10 cm umzurechnen sind. Stimmt Ihre Probe mit der in der Anleitung angegebenen nicht überein, müssen Sie die Nadelstärke wechseln. Haben Sie mehr Maschen und Reihen, wählen Sie eine dickere Nadel, bei weniger Maschen eine dünnere Nadel.
Vergessen Sie auf gar keinen Fall, Ihr Strickstück zu Beginn des ersten Armausschnitts noch einmal nachzumessen. Es hat sich leider in der Praxis immer wieder herausgestellt, daß sehr oft größere Stücke anders gestrickt werden als die Maschenproben.
Die Maschenumrechnungstabelle hilft Ihnen beim Ausrechnen der richtigen Maschenzahl.
Beispiel: Sie haben für die Maschenprobe ein Stück hergestellt, das auf 5 cm Breite 14 Maschen aufweist. Suchen Sie in der Tabelle bei 14 Maschen = 5 cm in der gleichen Reihe nach Ihren Maßen. Bei 48 cm wären es 134 Maschen.
Auch bei Patentgestricktem müssen Sie eine Maschenprobe stricken (Foto Mitte).
Messen Sie Patentmuster immer leicht gedehnt (Foto unten), damit Ihr Pullover nicht zu weit wird.

Maschenumrechnungstabelle

5 cm entsprechen	14 cm	16 cm	18 cm	20 cm	22 cm	24 cm	26 cm	28 cm	30 cm	32 cm	34 cm	36 cm	38 cm	40 cm	42 cm	44 cm	46 cm	48 cm	50 cm
5 Maschen	14	16	18	20	22	24	26	28	30	32	34	36	38	40	42	44	46	48	50
6 M	17	19	22	24	26	29	31	34	36	38	41	43	46	48	50	53	55	58	60
7 M	20	22	25	28	31	34	36	39	42	45	48	50	53	56	59	62	64	67	70
8 M	22	26	29	32	35	38	42	45	48	51	54	58	61	64	67	70	74	77	80
9 M	25	29	32	36	39	43	47	50	54	58	61	65	68	72	76	79	83	86	90
10 M	28	32	36	40	44	48	52	56	60	64	68	72	76	80	84	88	92	96	100
11 M	31	35	40	44	48	53	57	62	66	70	75	79	84	88	92	97	101	106	110
12 M	34	38	43	48	53	58	62	67	72	77	82	86	91	96	101	106	110	115	120
13 M	36	42	47	52	57	62	68	73	78	83	88	94	99	104	109	114	120	125	130
14 M	39	45	50	56	61	67	73	78	84	90	95	101	106	112	118	123	129	134	140
15 M	42	48	54	60	66	72	78	84	90	96	102	108	114	120	126	132	138	144	150

Wahl der richtigen Nadelstärke

Auf jeder Banderole oder jedem Einstecker der von Ihnen gekauften Wolle ist angegeben, mit welcher Nadelstärke Sie stricken sollten. In den meisten Fällen sind zwei Nadelnummern zur Auswahl angeführt, je nachdem ob Sie lose oder fest arbeiten.

Bindend sind diese Nadelstärken nicht. Es ist erstaunlich festzustellen, wie unterschiedlich gestrickt wird. Um so wichtiger ist es, daß Sie Ihre Nadelstärke aufgrund der in den Anleitungen angegebenen Maschenprobe oder der auf der Banderole befindlichen selbst herausfinden.

Die Mode spielt beim Garnkauf eine große Rolle, zur Zeit sind lose gedrehte Wollen aktuell. Wenn Sie diese Wollen, in den meisten Fällen handelt es sich um klassische, glatte Garne, lose verstricken, besteht die Gefahr, daß sich die einzelnen Maschen innerhalb des Gestricks aufdrehen. Das Ergebnis sind Flusen oder das sogenannte Pilling, das jeder vermeiden möchte.

Im Gegensatz dazu stehen Effektgarne, zu denen auch Mohairwollen gehören, die lose verstrickt ein wirkungsvolleres Maschenbild ergeben.

Viele unserer auf dem Markt befindlichen Garne haben eine Superwash-Ausrüstung. Sie sind waschmaschinen- und gleichzeitig schleuderfest. Diese Wollen sind sehr gefragt und aus dem Handarbeits-Fachgeschäft nicht mehr wegzudenken. Bitte wählen Sie für diese Garne grundsätzlich eine Nadelstärke, die eine halbe Nummer dünner ist.

Vorzugsweise wird heute auf Rundstricknadeln gestrickt. Sie haben viele Vorteile: sie sind schonender für die Handgelenke, Sie können damit gemütlich im Sessel sitzend stricken und sie sind besser zu transportieren.

Noch ein Tip für neue Nadeln: damit sie von Anfang an besser »laufen« und das Seilchen bei Rundstricknadeln nicht so störrisch ist, legen Sie sie vor dem ersten Gebrauch in heißes Wasser.

Maßnehmen

Wenn Sie sich dazu entschlossen haben, einen Pullover selbst zu stricken, dann sollten Sie dafür Sorge tragen, daß er nach der Fertigstellung auch paßt. Sie sollten deshalb Zweierlei beachten:

1 Sie wählen aus Ihrem Pulloverbestand einen aus, der gut sitzt. Nun legen Sie während des Strickens Ihre Einzelteile immer wieder auf diesen Pullover auf und achten darauf, daß die einzelnen Teile genau übereinstimmen.

2 Sie können aber auch Ihre exakten Körpermaße nehmen und diese in Maschen umrechnen.

Eine Maschenprobe ist bei beiden Möglichkeiten notwendig.

Die wichtigsten Maße, die Sie für einen Pullover brauchen sind folgende:

Vorder- und Rückenteil

Oberweite an der stärksten Stelle gemessen + 8 cm.
Bündchenweite dort gemessen, wo später das Bündchen sitzen soll, ohne Zugaben.
Hüftweite bei langen Pullovern, Jakken und Mänteln + 8 cm.
Rückenlänge bestimmen Sie selbst.
Rückenbreite bei Stricksachen vorn von einem Schulterknochen zum anderen messen.
Halsbreite nach Ihren Wünschen.
Bei klassischen Pullovern rechnet man ein Drittel der Rückenbreite + 3 cm.

Ärmel

Oberarmweite 2 cm unterhalb der Achsel gemessen + 8 cm.
Bündchenweite + 2 cm.
Armlänge im Gegensatz zum Schneidern am gestreckten Arm messen.

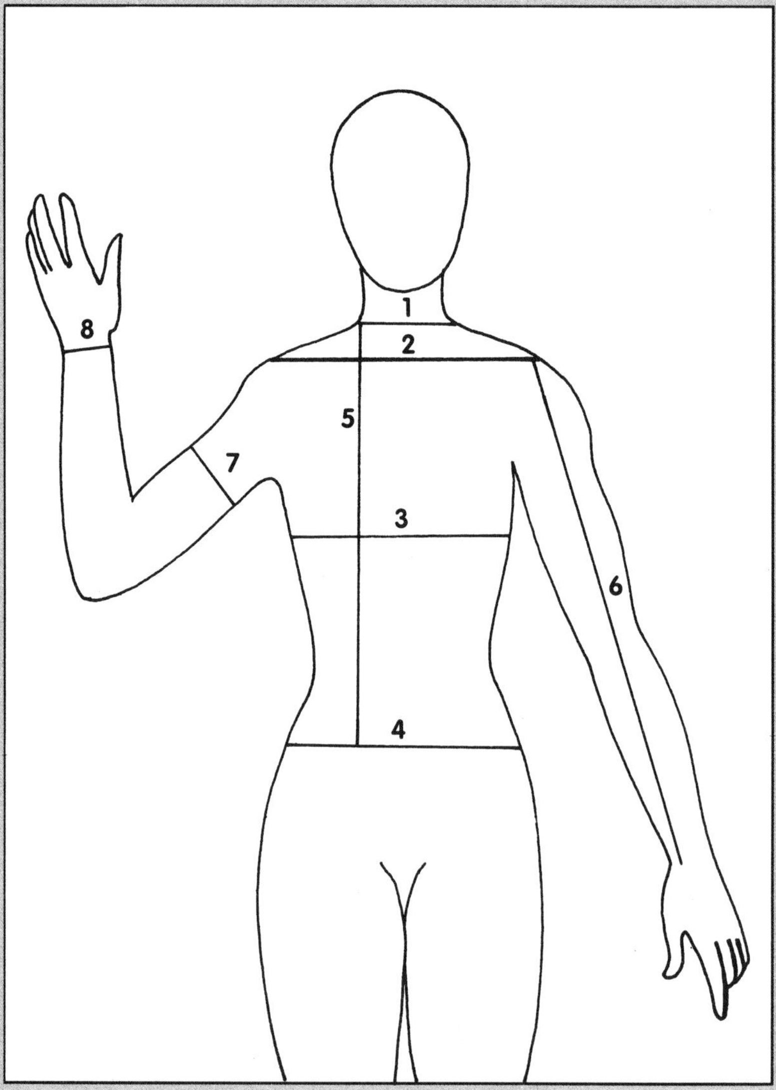

Meßstrecken für einen Pullover

1 Halsweite
2 Rückenbreite
3 Oberweite
4 Bündchenweite
5 Gesamtlänge
6 Armlänge
7 Oberarmweite
8 Bündchenweite des Arms

Erklärung zur Tabelle

Die Angaben + ... cm sind modeabhängig. Es sind die Zugaben für klassische Pullover, die Sie selbstverständlich variieren können. Diese Zugaben müssen sein, da kaum jemand einen hauteng anliegenden Pullover stricken möchte.

DAMEN	36	38	40	42	44	46	48	50	52
Oberweite	84+8	88+8	92+8	96+8	100+8	104+8	110+8	116+8	122+8
Taillenweite	66	70	74	78	82	86	92	98	104
Hüftweite	90+4	94+4	98+4	102+4	106+4	110+4	116+4	122+4	128+4
Armlochtiefe	18+2	18+2	19+2	19+2	19+2	19+2	20+2	20+2	20+2
Rückenlänge	41	41	41	41	41	41	41	41	41
Rückenbreite	35	36	37	38	38	39	40	41	42
Halsbreite/Halsweite	12+3	12+3	12+3	13+3	13+3	13+3	14+3	14+3	15+3
Kugelhöhe	15	15	16	16	16	16	17	17	17
Armlänge/innen	41	41	41	41	41	41	41	41	41
Armlänge/Achsel/Schulter	67,5	68	69,5	69,5	69,5	70	71	71,5	71,5
Raglantiefe	23+4	23+4	24+4	24+4	25+4	25+4	26+4	27+4	27+4
Oberarmweite	27+8	28+8	29+8	30+8	32+8	33+8	34+8	36+8	37+8
Handgelenkweite	16+2	16+2	17+2	17+2	18+2	18+2	19+2	19+2	19+2

HERREN	44	46	48	50	52	54	56	58	60
Oberweite	88+10	92+10	96+10	100+10	104+10	108+10	112+10	116+10	120+10
Hüftweite	94+4	98+4	102+4	106+4	110+4	114+4	118+4	122+4	126+4
Armlochtiefe	20+1	20+1	21+1	21+1	22+1	22+1	23+1	23+1	24+1
Rückenlänge	44	44	44	44	44	44	44,5	45	45,5
Rückenbreite	38	40	42	43	44	45	46	47	48
Halsbreite/Halsweite	14+3	14+3	15+3	15+3	16+3	16+3	17+3	17+3	17+3
Kugelhöhe	16	16	17	17	18	18	18	18	18
Armlänge/innen	44	44	44	44	44	44	44	44	44
Armlänge/Achsel/Schulter	72	73	74	74	75	75,5	75,5	76	76,5
Raglantiefe	24+4	24+4	25+4	25+4	26+4	26+4	27+4	27+4	27+4
Oberarmweite	32+8	34+8	35+8	36+8	38+8	39+8	41+8	41+8	41+8
Handgelenkweite	20+3	21+3	21+3	21+3	22+3	22+3	23+3	23+3	23+3

KINDER													
Jahre	–1	1	2	3	4	5	6	7	8	9	10	11	12
Größe	80	86	92	98	104	110	116	122	128	134	140	146	152
Oberweite	50+8	52+8	54+8	56+8	58+8	60+10	62+10	64+10	66+10	68+10	70+10	72+10	76+10
Armlochtiefe	10+1	10+1	11+1	12+1	13+1	13+1	14+1	14+1	15+1	15+1	16+1	16+1	17+1
Rückenlänge bis Hüfte = ganze Länge	28	30	34	36	38	40	42	44	48	50	52	54	56
Rückenbreite	22	23	24	25	26	27	27	28	29	30	31	32	33
Halsbreite/Halsweite	8+2	9+2	9+2	10+3	10+3	10+3	10+3	11+3	11+3	11+3	11+3	12+3	12+3
Kugelhöhe	7	7	8	9	10	10	11	11	12	12	13	13	14
Armlänge/innen	15	17	19	24	26	28	30	32	34	34	35	36	38
Armlänge/Achsel/Schulter	29	31	34,5	40,5	44	46,5	49,5	51,5	55	56	58	59	62,5
Raglantiefe	13	14	14	15	15	16	17	18	19	20	21	22	23
Oberarmweite	16+4	18+4	20+4	21+4	22+4	23+4	23+5	24+5	24+5	25+5	26+5	27+5	28+4
Handgelenkweite	10+2	10+2	12+2	12+2	13+2	13+2	14+2	14+2	15+2	15+2	15+2	16+2	18+2

Faustregeln für klassische Pullover

Um Ihnen zu helfen, Ihre eigenen Ideen zu verwirklichen und einmal ohne Anleitung zu stricken, möchte ich ein paar sogenannte Faustregeln einfügen.
Maschendifferenz zwischen Bündchen (anliegend gemessen) und Oberweite (+ 8 cm) gleichmäßig verteilt nach Fertigstellung des Bündchens zunehmen (Zeichnung 1).
In den meisten Fällen ist es zu empfehlen, auf der linken Seite vor der ersten Musterreihe zuzunehmen.

Bei größerer Oberweite ist es ratsam, die Zunahmen gleichmäßig verteilt in die Seitennähte zu verlegen. Ein Beispiel: In der Anleitung heißt es, daß Sie nach dem Bündchen gleichmäßig verteilt 18 Maschen zunehmen sollen. Sie würden dann jeweils 9 Maschen an jeder Seite zunehmen, bei angenommenen 45 cm Höhe wären das alle 5 cm 1 Masche (Zeichnung 2).
Die Halsausschnittbreite beträgt ein Drittel der Rückenbreite plus 3 cm. Wenn Sie einen sehr eng anliegenden Halsausschnitt haben möchten, nehmen Sie genau ein Drittel der Rückenbreite. Dann muß ein Verschluß eingearbeitet werden, damit der Kopf hindurchpaßt (Zeichnung 3).
Die hintere Halsausschnittiefe beträgt 2 cm, die vordere 6–7 cm. Sie ist so berechnet, daß eine Blende hineinpaßt.
Bei Raglan-Pullovern rechnen Sie für den Halsausschnitt ein Drittel der Rückenbreite ohne Zugabe.
Die Raglanschrägung sollte bei Damenpullovern oder -jacken 28 bis 30 cm, bei Herren 30–32 cm lang sein (Zeichnung 4).

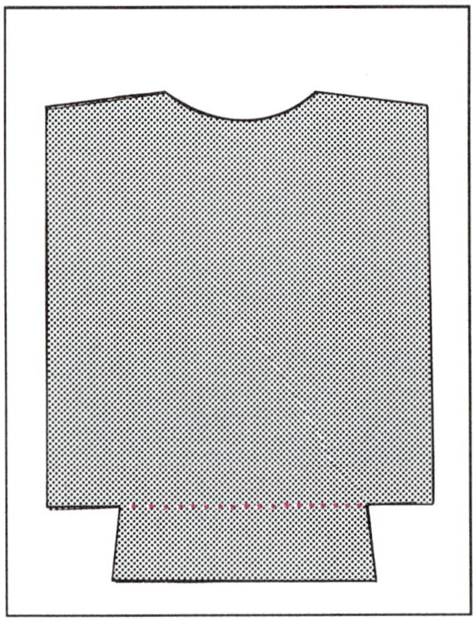

1 Nach dem Bündchen Maschen gleichmäßig verteilt zunehmen.

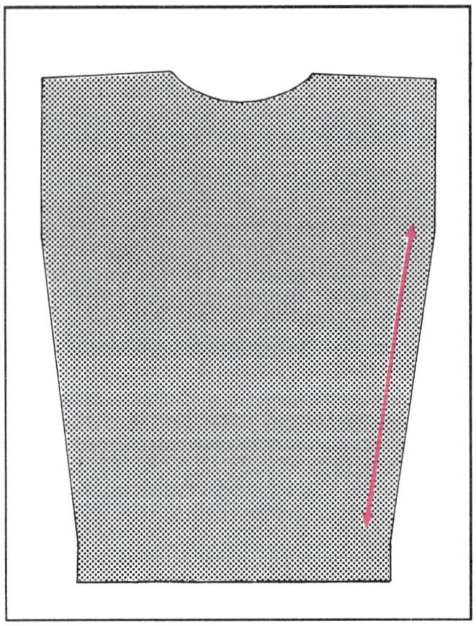

2 Bei größerer Oberweite die Maschenzunahmen an die Seiten verlegen.

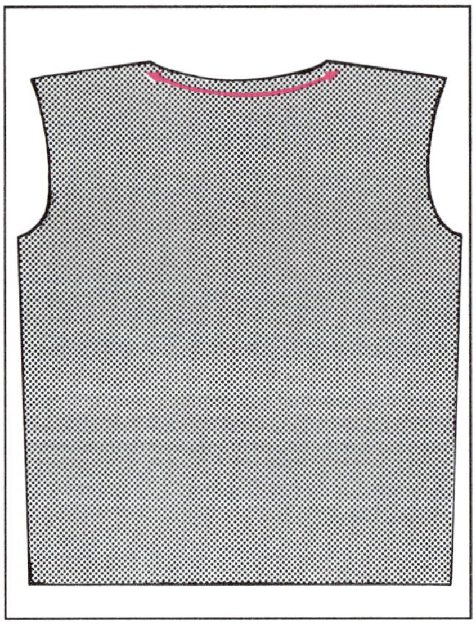

3 Halsausschnittbreite $=\frac{1}{3}$ der Rückenbreite plus 3 cm

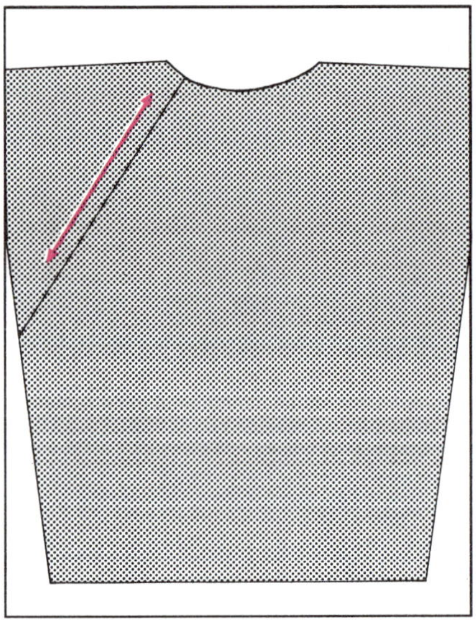

4 Länge der Raglanschrägungen entnehmen Sie der Maßtabelle auf Seite 17.

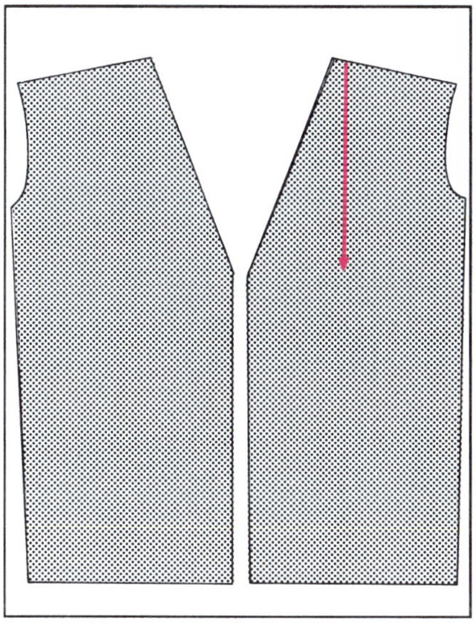

5 Der klassische Westenausschnitt.

V-Ausschnitte stimmen im allgemeinen mit der Armausschnittiefe überein, sollten aber mindestens 20 cm tief sein.
Die Westenausschnittiefe beträgt von oben gemessen 26 cm (Zeichnung 5).
Brustabnäher werden 2 cm unterhalb des Armausschnitts eingearbeitet (Zeichnung 6).
Möchten Sie eine abgeschrägte Schulter stricken, so werden die Schultermaschen bis einschließlich Größe 40 in drei Teile und ab Größe 42 in vier Teile aufgeteilt. Ein Beispiel: Sie haben 27 Maschen für die Schulter auf der Nadel, dann ketten Sie entweder 3mal 9 Maschen oder bei größeren Konfektionsweiten 3mal 7 Maschen und 1mal 6 Maschen ab. Die kleinere Maschenzahl wird als letztes am Halsausschnitt abgekettet.
Beabsichtigen Sie eine Armkugel zu stricken, dann beträgt die Armlochtiefe 20–22 cm, je nach Konfektionsgröße (Zeichnung 7).
Bei einer Armkugel beträgt die Höhe immer 4 cm weniger als die Armlochtiefe.
Die letzten 5 cm nach Fertigstellung einer Armkugel sollten immer gerade abgekettet werden (Zeichnung 8).
Das Ärmelbündchen messen + 2 cm. In Maschen umrechnen und das Bündchen stricken. Nach Beendigung des Bündchens werden gleichmäßig verteilt so viele Maschen zugenommen, daß die Ärmelbreite oberhalb des Bündchens mindestens 25 cm beträgt. Die Differenz zur Oberarmweite + 8 cm wird an beiden Seiten zugenommen, gleichmäßig nach Zentimetern aufgeteilt.
Stricken Sie Puffärmel, so krausen Sie vor dem Einnähen nicht ein. Es wird leicht ungleichmäßig. Einfacher ist es, vor dem Abketten immer drei Maschen zusammenzustricken.

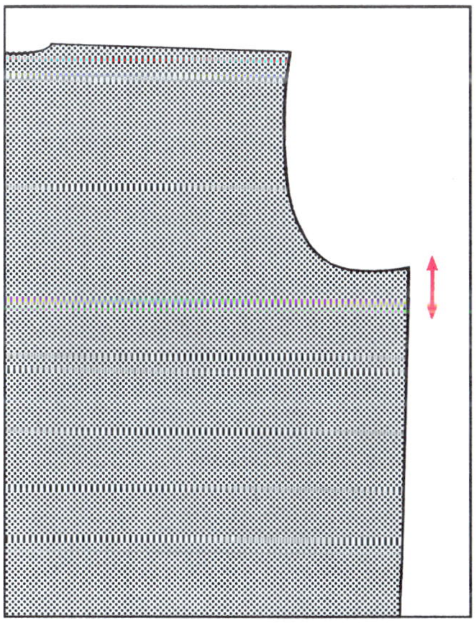

6 Brustabnäher 2 cm unterhalb des Armausschnitts arbeiten.

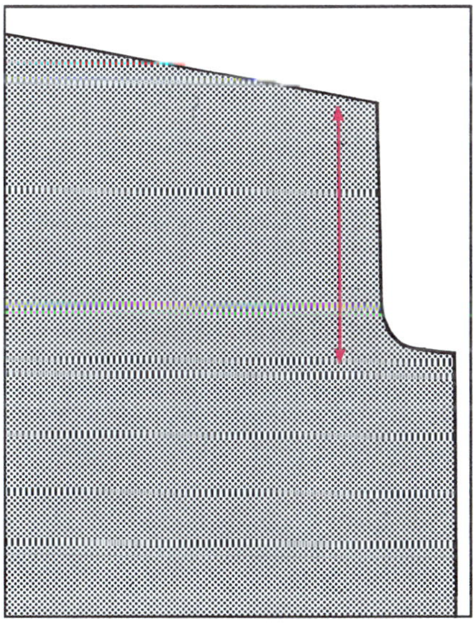

7 Armausschnitt für eine klassisch eingesetzte Armkugel.

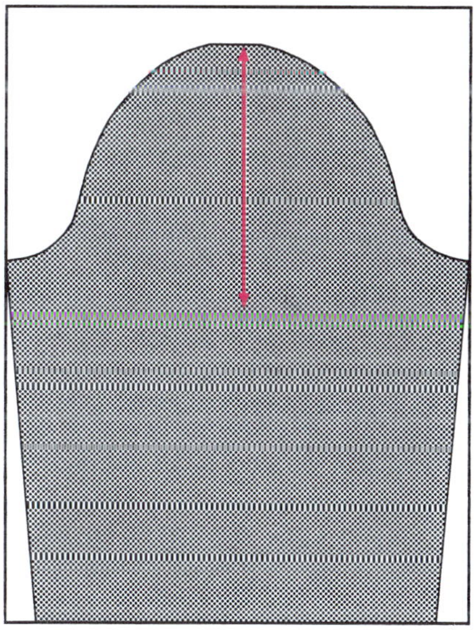

8 Schnitt einer Armkugel; die letzten 5 cm werden gerade abgekettet.

Spannen

Jedes Strickstück, das Sie anfertigen sollte, nachdem die einzelnen Teile gestrickt und die Fäden vernäht worden sind, gespannt werden. Spannen bedeutet das Glätten der einzelnen Teile ohne Bügeleisen. Letzteres wird heute nicht einmal für glatt rechts oder glatt links Gestricktes verwendet, schon gar nicht, wenn synthetische Fasern in den verarbeiteten Garnen enthalten sind.
Am besten legen Sie zwei gegengleiche Teile, also beide Ärmel oder Vorder- und Rückenteil, rechts auf rechts zusammen. Diese Teile werden aufgesteckt, das heißt gespannt. Sie haben dadurch die Garantie, daß beide Teile exakt gleich groß sind. Mit Hilfe eines Maßbandes, das Sie benötigen, um die in den Anleitungen angegebenen Maße einzuhalten, werden die Teile aufgesteckt. Sie fangen mit den Ecken an, bestimmen dann die Mitten und anschließend wird Zentimeter für Zentimeter eine Nadel eingesteckt.
Normale Stecknadeln sind dafür ungeeignet, weil sie zu kurz sind. Spann-Stecknadeln sind speziell für diesen Arbeitsschritt hergestellt. Die Nadeln sind besonders lang und haben große, bunte Köpfe.
Eine Unterlage, die Linien oder Karos aufweist, erleichtert Ihnen das Aufstecken. Sehr praktisch ist eine Styroporplatte, die mit einem karierten Küchenhandtuch bespannt wurde. Bei geraden Teilen können Sie sich an den Linien orientieren. Diese Platte hat außerdem den Vorteil, daß sie nach dem Anfeuchten des Gestrickten oder Gehäkelten senkrecht an die Wand gestellt werden kann.
Wenn Sie sehr große Teile haben, zum Beispiel Pullover mit angestrickten Ärmeln, dann ist auch ein kariertes Plaid sehr hilfreich.
Wie schon oben erwähnt, wird das Strickstück nach dem Spannen angefeuchtet. Es gibt zwei Möglichkeiten: Entweder Sie besprühen es mit Wasser. Dafür eignen sich die kleinen Kännchen zum Blumen besprühen hervorragend, oder Sie legen ein nasses, ausgewrungenes Küchenhandtuch darauf. Zum Abdecken versehen Sie es mit einer Plastikfolie und beschweren dann das Ganze mit der »Weisheit« aus dem Bücherschrank. Atlanten sind zu bevorzugen. Die Folie auf dem nassen Tuch sorgt dafür, daß die Bücher nicht leiden.
Nach einigen Stunden entfernen Sie dann Bücher, Folie und Handtuch und warten ab, bis das Gestrickte restlos getrocknet ist. Erst dann dürfen die Spannadeln entfernt werden und das Zusammennähen kann beginnen.
Anfeuchten, ohne zu beschweren, sollten Sie alle flauschigen Garne, wie Angora und Mohair, Effektgarne und alle Strickstücke mit aufliegenden Mustern.

Zwei gegengleiche Teile rechts auf rechts legen und spannen.

Über die angefeuchteten Teile eine Plastikfolie legen …

… und mit Büchern beschweren.

Fäden ansetzen

Beginnen Sie nie innerhalb einer Reihe mit dem Ansetzen eines neuen Fadens.
Es ist noch gar nicht so lange her, daß man mit einem neuen Faden immer dann begann, wenn der alte verbraucht war. Es wurden zum Befestigen mehrere Maschen mit dem alten und neuen Faden gemeinsam gestrickt und das Ergebnis: verdickte Stellen, die schon von weitem zu sehen waren.
Setzen Sie den neuen Faden am Anfang einer Reihe an. Wenn Sie sehr sparsam sein wollen und Ihnen der noch verbliebene Faden zu lang erscheint, verwenden Sie ihn später zum Zusammennähen.
Sollten Sie daran gewöhnt sein, als Abschluß einer Reihe den Kettrand zu arbeiten, das heißt die letzte Masche zu stricken und nach dem Wenden die erste Masche abzuheben, dann müssen Sie den Faden bereits beim Stricken der letzten Masche dieser Reihe ansetzen.
Dasselbe gilt dann beim Stricken von Ringeln in unterschiedlichen Farben. Die letzte Masche müßte in diesem Fall bereits in der neuen Farbe gestrickt werden.

Knoten jeder Art sind beim Stricken verboten. Irgendwann würden sie sich auflösen und Ihr Strickstück dadurch untragbar machen.

Fäden vernähen

Sobald die Einzelteile gestrickt sind, nähen Sie sie zusammen; erst **dann vernähen Sie die Fäden**.
Wählen Sie dafür eine dicke, stumpfe Sticknadel, damit Sie nur in die Zwischenräume und nicht in die Maschen stechen.
Die Fäden sollten, wenn möglich, in den Nähten senkrecht vernäht werden. Der Grund: ein Pullover wird sich beim Tragen immer mehr in der Breite als in der Länge dehnen. Die Gefahr, daß sich der Faden herauslöst, ist beim senkrechten Vernähen geringer.

Den neuen Faden immer am Anfang einer Reihe ansetzen.

Angesetzte Fäden senkrecht vernähen.

Kreuzanschlag

Der Kreuzanschlag ist der bei uns gebräuchlichste und am meisten beschriebene Maschenanschlag. Sie können ihn für jedes Muster verwenden.
Die erste Reihe nach dem Anschlagen der Maschen ist die **Rückreihe.** Führen Sie diesen Anschlag stets über zwei Nadeln aus, damit er elastischer wird und sich in der Rückreihe besser abstricken läßt.

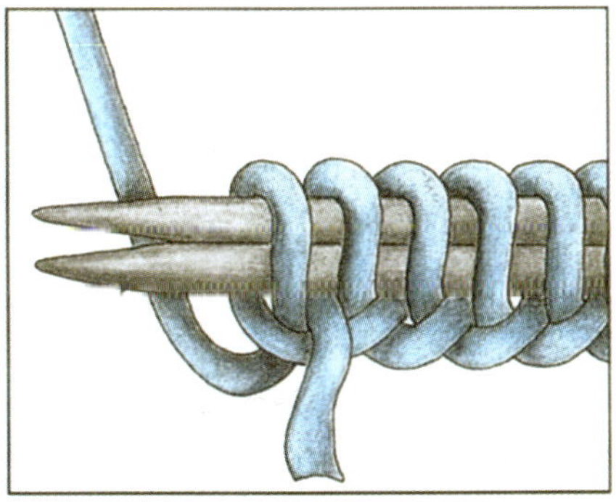

So sieht der fertige Anschlag auf der Nadel aus.

1 Fadenende – gut 3mal so lang wie das Strickstück breit sein wird – hängen lassen und eine Knotenschlinge bilden.

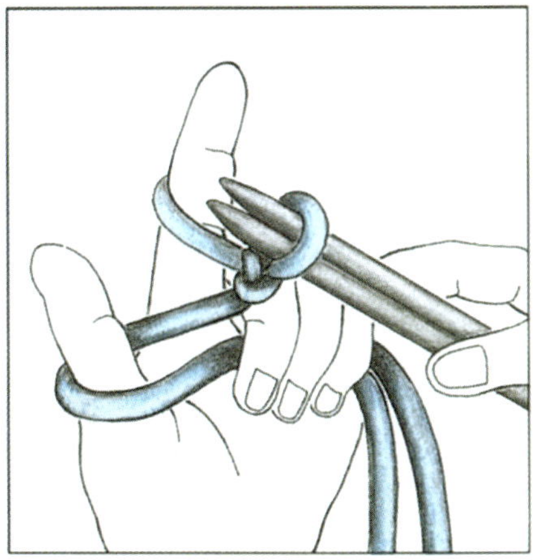

2 Diese Schlinge auf zwei Stricknadelspitzen legen und strammziehen. Fäden wie abgebildet in die linke Hand nehmen.

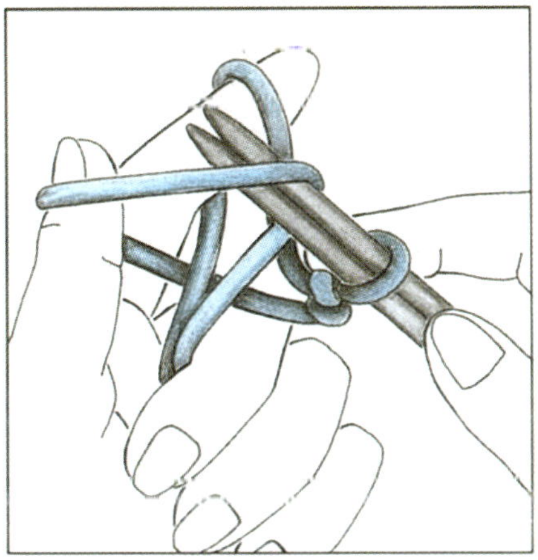

3 Mit beiden Nadelspitzen unter den Faden fassen, der vom linken Daumen in die Hand führt.

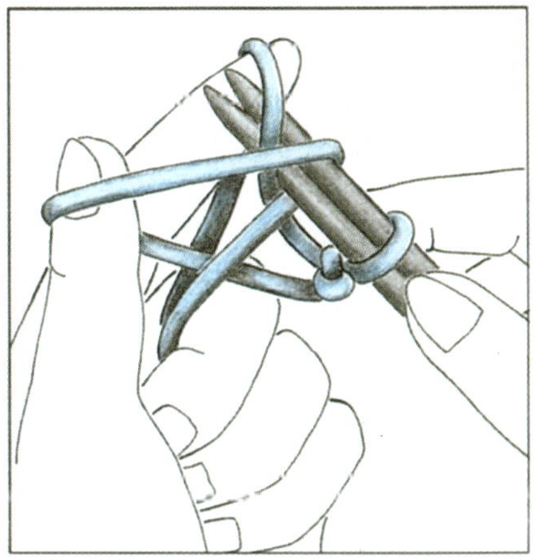

4 Mit beiden Nadelspitzen über den Faden fassen, der zum linken Zeigefinger führt, und ...

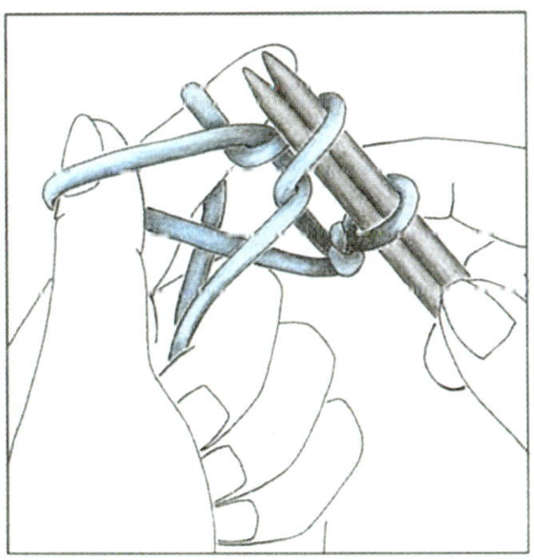

5 ... ihn als Schlaufe durch die um den Daumen laufenden Fäden nach vorn durchziehen.

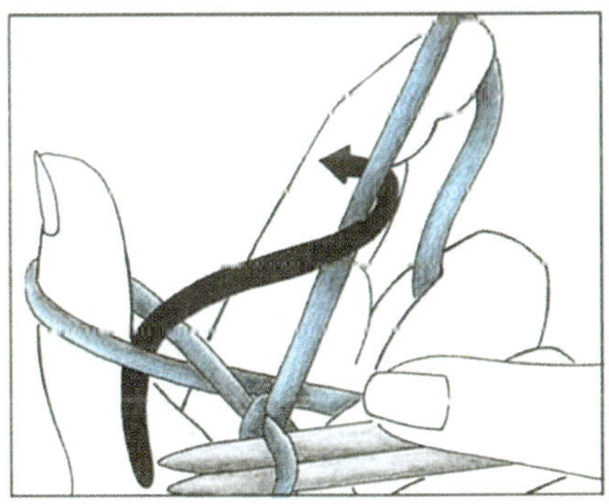

6 Daumen nach jedem Schlingvorgang aus der Schlinge ziehen. Mit der Nadel erneut unter den vorderen Faden fassen und gleichzeitig die neugebildete Masche auf den Nadeln zusammenziehen.

Anschläge

Aufstricken

Diese Art des Maschenanschlags sollten Sie nicht als Beginn eines Strickstückes wählen, es sei denn für doppelte, später zusammengestrickte Ränder, da bei dieser Art des Anschlags die Maschen gut erfaßt werden können.

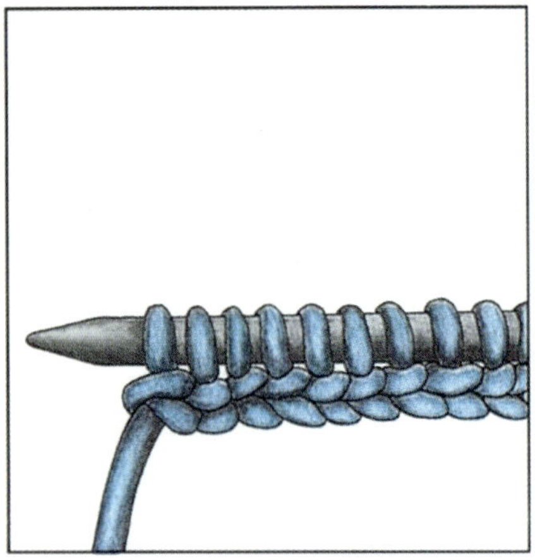

Zu empfehlen ist diese Art, neue Maschen zu bilden, immer dann, wenn Sie am Ende oder am Anfang einer Reihe mehrere Maschen anschlagen müssen.
Ich denke vor allem an quergestrickte Pullover, bei denen Sie große Maschenzahlen zusätzlich für die Seitennähte benötigen.
Dieses Aufstricken ergibt einen sehr elastischen Rand, der sich dem Strickstück anpaßt; die Rückreihe läßt sich sehr gut abstricken.

1 Eine Knotenschlinge wie beim Kreuzanschlag bilden...

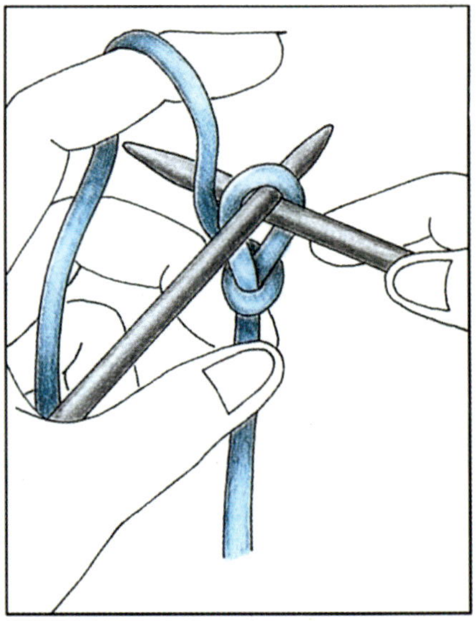

2 ...und in die auf der linken Nadel befindliche Masche wie zum Rechtsstricken einstechen, das heißt von links nach rechts.

3 Mit der rechten Nadelspitze den Faden nach vorn als Schlinge durchholen. Diese Schlinge langziehen und...

4 ...von hinten, also verschränkt, auf die linke Nadel legen. Faden und Masche strammziehen und diesen Vorgang beliebig oft wiederholen.
Die rechte Nadel kann in der neugebildeten Masche verbleiben; sie muß nicht jedes Mal herausgezogen werden.

Aufschlingen

Auch das Aufschlingen gehört zu den Möglichkeiten, Maschen zu bilden. Gebrauchen Sie es sehr selten; dieser Anschlag ergibt keine dehnbare Kante, die man für Pullover- und Jakkenanschläge benötigt. Sehr geeignet ist das Aufschlingen, um die obere Kante von Knopflöchern zu bilden.

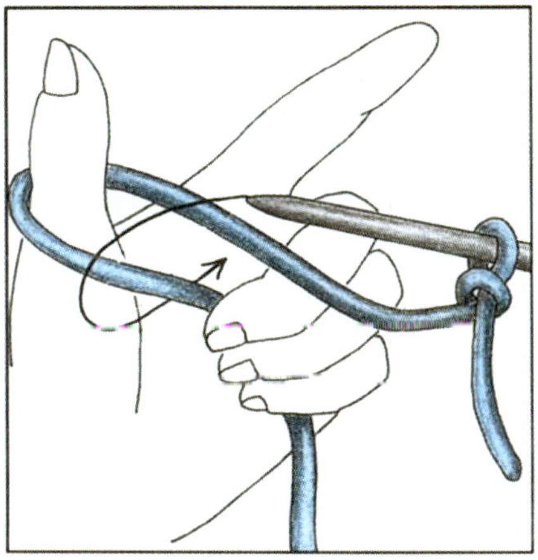

1 Sie haben eine oder mehrere Maschen auf der Nadel. Legen Sie den Faden von vorn nach hinten um den Daumen.

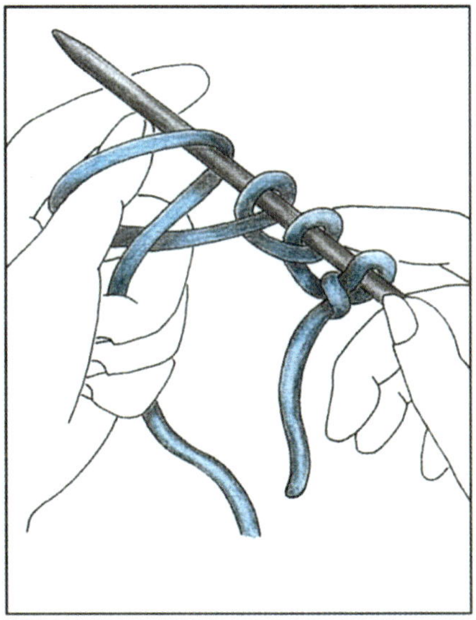

2 Nehmen Sie die Nadel in die rechte Hand. Fassen Sie mit der Nadelspitze von unten unter den vorderen Faden, der um den Daumen liegt …

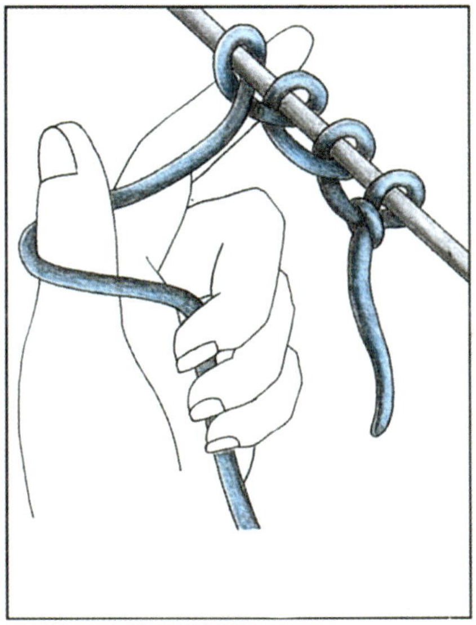

3 … und lassen Sie die Schlinge vom Daumen auf die Nadel gleiten; fest anziehen.

Anschlag für offene Maschen

Manchmal verlangt es ein Strickstück, daß Sie mit sogenannten offenen Maschen beginnen. Das bedeutet, daß Sie keine geschlossene Anschlagkante haben. Die Maschen liegen offen, damit später in entgegengesetzter Richtung angestrickt werden kann (sehr praktisch für Bündchen bei Kinderpullovern) oder um im Maschenstich zusammennähen zu können.

Die einfachste Art ist es, mit einer Luftmaschenkette zu beginnen. Häkeln Sie so viele Luftmaschen mit einer dicken Häkelnadel, wie Sie später Maschen benötigen Der Faden wird abgeschnitten.

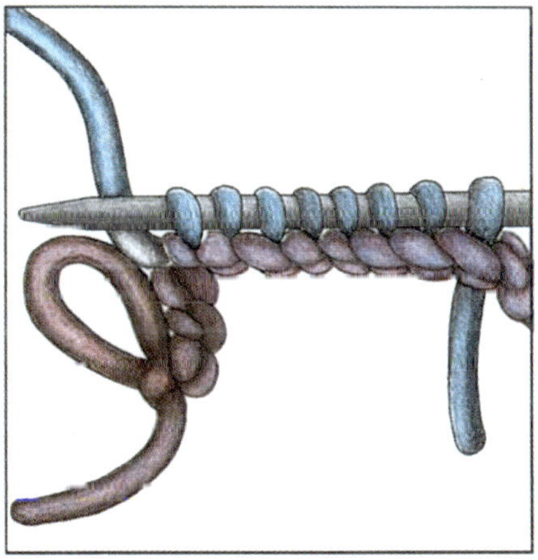

1 Aus der Unterseite der Luftmaschen holen Sie mit Hilfe einer Stricknadel Maschen heraus. Wichtig ist, daß Sie dort beginnen, wo Sie auch mit dem Häkeln angefangen haben. Arbeiten Sie bitte sehr sauber und stechen Sie nicht in die Fäden hinein.

2 Nach Fertigstellung Ihrer Strickarbeit können Sie die Luftmaschenkette aufräufeln und Masche für Masche auf die Stricknadel zurücklegen.

Italienischer Maschenanschlag

Zu den wichtigsten Techniken dieses Buches gehört der italienische Maschenanschlag und das italienische Abketten.
Wie der Name vermuten läßt, kommt beides aus Italien.
Es ist die optimale Lösung, einen Pullover oder eine Jacke am Bündchen zu beginnen und am Halsausschnitt zu beenden. Nehmen Sie sich die Zeit, und versuchen Sie es. Es ist nicht sehr schwer, nur ungewohnt, da sich keine Schlingen mit Knötchen bilden wie beim Kreuzanschlag. Dieser Anschlag wird auf eine besondere Art gewickelt.
Wenn Sie einmal wissen wie es gemacht wird, dann werden Sie nie wieder anders anschlagen. Der Anschlag und das Abketten werden weder zu fest noch zu lose und jedes Ihrer Strickstücke wird ein Meisterwerk.
Wichtig ist, daß Sie den Anschlag und die dazugehörigen 4 Reihen oder Runden und beim Abketten die letzten 2 Reihen oder Runden mit einer Nadel stricken, die eine halbe Nummer dünner als die Bündchennadel ist.

Dieser Anschlag ist praktisch ein Doppel- oder Schlauchstricken.

Ich zeige Ihnen den italienischen Maschenanschlag mit dem Daumenfaden beginnend. Selbstverständlich funktioniert dieser Anschlag genauso, wenn der Zeigefingerfaden zuerst unter dem Daumenfaden liegt und Sie mit dem Zeigefingerfaden beginnen.
Wichtig ist für Sie zu wissen, daß der Beginn mit dem Daumenfaden neben der Randmasche eine rechte Masche und der Beginn mit dem Zeigefingerfaden neben der Randmasche eine linke Masche auf der linken Seite ergibt.

Italienischer Maschenanschlag 1 Masche rechts, 1 Masche links

Italienischer Anschlag (1 Masche rechts, 1 Masche links) ist besonders für Bündchen geeignet.

1 Faden ohne Knotenschlinge über die Nadel legen. Das Fadenende muß auch hierbei gut 3mal so lang sein wie das Strickstück breit wird.

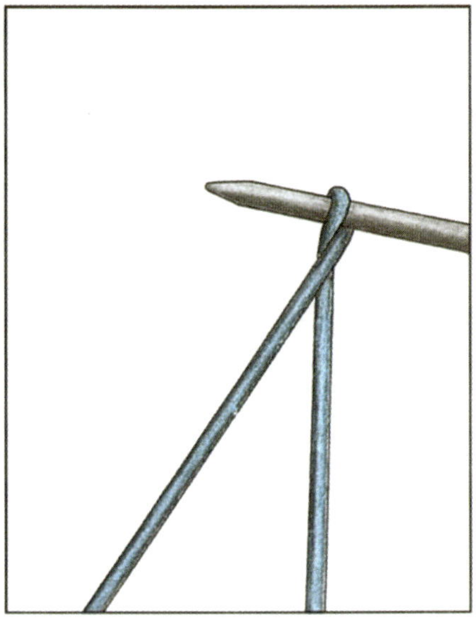

2 Fäden unterhalb der Nadel, die in der rechten Hand liegt, kreuzen. Der Faden, der nach vorn zum Daumen führt, liegt unter dem Faden, der sich um den Zeigefinger schlingt.

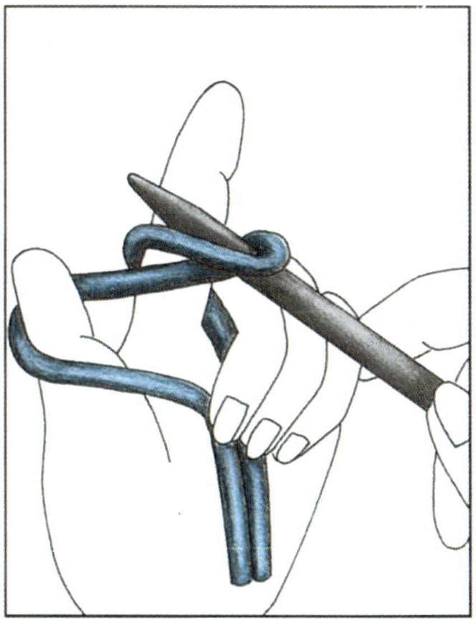

3 Die Fäden wie zum Kreuzanschlag in die linke Hand nehmen. Sie benötigen für den italienischen Anschlag nur die Fäden, die von Daumen und Zeigefinger zur Nadel führen.

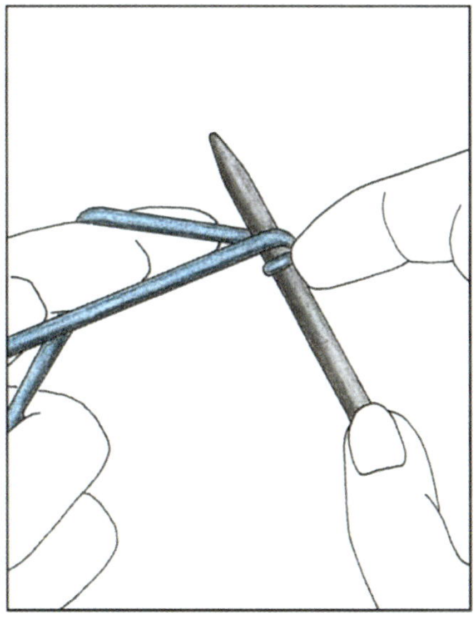

4 Sie beginnen immer mit dem unteren der gekreuzten Fäden. Führen Sie die rechte Nadelspitze von vorn **unter** dem Daumenfaden hindurch bis zur Mitte. Die Nadelspitze kommt zwischen Daumen- und Zeigefingerfaden hoch.

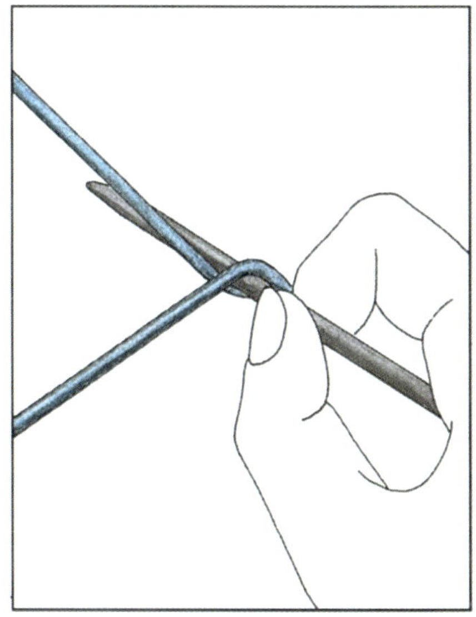

5 Die Nadelspitze wird **über** den hinteren Zeigefingerfaden hinweggefuhrt und …

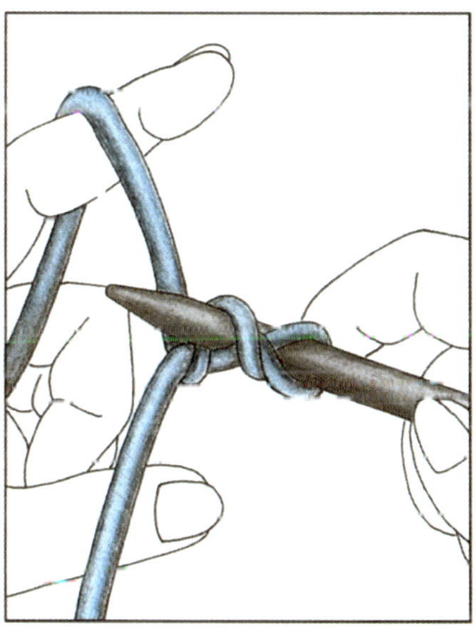

6 … holt den Faden als Schlinge **unter** dem Daumenfaden hinweg nach vorn durch. Die zweite Masche liegt auf der Nadel. Sie ist als rechte Masche erkennbar.

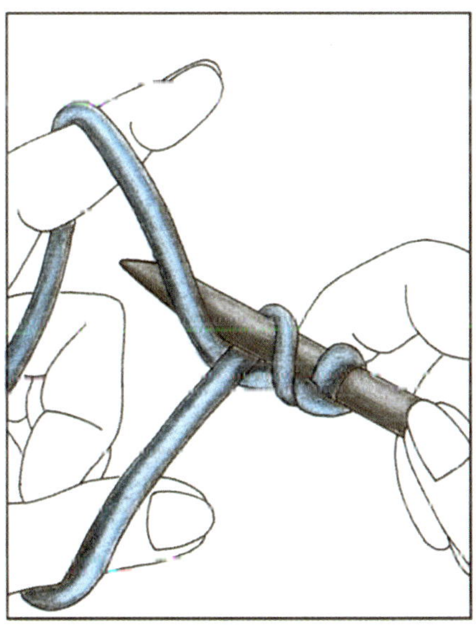

7 Jetzt liegt der hintere Zeigefingerfaden unter dem, der zum Daumen führt. Das heißt, Sie müssen die Nadelspitze von hinten **unter** den Zeigefingerfaden führen …

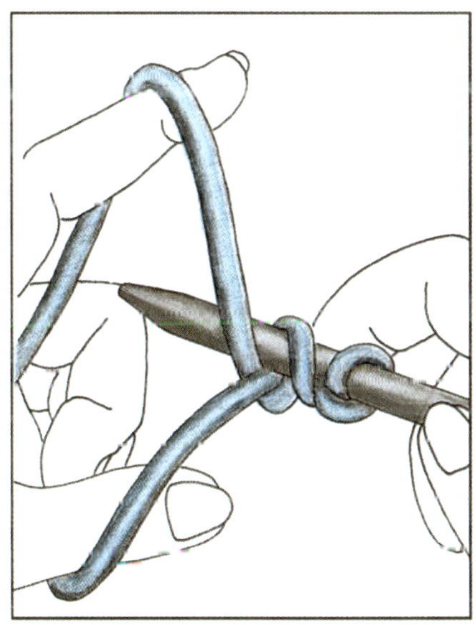

8 … und kommen zwischen Zeigefinger- und Daumenfaden in der Mitte hoch.

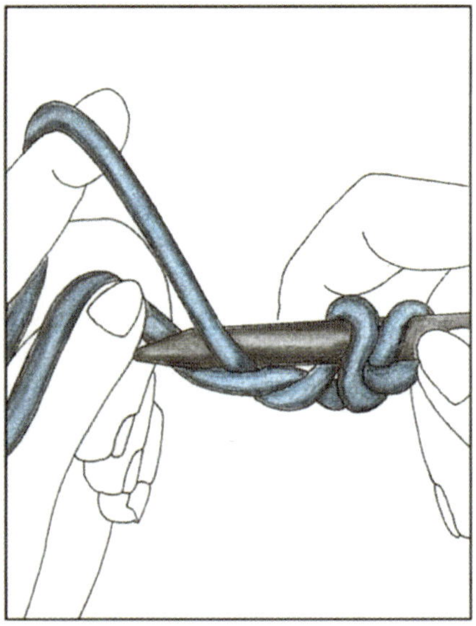

9 Mit der Nadel **über** den Daumenfaden fassen, der…

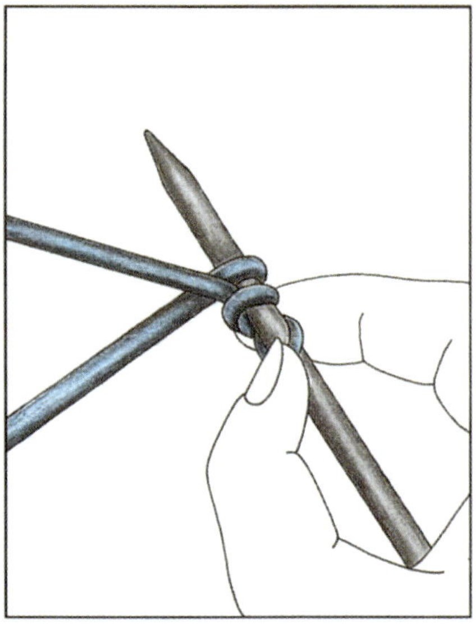

10 …als Schlinge unter dem Zeigefingerfaden hindurch nach hinten geholt wird. Jetzt liegt die dritte Masche auf der Nadel, Sie haben eine linke Masche angeschlagen.

11 Ab Punkt 4 ständig wiederholen, bis die gewünschte Maschenzahl auf der Nadel liegt. Sie können die rechten und linken Maschen deutlich erkennen.

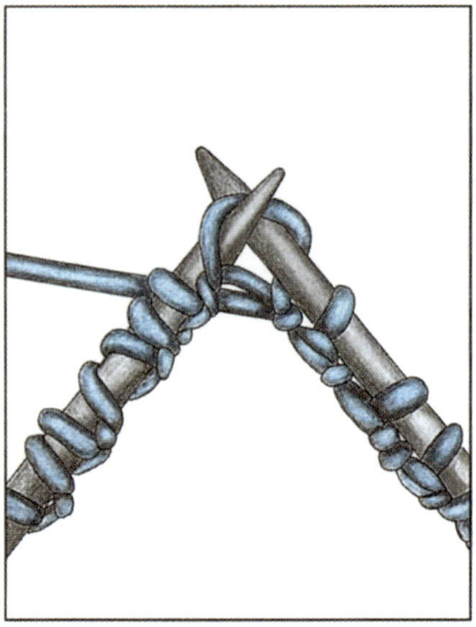

12 Die nächsten vier Reihen gehören zum Italienischen Anschlag dazu und werden folgendermaßen gestrickt: Die rechts erscheinenden Maschen rechts stricken. **Nur in der ersten Reihe die rechten Maschen von hinten abstricken, da sie verkehrt auf der Nadel liegen.**

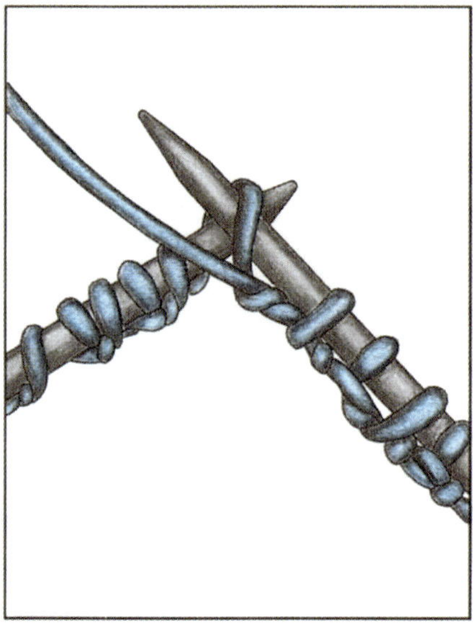

13 Die links erscheinenden Maschen links abheben, dabei den Faden vor der Masche entlangführen. Nach diesen vier Reihen stricken Sie das Bündchen in beliebiger Höhe 1 Masche rechts, 1 Masche links. Vergessen Sie nicht, die Nadeln zu wechseln.

Italienischer Maschenanschlag für Linkshänder

Zu den wichtigsten Techniken dieses Buches gehört der italienische Maschenanschlag und das italienische Abketten.
Die Grundregeln gelten sowohl für Rechts- wie auch für Linkshänder.

Diese Technik ist die optimale Lösung, einen Pullover am Bündchen zu beginnen und am Halsausschnitt zu beenden. Der Anschlag und das Abketten werden weder zu fest noch zu lose und jedes Ihrer Strickstücke wird ein Meisterwerk.
Nehmen Sie sich die Zeit und versuchen Sie es.
Wichtig ist, daß Sie den Anschlag und die dazugehörigen 4 Reihen oder Runden und beim Abketten die letzten 2 Reihen oder Runden mit einer Nadel stricken, die eine halbe Nummer dünner als die Bündchennadel ist.

Der Anschlag wird auf eine besondere Art gewickelt; er ist praktisch ein Doppelt- oder Schlauchstricken. Die Ausführung ist die gleiche wie bei Rechtshändern, nur liegt die Nadel in der linken Hand, die Fäden laufen über Daumen und Zeigefinger der rechten Hand.

Italienischer Maschenanschlag 1 Masche rechts, 1 Masche links

Italienischer Anschlag (1 Masche rechts, 1 Masche links) ist besonders für Bündchen geeignet.

1 Faden ohne Knotenschlinge über die Nadel legen. Das Fadenende muß auch hierbei gut 3mal so lang sein wie das Strickstück breit wird.

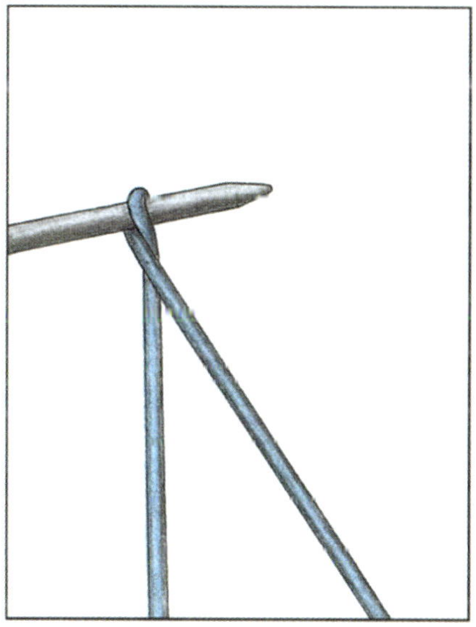

2 Fäden unterhalb der Nadel, die in der linken Hand liegt, kreuzen. Der Faden, der nach vorn zum Daumen führt, liegt unter dem Faden, der sich um den Zeigefingerfaden schlingt.

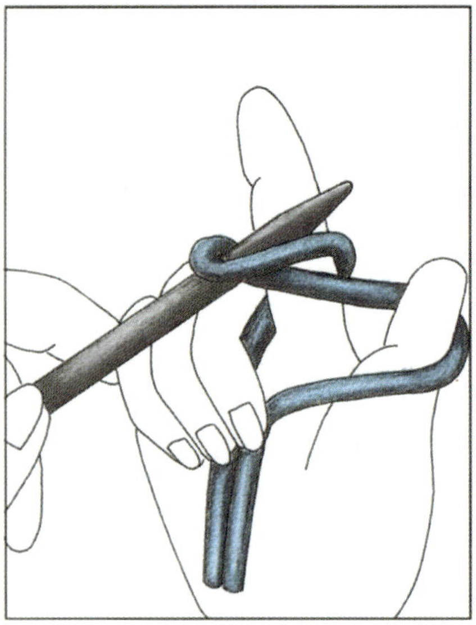

3 Die Nadel liegt in der linken Hand, die Fäden laufen über den Daumen und Zeigefinger der rechten Hand. Sie beginnen immer mit dem unteren der gekreuzten Fäden.

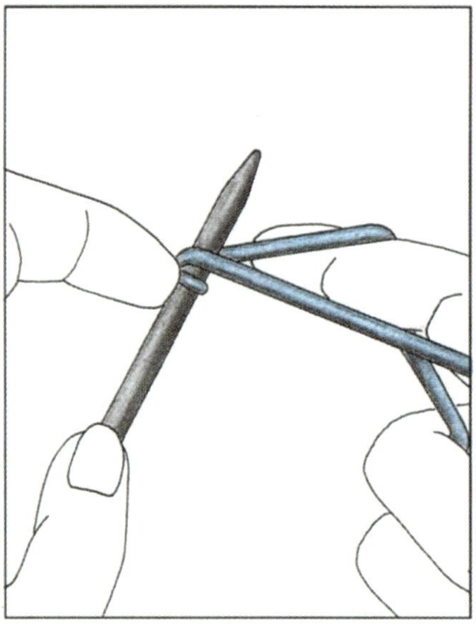

4 Führen Sie die Nadelspitze von vorn **unter** dem Daumenfaden hindurch bis zur Mitte. Die Nadelspitze kommt zwischen Daumen- und Zeigefingerfaden hoch.

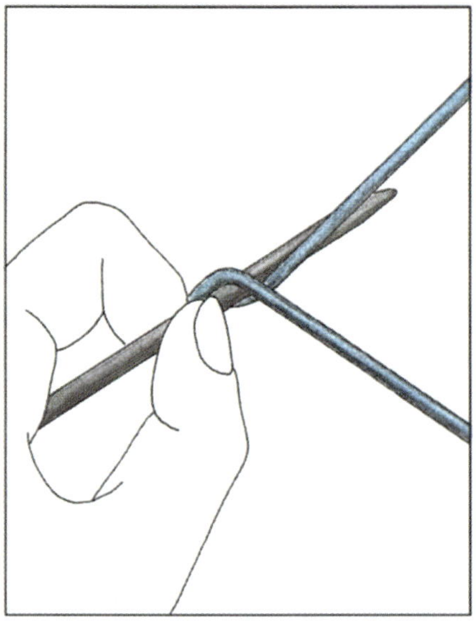

5 Die Nadelspitze wird **über** den hinteren Zeigefingerfaden hinweggeführt.

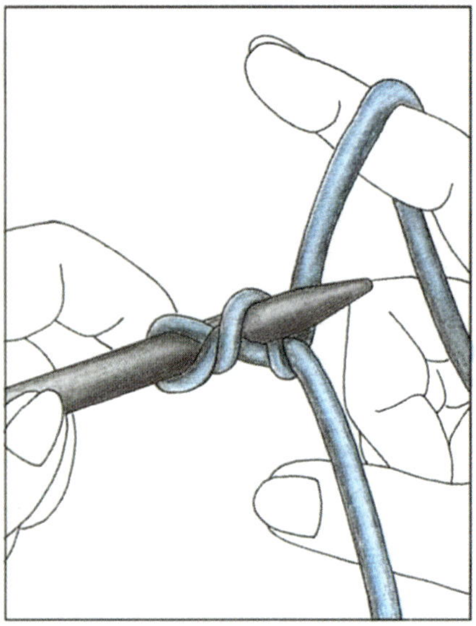

6 Den Faden als Schlinge **unter** dem Daumenfaden hinweg nach vorn durchholen. Die zweite Masche – bereits als rechte Masche erkennbar – liegt auf der Nadel.

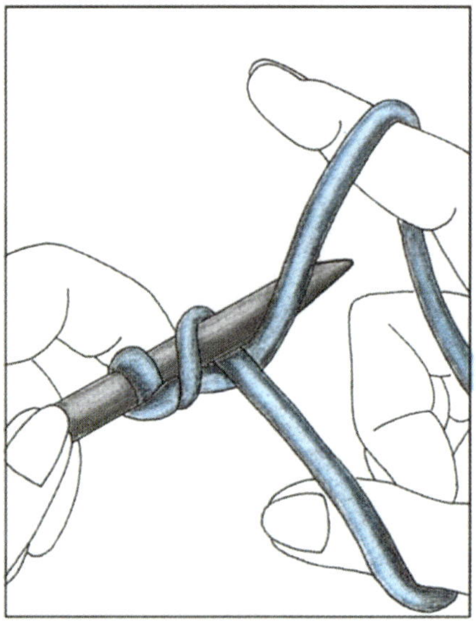

7 Jetzt liegt der Zeigefingerfaden unter dem, der zum Daumen führt. Das heißt, Sie müssen die Nadelspitze von hinten **unter** den Zeigefingerfaden führen …

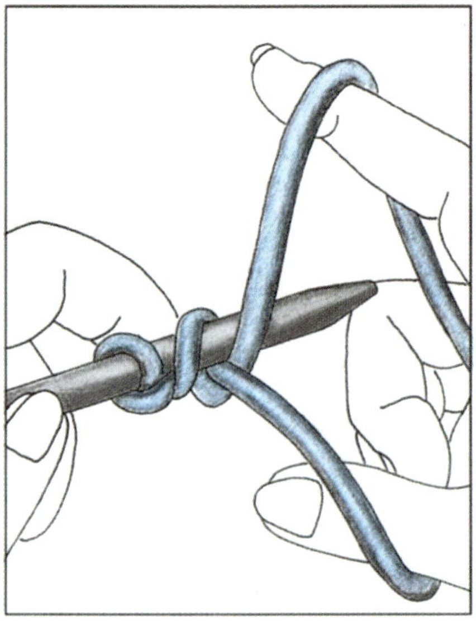

8 … und zwischen Zeigefinger- und Daumenfaden in der Mitte hochkommen.

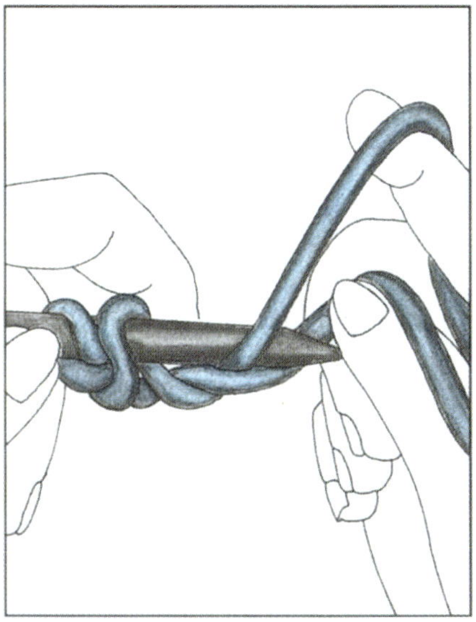

9 Mit der Nadel **über** den Daumenfaden fassen, der…

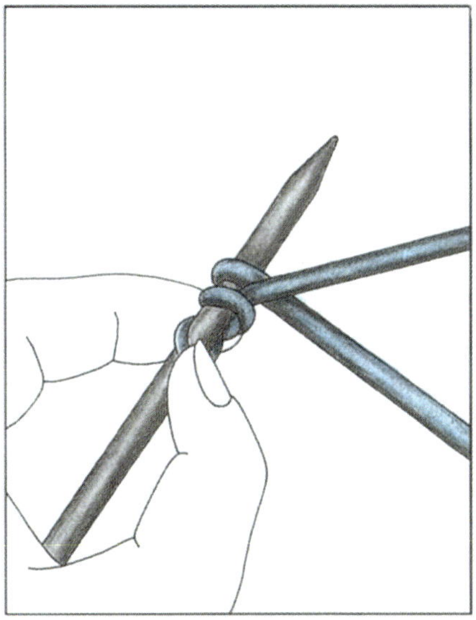

10 …als Schlinge unter dem Zeigefingerfaden hindurch nach hinten geholt wird. Jetzt liegt die dritte Masche auf der Nadel, Sie haben eine linke Masche angeschlagen.

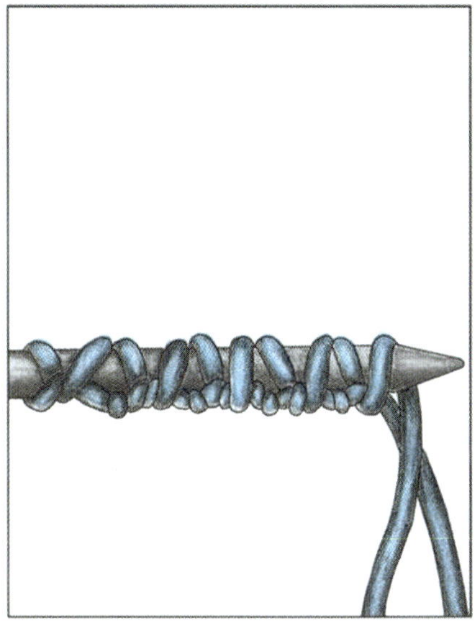

11 Ab Punkt 4 ständig wiederholen, bis die gewünschte Maschenzahl auf der Nadel liegt. Sie können die rechten und linken Maschen deutlich erkennen.

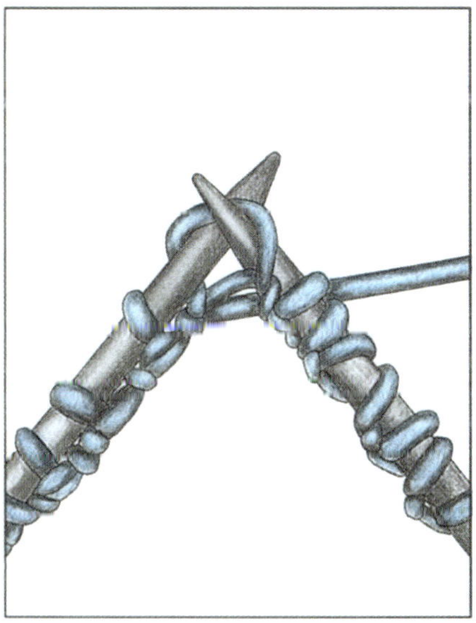

12 Zum Italienischen Maschenanschlag gehören 4 Reihen, in denen Sie die rechten Maschen rechts stricken. Nur in der ersten Reihe die rechten Maschen von hinten abstricken, da sie verkehrt auf der Nadel liegen.

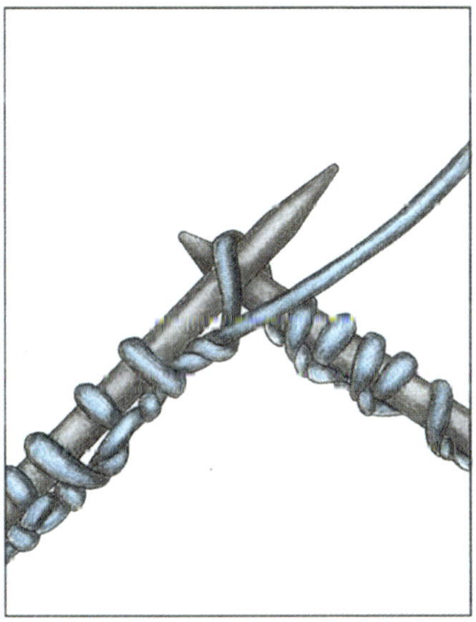

13 Die linken Maschen links abheben. Der Faden wird vor der linken Masche entlanggeführt.
Nach diesen 4 Reihen stricken Sie das Bündchen 1 Masche rechts, 1 Masche links in beliebiger Höhe.

Tip

Wichtig ist für Sie zu wissen, daß der Beginn mit dem Daumenfaden neben der Randmasche eine rechte Masche auf der linken Seite ergibt, der Beginn mit dem Zeigefingerfaden eine linke Masche.

Die Grundlage für den italienischen Maschenanschlag 2 Maschen rechts, 2 Maschen links ist die gleiche wie für 1 Masche rechts, 1 Masche links Gestricktes.

Wählen Sie eine Maschenanzahl teilbar durch 4, wenn die Zahl der anzuschlagenden Maschen nicht vorgegeben ist. Auch hier sind dünnere Nadeln für den Anschlag und die ersten vier Reihen zu empfehlen.
Beginnen Sie mit dem Daumenfaden, damit neben der Randmasche auf der linken Seite eine rechte Masche liegt.

Das Fadenende muß gut 3mal so lang sein, wie das Strickstück breit wird.

Italienischer Maschenanschlag 2 Maschen rechts, 2 Maschen links

Italienischer Anschlag (2 Maschen rechts, 2 Maschen links), eine Variation des Bündchenmusters.

1 Faden ohne Knotenschlinge über die Nadel legen. Das Fadenende muß auch hierbei gut 3mal so lang sein wie das Strickstück breit wird.

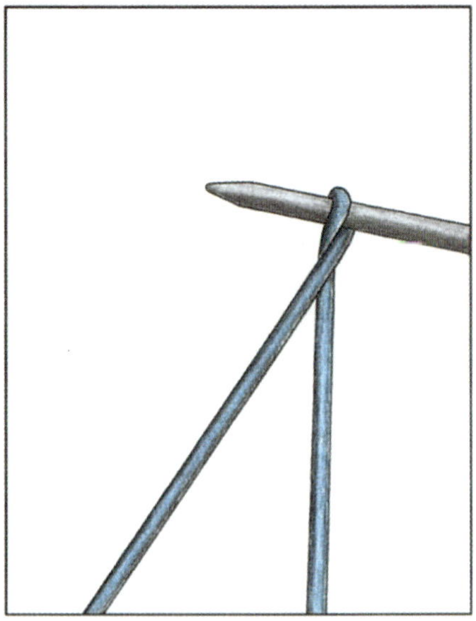

2 Fäden unterhalb der Nadel, die in der rechten Hand liegt, kreuzen. Der Faden, der nach vorn zum Daumen führt, liegt unter dem Faden, der sich um den Zeigefinger schlingt.

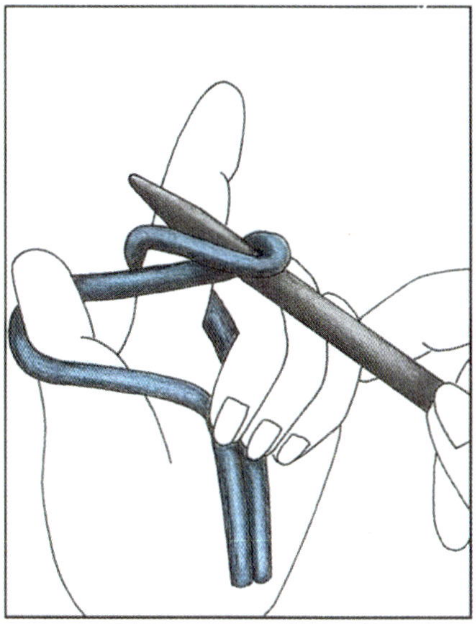

3 Die Fäden wie zum Kreuzanschlag in die linke Hand nehmen. Sie benötigen für den Italienischen Anschlag nur die Fäden, die von Daumen und Zeigefinger zur Nadel führen.

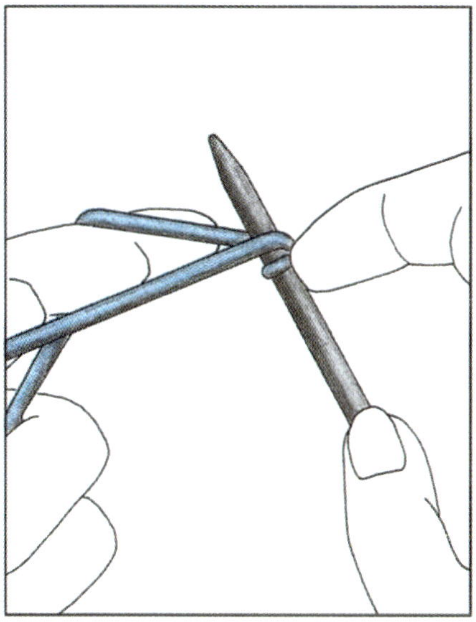

4 Sie beginnen immer mit dem unteren der gekreuzten Fäden. Führen Sie die rechte Nadelspitze von vorn **unter** dem Daumenfaden hindurch bis zur Mitte. Die Nadelspitze kommt zwischen Daumen- und Zeigefingerfaden hoch.

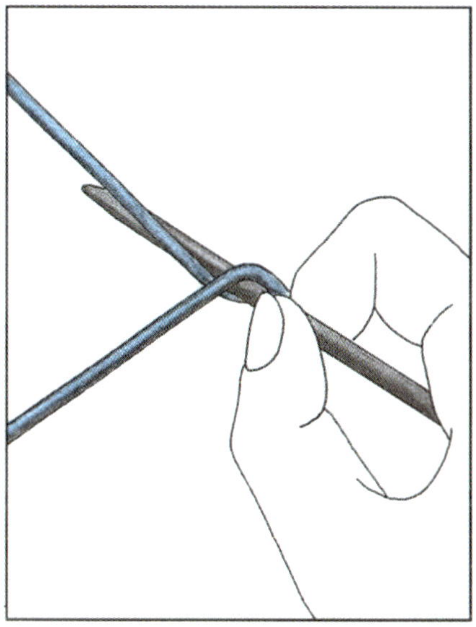

5 Die Nadelspitze wird **über** den hinteren Zeigefingerfaden hinweggeführt und…

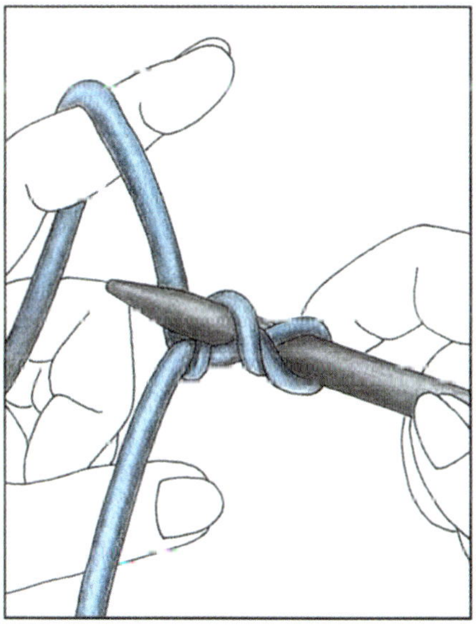

6 …holt den Faden als Schlinge **unter** dem Daumenfaden hinweg nach vorn durch. Die zweite Masche liegt auf der Nadel. Sie ist als rechte Masche erkennbar.

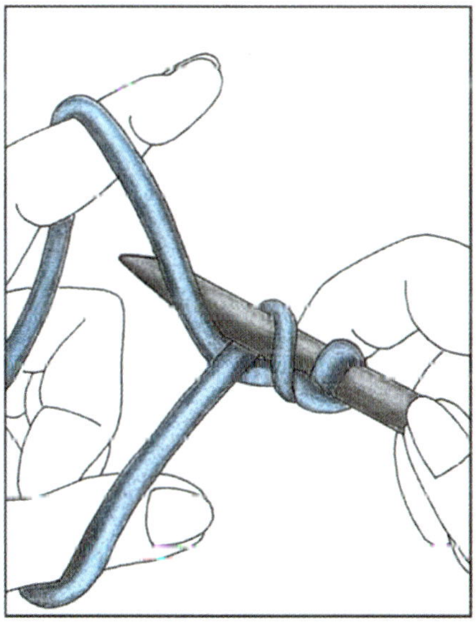

7 Jetzt liegt der hintere Zeigefingerfaden unter dem, der zum Daumen führt. Das heißt, Sie müssen die Nadelspitze von hinten **unter** den Zeigefingerfaden führen, …

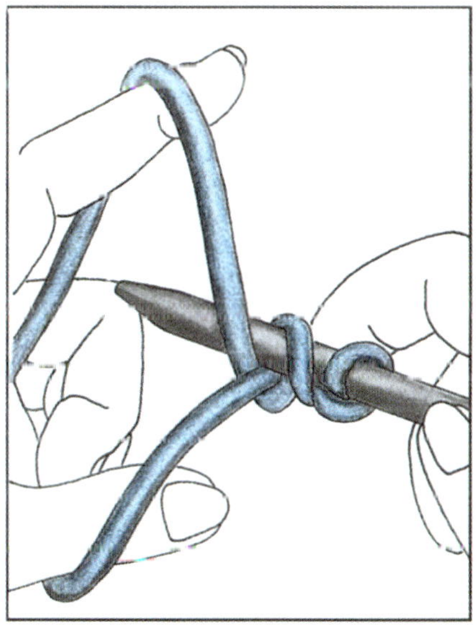

8 …kommen zwischen Zeigefinger- und Daumenfaden in der Mitte hoch und…

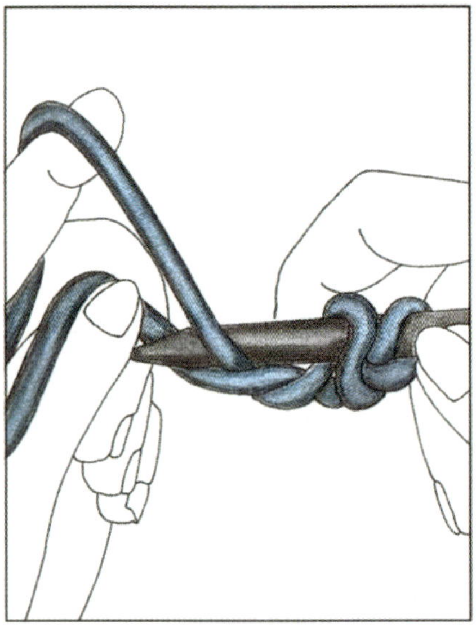

9 Mit der Nadel **über** den Daumenfaden fassen, der...

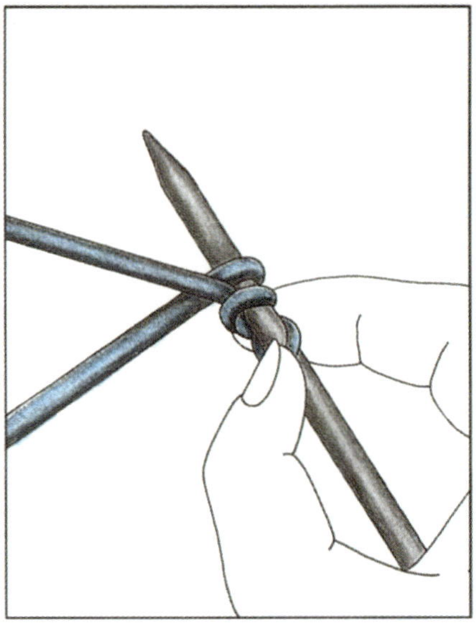

10 ...als Schlinge unter dem Zeigefingerfaden hindurch nach hinten geholt wird. Jetzt liegt die dritte Masche auf der Nadel, Sie haben eine linke Masche angeschlagen.

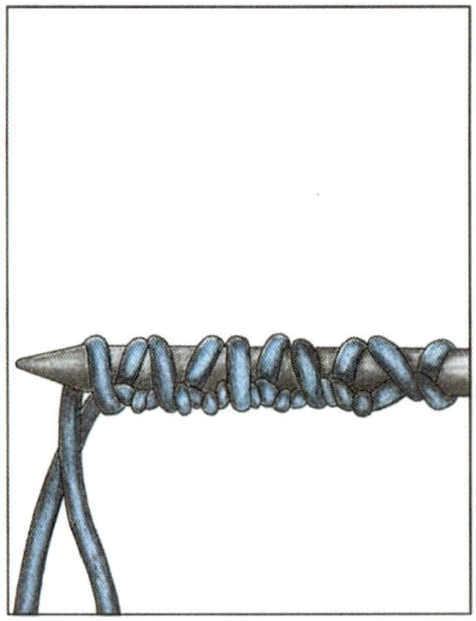

11 Ab Punkt 4 ständig wiederholen, bis die gewünschte Maschenzahl auf der Nadel liegt. Sie können die rechten und linken Maschen deutlich erkennen.

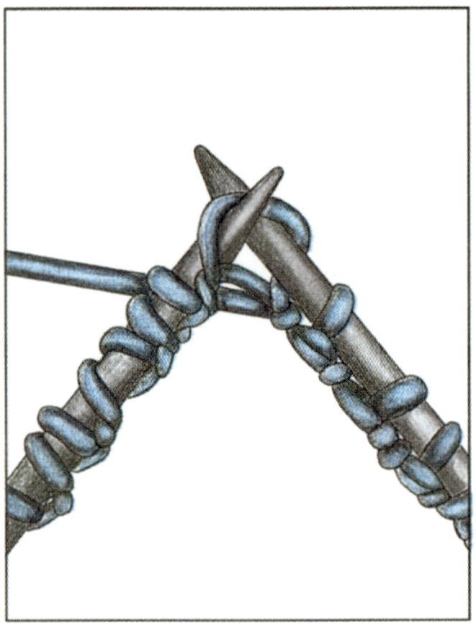

12 Zum Italienischen Maschenanschlag gehören 4 Reihen, in denen Sie die rechten Maschen rechts stricken. Nur in der ersten Reihe die rechten Maschen von hinten abstricken, da sie verkehrt auf der Nadel liegen.

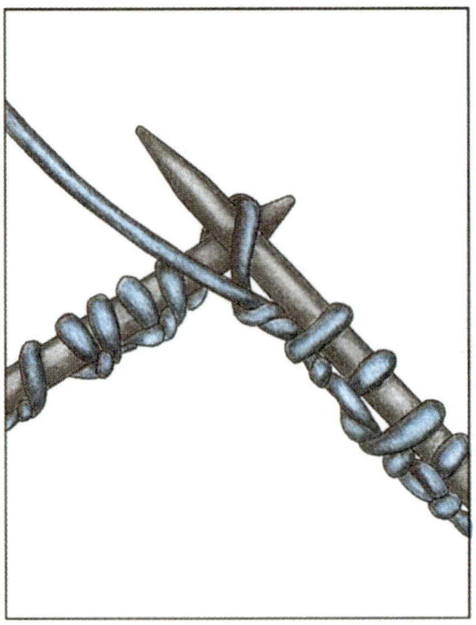

13 Die linken Maschen links abheben. Der Faden wird vor der linken Masche entlanggeführt.

Nach diesen 4 Reihen werden die Maschen auf der Vorderseite umgestrickt zum Muster: 2 Maschen rechts, 2 Maschen links. Dabei die erste Masche nach der Randmasche rechts stricken.

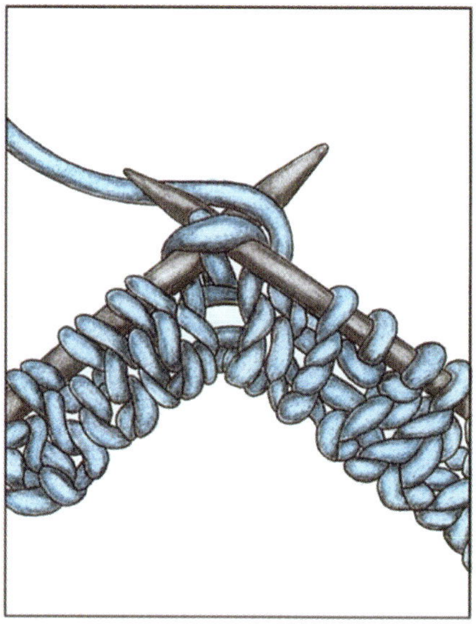

14 Die übernächste Masche, es ist eine rechte Masche, von vorn rechts abstricken. Die Masche bleibt auf der Nadel.

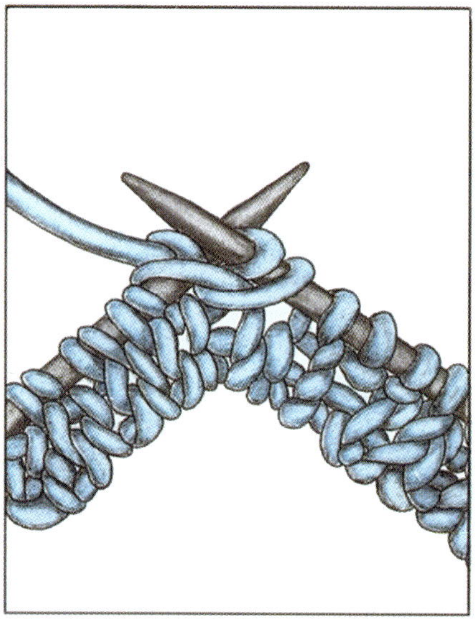

15 Die davorliegende linke Masche links abstricken …

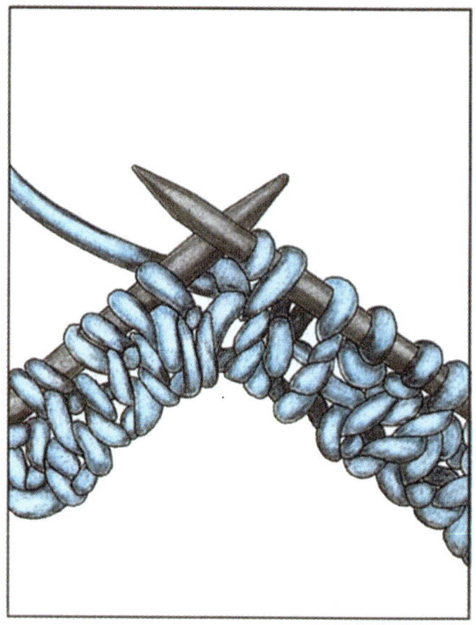

16 … und zwei Maschen, die rechte und die linke Masche von der Nadel gleiten lassen.

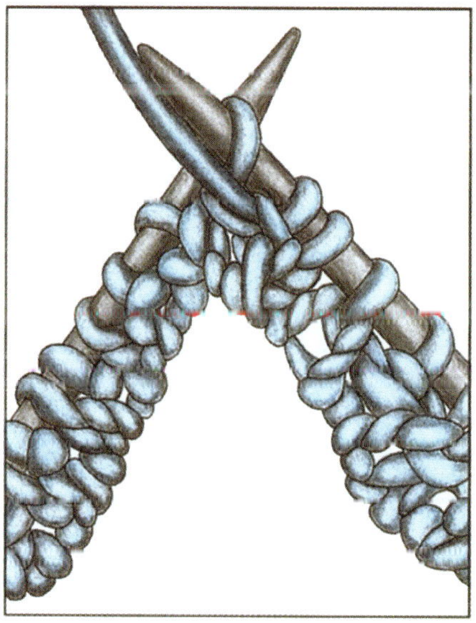

17 Nun die nächste linke Masche links stricken …

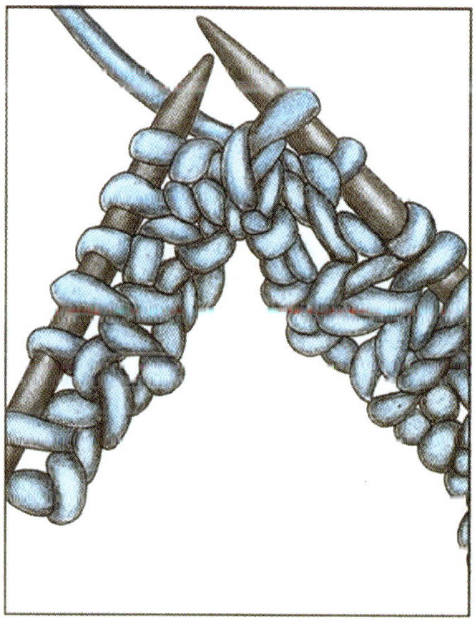

18 … und die folgende rechte Masche rechts stricken. Die letzte Randmasche wird mit verkreuzt.

Ab Punkt 14 bis 18 ständig wiederholen bis alle Maschen im 2 Maschen rechts, 2 Maschen links Rhythmus auf der Nadel liegen.
Anschließend wird das Bündchen in beliebiger Höhe fertiggestrickt, wählen Sie jetzt die Nadelstärke, die für das Bündchen vorgesehen ist.
Dieser Anschlag hat etwas mit »Schummeln« zu tun und ist nur eine Umwandlung des 1 Masche rechts, 1 Masche links gestrickten italienischen Anschlags.
Er sieht aber so gekonnt aus, daß ich Ihnen empfehlen möchte, Ihn auszuprobieren.

Italienisches Abketten

Selbstverständlich zeige ich Ihnen auf den folgenden Seiten alle Möglichkeiten, die es gibt, um Maschen abzuketten.
Ich möchte jedoch das italienische Abketten voranstellen. Sie sollten es unbedingt lernen.
Das Interessante an diesem Abketten ist, daß es mit einer dicken, stumpfen Sticknadel ausgeführt wird. Es handelt sich eigentlich um ein **Abnähen.**
Das Abnähen führen Sie auf der rechten Seite durch. Schneiden Sie den Faden, mit dem Sie gestrickt haben, ab. Er muß gut 3mal so lang sein wie das Strickstück, das Sie abketten wollen.

Italienisches Abketten 1 Masche rechts, 1 Masche links

Italienisches Abketten (1 Masche rechts, 1 Masche links) ist besonders für Halsausschnittblenden zu empfehlen.

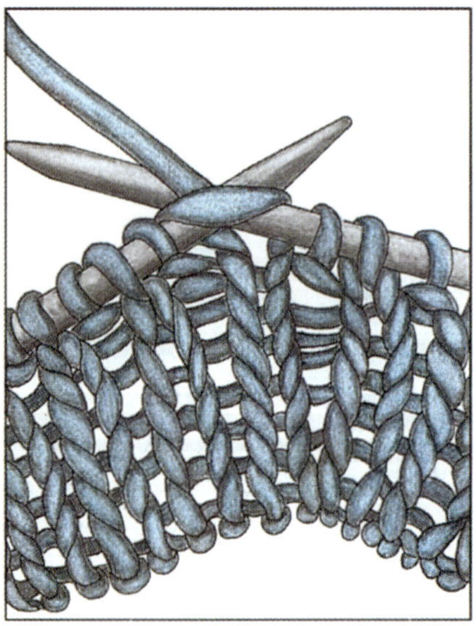

1 Zum italienischen Abketten gehören wiederum zwei Reihen so gestrickt wie beim italienischen Anschlag: die rechten Maschen rechts abgestrickt und...

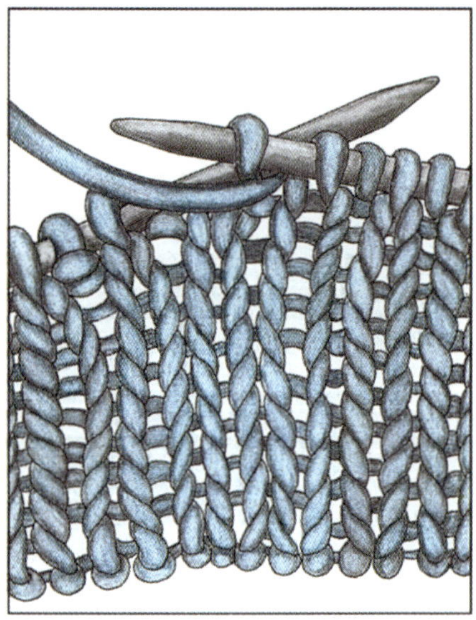

2 ...die linken Maschen links abgehoben, der Faden wird vor der linken abgehobenen Masche entlanggeführt.

3 Führen Sie die Sticknadel von rechts nach links durch die Randmasche und falls darauf eine rechte Masche folgt, auch noch durch diese. Den Faden strammziehen. Eine beziehungsweise zwei Maschen von der Nadel gleiten lassen.
Jetzt wird immer paarweise abgekettet, beginnend mit einer linken Masche.

4 Durch die erste, sich auf der Nadel befindende linke Masche, den Faden **von links nach rechts** hindurchziehen. Die Masche bleibt auf der Nadel liegen.

5 Von rechts nach links durch die Mitte der vorherigen rechten Masche (sie befindet sich nicht mehr auf der Nadel) und **gleichzeitig** durch die zweite Masche auf der Nadel (ebenfalls eine rechte Masche) die Sticknadel hindurchführen und den Faden anziehen.

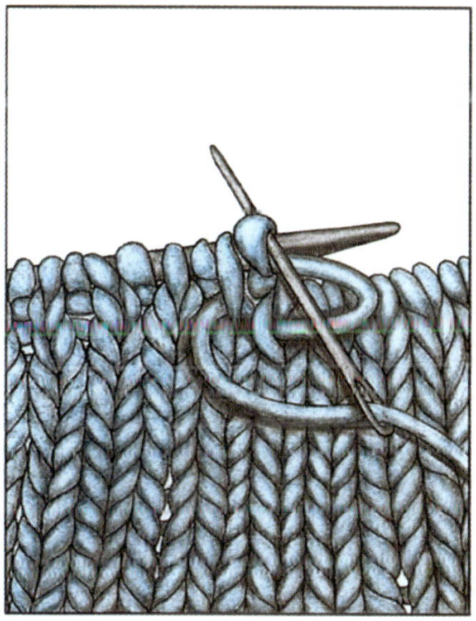

6 Den Faden **von rechts nach links** durch die erste linke Masche auf der Nadel ziehen, strammziehen und zwei Maschen (eine linke und eine rechte Masche) von der Nadel gleiten lassen.
Von 4 bis 6 ständig wiederholen, bis alle Maschen abgekettet sind.

Italienisches Abketten für Linkshänder

Italienisch abgekettet wird wie bei Rechtshändern auf der Vorderseite des Strickstücks, in diesem Fall **von links nach rechts.**

Vor dem Abketten werden zwei Reihen mit dünneren Nadeln wie folgt gestrickt: rechte Maschen rechts stricken, linke Maschen links abheben, den Faden vor der linken Masche entlangführen (siehe Seite 36).
Nach diesen zwei Reihen **nicht wenden,** sondern von links nach rechts abketten.
Deshalb müssen Linkshänder beim Stricken der letzten zwei Reihen darauf achten, daß zuerst die Reihe der Rückseite und dann die Reihe der Vorderseite mit abgehobenen linken Maschen gestrickt wird.
Nach dem Stricken den Faden abschneiden. Er muß dreimal so lang sein, wie das Strickstück breit ist. In eine dicke, stumpfe Nadel einfädeln.

1 Jeweils die linke und rechte Masche, die paarweise abgekettet werden, so verdrehen, daß sie richtig auf der Nadel liegen.
2 In die erste linke Masche **von rechts nach links** einstechen, den Faden durch- und anziehen. Die Masche bleibt auf der Nadel.
3 Die vorherige rechte Masche, sie liegt nicht mehr auf der Nadel, von oben erfassen und gleichzeitig durch die nächste rechte Masche auf der Nadel **von links nach rechts** einstechen und den Faden hindurchziehen.
4 In die erste linke Masche auf der Nadel noch einmal **von links nach rechts** einstechen, den Faden hindurchziehen und anziehen und zwei Maschen von der Nadel gleiten lassen.
Von 1 bis 4 wiederholen, bis alle Maschen abgekettet sind.

Wenn ich beim italienischen Anschlag für 2 Maschen rechts, 2 Maschen links vom »Schummeln« gesprochen habe, so müssen Sie beim Abketten »zurückschummeln« in 1 Masche rechts, 1 Masche links, damit Sie abnähen können.
Das Umstricken erfolgt auf der linken Seite des Gestrickten. Sie haben eine Maschenzahl teilbar durch 4 angeschlagen. Das ergibt zu Beginn der Reihe eine linke Masche neben der Randmasche. Stricken Sie nach der Randmasche wie unten beschrieben. Die Arbeitsschritte, die nach dem Wenden folgen, entsprechen den Arbeitsschritten beim italienischen Abketten 1 Masche rechts, 1 Masche links.
Um Ihnen das Nachschlagen zu ersparen, haben wir hier noch einmal die Zeichnungen aufgenommen und die Schritte ausführlich beschrieben.

Italienisches Abketten 2 Maschen rechts, 2 Maschen links

Auch Blenden, die 2 Maschen rechts, 2 Maschen links gestrickt sind, sollten italienisch abgekettet werden.

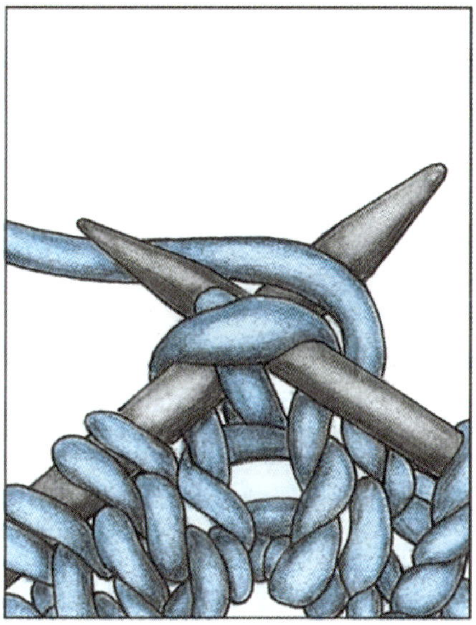

1 1 Masche links und 1 Masche rechts stricken. Die übernächste (rechte) Masche von vorn rechts abstricken, auf der Nadel liegen lassen.

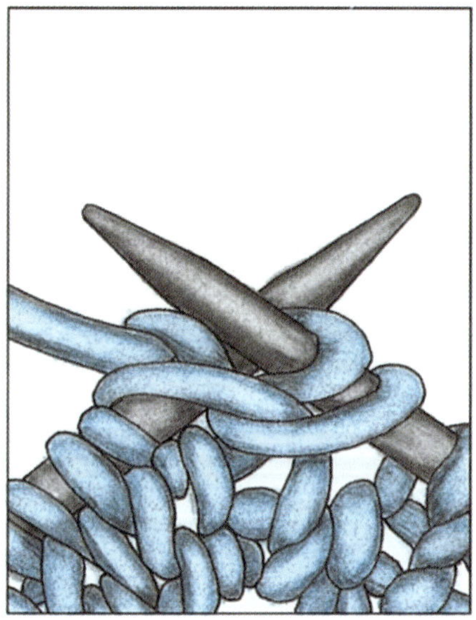

2 Die davorliegende linke Masche links abstricken und zwei Maschen von der Nadel gleiten lassen. 1 Masche rechts stricken. Die Punkte 1 und 2 ständig wiederholen und zum Schluß die Randmasche mit verkreuzen.

3 Nach dem Wenden folgen nun zwei Reihen, die mit dünneren Nadeln gestrickt werden. In diesen zwei Reihen werden die rechten Maschen rechts gestrickt, ...

4 ... die linken Maschen links abgehoben; den Faden vor der abgehobenen linken Masche entlangführen. Schneiden Sie den Faden, mit dem Sie gestrickt haben, ab. Er muß gut 3mal so lang sein wie das Strickstück breit ist. Fädeln Sie den Faden in eine dicke, stumpfe Sticknadel und beginnen Sie mit dem Abketten.

5 Führen Sie die Sticknadel von rechts nach links durch die Randmasche. Eine Masche von der Nadel gleiten lassen. Jetzt wird paarweise abgekettet. Sie beginnen immer mit einer linken Masche.

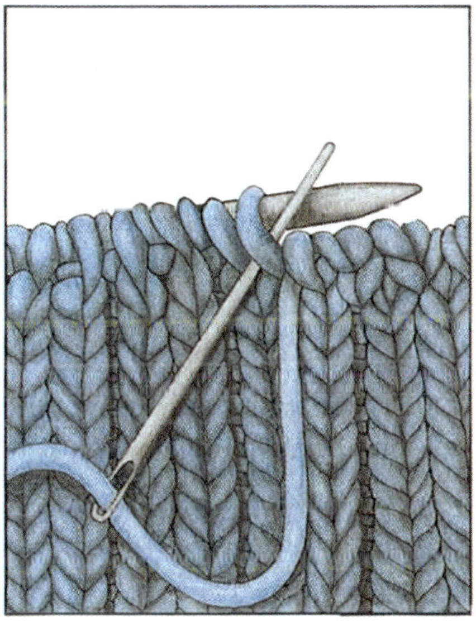

6 Durch die erste linke Masche den Faden **von links nach rechts** hindurchziehen.

7 **Von rechts nach links** durch die linke Hälfte der vorherigen rechten Masche, die sich nicht mehr auf der Nadel befindet, und gleichzeitig durch die nächste rechte Masche. Sie liegt als zweite Masche auf der Nadel. Die Sticknadel hindurchführen und den Faden strammziehen.

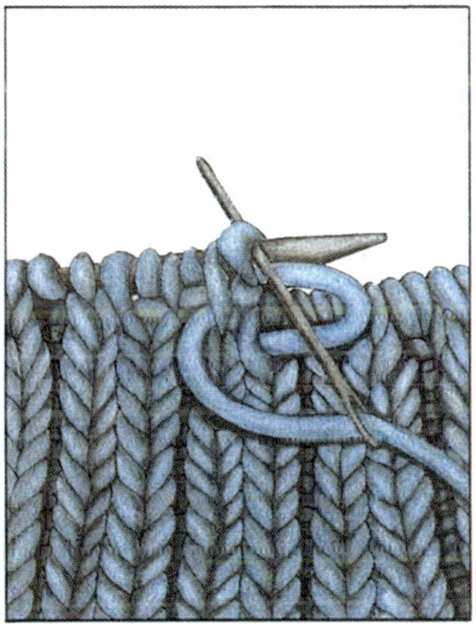

8 Den Faden **von rechts nach links** durch die erste linke Masche ziehen und zwei Maschen – eine linke und eine rechte Masche – von der Nadel gleiten lassen. Faden anziehen.
Von 6–8 wiederholen, bis alle Maschen abgekettet sind.

Abketten

Italienisches Abketten in Runden

Auf den vorhergehenden Seiten habe ich Ihnen das italienische Abketten in Reihen beschrieben.
Noch wichtiger ist für Sie das italienische Abketten in Runden. Ganz gleich, für welchen Halsausschnitt Sie sich bei einem Pullover entscheiden, ob rund, eckig oder V-förmig, er liegt stets im Blickfeld des Betrachters.
Das Abketten oder Abnähen bleibt das gleiche, nur die zwei Reihen oder jetzt Runden, die mit dünneren Nadeln gestrickt dazugehören, ändern sich. Es ist manchmal faszinierend, wie logisch das Stricken ist: Die zweite Runde wird spiegelbildlich gestrickt. Ich beschreibe es Ihnen:

1 In der ersten Runde stricken Sie die rechten Maschen rechts und…

2 …heben die linken Maschen links ab, dabei wird der Faden vor der linken Masche entlanggeführt.

3 In der zweiten Runde stricken Sie die linken Maschen links ab,…

4 …lassen die rechten Maschen auf die rechte Nadel gleiten (von rechts einstechen) und führen den Faden hinter der rechten Masche entlang.

Nun wird paarweise abgekettet, immer eine linke und eine rechte Masche.
Beginnen Sie dort, wo Sie auch mit dem Herausstricken der Blendenmaschen angefangen haben. Gut 3mal so lang wie die Blende muß der Faden zum Abnähen sein, schneiden Sie ihn ab und fädeln Sie ihn in eine dicke, stumpfe Sticknadel ein.

5 Den Faden mit der Nadel durch die erste linke Masche **von links nach rechts** hindurchziehen.

6 **Von rechts nach links** durch die linke Hälfte der vorherigen rechten Masche und **gleichzeitig** durch die zweite rechte Masche auf der Nadel den Faden hindurchführen und strammziehen.

7 Den Faden noch einmal **von rechts nach links** durch die erste linke Masche ziehen. Faden anziehen und…

8 …zwei Maschen, eine linke und eine rechte, von der Nadel gleiten lassen.
Von Punkt 5 bis 8 ständig wiederholen, bis alle Maschen abgekettet sind.

Abketten

Abketten durch Überziehen

Bei allen weiteren Möglichkeiten des Abkettens, die ich für Sie zusammengetragen habe, ist es gleich, ob Sie in Reihen oder in Runden abketten.

Muster mit **rechtsmaschigem Grund** oder Glatt-rechts-Gestricktes ketten Sie von der rechten Seite rechts ab.

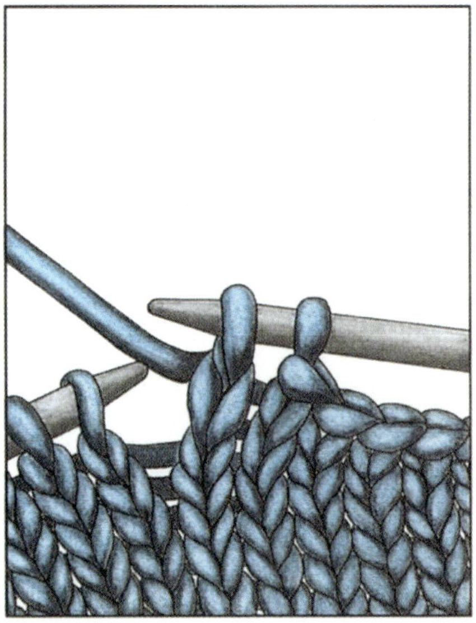

1 Heben Sie beim Rechtsabketten die Randmasche rechts ab. Wichtig ist, daß Sie von links nach rechts einstechen. Stricken Sie die nächste Masche rechts.

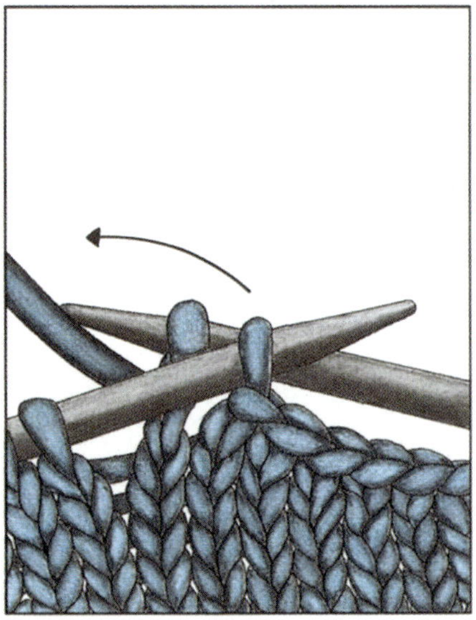

2 Ziehen Sie die abgehobene Masche über die gestrickte. Es bleibt nur noch die zweite Masche auf der Nadel.
Abketten, bis alle Maschen aufgebraucht sind.

Wenn Sie glatt links oder ein Muster mit **linksmaschigem Grund** gearbeitet haben, müssen Sie auch links abketten.

Kraus-rechts-Gestricktes wird von der linken Seite abgekettet.

1 Heben Sie die Randmasche links ab. Der Faden liegt vor der Nadel. Sie stechen von rechts nach links in die Masche hinein. Die nächste Masche stricken Sie links ab, …

2 …ziehen die vorherige Masche über die gestrickte. Es bleibt nur noch die zweite Masche auf der Nadel.
Abketten, bis alle Maschen aufgebraucht sind.

Abketten durch Zusammenstricken

Für Jacken- oder Taschenblenden empfehle ich Ihnen eine andere Art, rechts abzuketten.

Diese Art des Abkettens ist weniger elastisch und deshalb bei geraden Blenden sehr angebracht (kein nachträgliches Längen). Überdies liegt die abgekettete Masche nicht obenauf, sondern kippt nach vorn um und ergibt einen schöneren Abschluß.

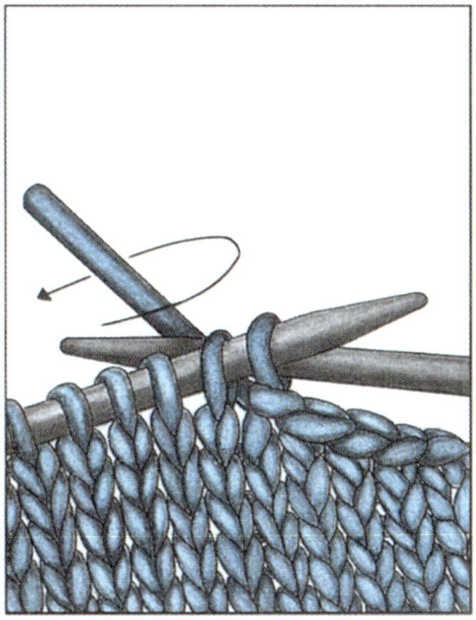

1 Stricken Sie die ersten beiden auf der Nadel befindlichen Maschen rechts verschränkt zusammen. Rechts verschränkt bedeutet von rechts nach links hinten eingestochen, die beiden »Beinchen« der Masche verkreuzen sich.

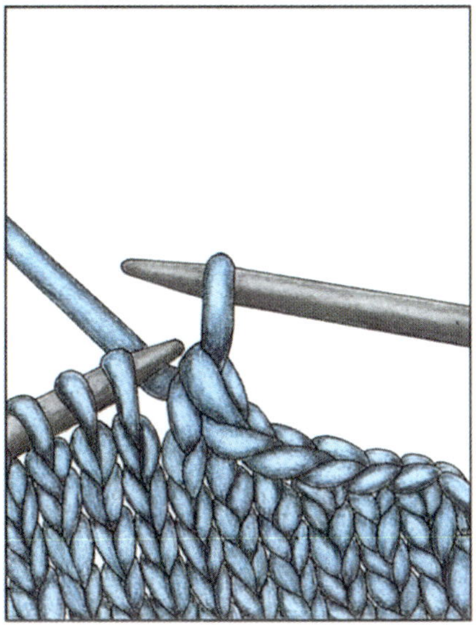

2 Sie haben jetzt auf der rechten Nadel eine Masche, die Sie auf die linke Nadel zurückgleiten lassen. Diese Masche wiederum mit der nächsten rechts verschränkt zusammenstricken; so fortfahren, bis alle Maschen abgekettet sind.

Abhäkeln

Es besteht auch die Möglichkeit, anstelle der Stricknadel mit einer Häkelnadel abzuketten.
Achten Sie darauf, daß Sie die durchgezogenen Maschen nicht zu fest anziehen, damit der abgehäkelte Rand elastisch bleibt.

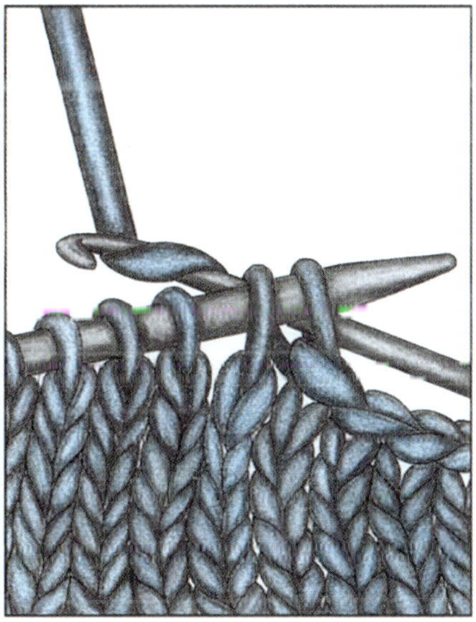

1 Führen Sie die Häkelnadel von rechts nach links durch die zwei Maschen. Holen Sie dann mit der Häkelnadel den Strickfaden als Schlinge durch diese zwei Maschen.

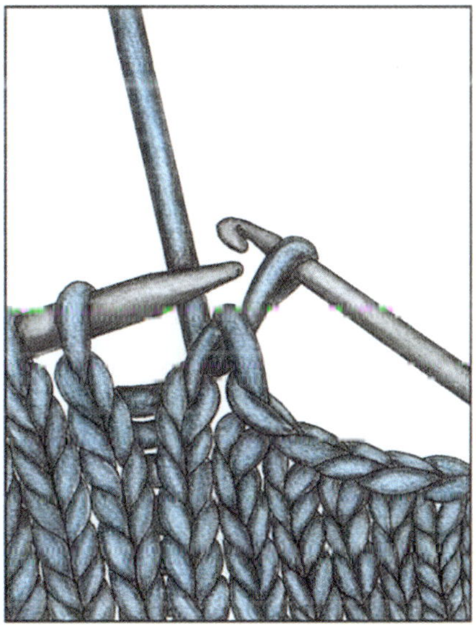

2 Es bleibt eine Masche auf der Häkelnadel.
Nehmen Sie stets die nächste Masche von der Stricknadel dazu und häkeln Sie immer zwei Maschen zu einer zusammen, bis alle Maschen abgehäkelt sind.

Glatt rechts

Hinreihe rechts stricken,
Rückreihe links stricken.

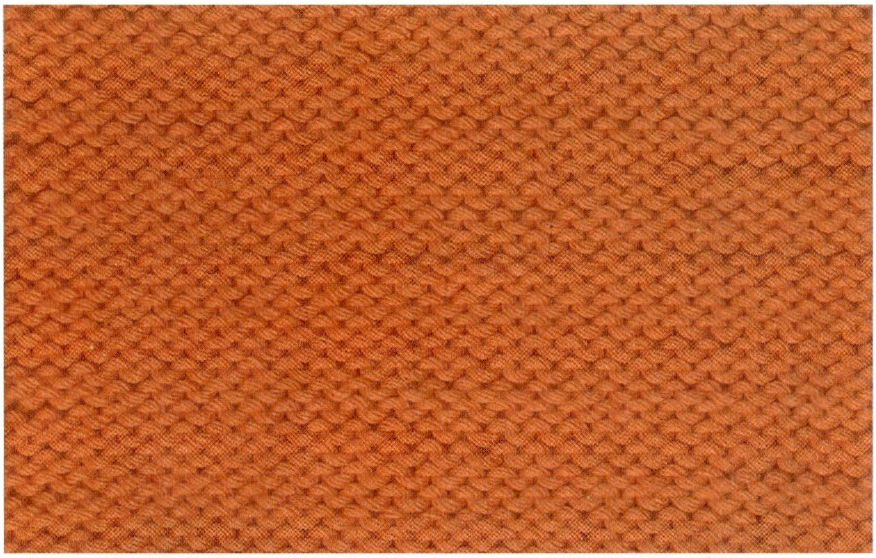

Glatt links

Hinreihe links stricken,
Rückreihe rechts stricken.

Kraus rechts

Hinreihe rechts stricken,
Rückreihe rechts stricken.

Rechte Maschen

1 Mit der rechten Nadel in die erste Masche auf der linken Nadel von links nach rechts einstechen.

2 Mit der rechten Nadelspitze den Strickfaden als Schlinge nach vorn durchholen.

3 Die Schlinge liegt als neue Masche auf der rechten Nadel. Die abgestrickte Masche von der linken Nadel gleiten lassen.

Linke Maschen

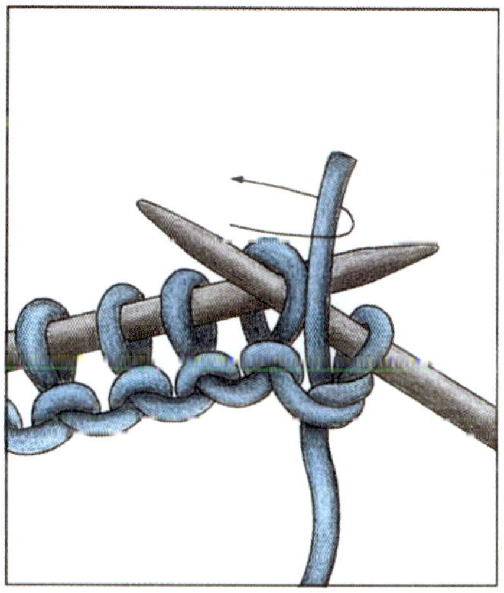

1 Den Faden vor die Nadel legen und in die erste Masche von rechts nach links einstechen.

2 Den Strickfaden um die Nadel legen und …

3 … als Schlinge nach hinten durchholen. Die erste linke Masche liegt auf der rechten Nadel, die abgestrickte Masche von der linken Nadel gleiten lassen.

Tip

Bei vielen Strickerinnen fallen die linken Maschen größer aus als die rechts gestrickten. Sie sind loser gearbeitet. Ziehen Sie den Strickfaden nach dem Stricken jeder einzelnen Masche fest an, oder wählen Sie für die Rückreihen eine dünnere Nadel.

Schweizer Rand

In jeder Reihe die erste Masche links stricken, die letzte Masche links stricken.
Wichtig für alles Patentgestrickte, das später zusammengenäht wird. Ferner anzuwenden bei dünnen Wollen und Loch- oder Ajourmustern.
Der Schweizer Rand ergibt einen festen Knötchenrand. Ich habe Ihnen diese Randmasche aus der Schweiz mitgebracht; sie wird dort überwiegend gestrickt.
Sehr schön sieht der Schweizer Rand als Randmasche bei mitgestrickten Blenden aus.

Nahtrand

Rechte Seite:
erste Masche rechts stricken,
letzte Masche rechts stricken.
Linke Seite:
erste Masche links stricken,
letzte Masche links stricken.
Dieses ist die Randmasche, die Sie am meisten anwenden sollten. Es ergibt sich ein fester Kettmaschenrand, das heißt, für jede Reihe eine Kettmasche.
Zu empfehlen ist diese Randmasche für alle Strickteile, die später zusammengenäht werden.
Unbedingt erforderlich ist der Nahtrand, wenn Sie später Blenden anstricken wollen.

Tip

Randmaschen sind ein ganz wichtiges Thema beim Stricken.
Ich rate Ihnen, jede Randmasche 2mal zu stricken: einmal am Anfang der Reihe und einmal am Ende jeder Reihe.
Interessant bei einer 2mal gestrickten Randmasche ist, daß die Maschen neben den Randmaschen genauso einwandfrei aussehen wie die Maschen mitten im Gestrick.
Richtige Randmaschen sind die Voraussetzung für möglichst dünne Nähte, denn Sie können schon zwischen Randmasche und erster Masche zusammennähen. Bedenken Sie auch, daß Randmaschen nichts mit dem Muster selbst zu tun haben: Sie werden zusätzlich angeschlagen.

Randmaschen bei Patentgestricktem

Bei Patentgestricktem fallen oft lose Randmaschen auf. Für alles, was Sie später zusammennähen, habe ich Ihnen den Schweizer Rand empfohlen.
Arbeiten Sie im Patentmuster ein Teil, dessen Ränder sichtbar sind, zum Beispiel einen Schal, dann wird wie folgt gestrickt:
Die ersten und letzten 3 Maschen jeder Reihe nicht im Patentmuster arbeiten, sondern die rechten Maschen rechts stricken, die linken Maschen links abheben, dabei den Faden vor der linken Masche entlangführen.

Knötchenrand

In jeder Reihe die erste Masche rechts abheben und die letzte Masche rechts stricken.
Diese Randmaschen ergeben einen einfachen Knötchenrand, den Sie nur anwenden sollten, wenn Sie kraus-rechts stricken. Kraus-rechts-Gestricktes geht in der Höhe mehr zusammen als andere Muster. Deshalb kommen Sie mit einer 1mal gestrickten Randmasche aus.
Um Blenden quer an dieses Strickstück zu arbeiten, brauchen Sie mit der Stricknadel nur durch die Knötchen zu fahren und diese anschließend abzustricken.

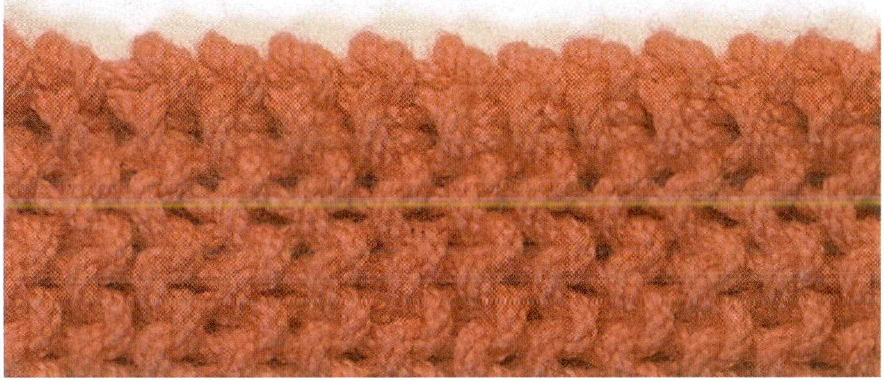

Kettrand

Um einen Kettrand zu stricken, gibt es zwei Möglichkeiten:
In jeder Reihe die erste Masche links abheben, die letzte Masche rechts stricken oder
in jeder Reihe die erste Masche rechts verschränkt stricken, die letzte Masche links abheben.
Diesen Kettrand können Sie bei jedem Muster und jeder Strickart anwenden. Ich empfehle Ihnen, die 2mal gestrickten Randmaschen dem Kettrand vorzuziehen.

Abnahmen

Rechts zusammenstricken

Wenn Sie innerhalb eines Strickstükkes oder am Rand eine Masche abnehmen wollen, so gibt es dafür verschiedene Möglichkeiten.
Zwei rechts zusammengestrickte Maschen ergeben eine rechtsgerichtete Abnahme.

1 Von links nach rechts **von vorn** in zwei rechte Maschen einstechen.

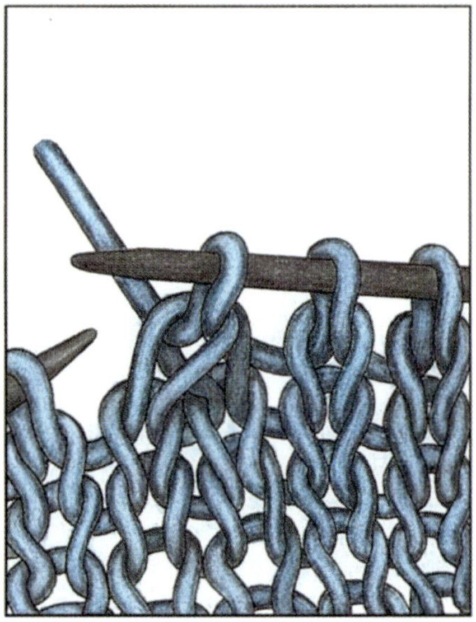

2 Den Strickfaden als Schlinge nach vorn durchholen und zwei Maschen von der Nadel gleiten lassen.

Rechts verschränkt zusammenstricken

Eine linksgerichtete Abnahme erhalten Sie, wenn Sie zwei Maschen rechts verschränkt zusammenstricken.

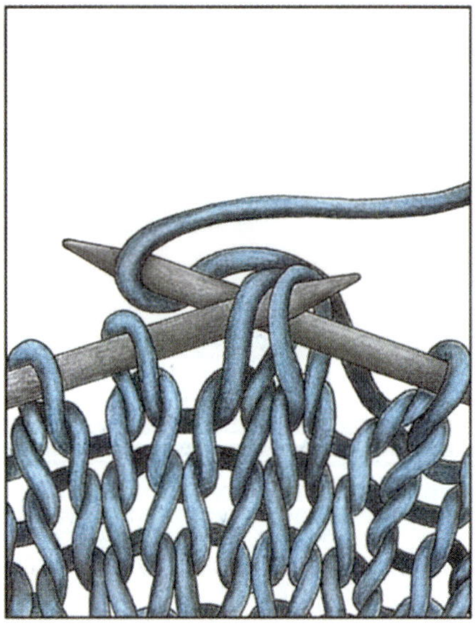

1 Von rechts nach links **von hinten** in zwei rechte Maschen einstechen.

2 Den Strickfaden als Schlinge nach vorn durchholen und zwei Maschen von der Nadel gleiten lassen.

Rechts überzogen zusammenstricken

Auch hier erhalten Sie eine linksgerichtete Abnahme durch das Überziehen der abgehobenen Masche.

1 Eine rechte Masche abheben, **von links nach rechts** wie zum Rechtsstricken einstechen.

2 1 Masche rechts stricken und die abgehobene Masche über die gestrickte ziehen.

Links zusammenstricken

Bei einer Abnahme in Linksgestricktem werden immer zwei linke Maschen links zusammengestrickt.

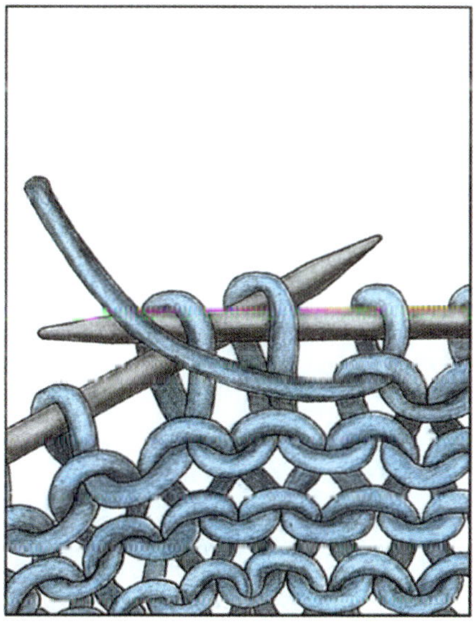

1 Mit der rechten Nadel **von rechts nach links** in zwei linke Maschen einstechen und...

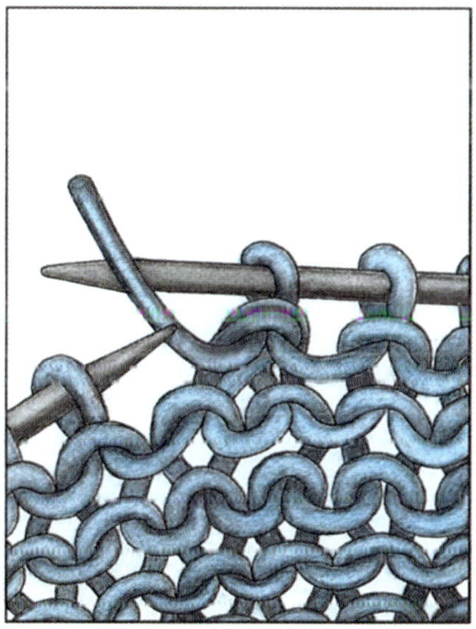

2 ...diese links zusammenstricken. 2 Maschen von der Nadel gleiten lassen.

Abnahmen

Abnahmen am Rand

Immer dann, wenn eine Schrägung oder Rundung erforderlich ist, wird am Rand abgenommen.
Bei Hals- und Armausschnitten stricken Sie immer die Randmasche mit der nächsten oder mit der vorherigen Masche zusammen.

Beim Stricken immer auf der vorderen Seite abnehmen.
Bei V-Ausschnitten oder Raglan-Schrägungen sieht es besser aus, wenn Sie die Abnahmen vom Rand wegverlegen und zum Beispiel die dritte und vierte Masche zusammenstricken.

Rechtsgerichtete Abnahmen am linken Rand (Foto oben)

Hinreihe: Glatt rechts stricken, die dritt- und viertletzte Masche rechts zusammenstricken, 2 Maschen rechts stricken.
Rückreihe: Alle Maschen einschließlich der Randmaschen links stricken.

Linksgerichtete Abnahmen am rechten Rand (Foto Mitte)

Hinreihe: Randmasche rechts stricken, 1 Masche rechts stricken, 1 Masche abheben, 1 Masche rechts stricken, die abgehobene Masche über die gestrickte ziehen. Reihe zu Ende stricken.
Rückreihe: Alle Maschen links stricken, einschließlich der Randmaschen.
Anstatt überzogen können Sie auch **verschränkt zusammenstricken** (Foto unten).
Hinreihe: Randmasche rechts stricken, 1 Masche rechts stricken, 2 Maschen rechts verschränkt zusammenstricken, Reihe beenden.
Rückreihe: Linke Maschen einschließlich der Randmaschen.

Abnahmen im Gestrick

Ebenso wie am Rand können Sie auch mitten im Gestrick abnehmen. Sobald Sie aus zwei Maschen eine Masche machen wollen, gilt das vorher Beschriebene. Haben Sie vor, aus drei Maschen eine zu machen, so gibt es drei Möglichkeiten.

1 Sie stricken bis zwei Maschen vor der Mittelmasche. Heben Sie 1 Masche rechts ab, stricken Sie die nächste Masche rechts und ziehen Sie die abgehobene Masche über die gestrickte. Mittelmasche rechts stricken und die beiden darauffolgenden Maschen rechts zusammenstricken.

2 Stricken Sie bis noch eine Masche vor der Mittelmasche auf der linken Nadel liegt. Heben Sie die Mittelmasche und die Masche davor zusammen rechts ab (von links nach rechts einstechen). Die Masche nach der Mittelmasche rechts stricken und die beiden abgehobenen Maschen über die gestrickte ziehen.

3 Legen Sie die Mittelmasche auf eine Hilfsnadel vor die Arbeit. Stricken Sie die Masche vor der Mittelmasche und die Masche danach rechts zusammen und ziehen Sie die Mittelmasche über die zusammengestrickten Maschen.

Abnahmen

Abnahmen bei Patentgestricktem

All das, was Sie auf den Vorseiten über rechts- und links-gerichtete Abnahmen gelesen haben, gilt auch für Patentgestricktes.
Auch bei Patentabnahmen können Sie Randmasche und nächste Masche entweder überzogen zusammenstricken (linksgerichtete Abnahme) oder aber die vorletzte und die Randmasche rechts zusammenstricken (rechtsgerichtete Abnahme).
Immer nur auf der Vorderseite abnehmen.

Abnahmen beim V-Ausschnitt mit und ohne Blende

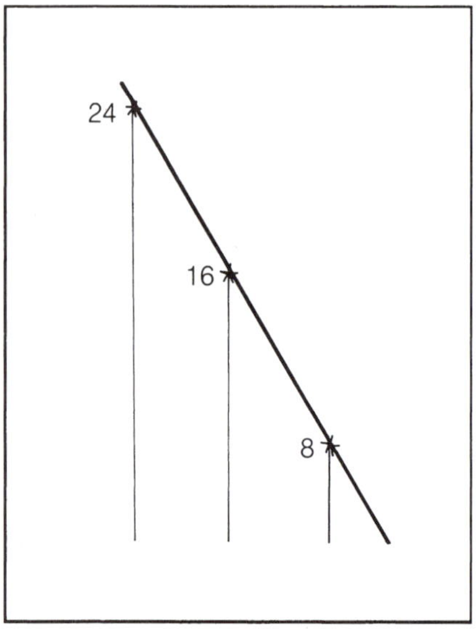

Denken Sie nur daran, wenn Sie bei Raglanschrägungen in jeder zweiten Reihe abnehmen und bei V-Ausschnitten in jeder vierten Reihe, so müssen Sie beim Patentstricken in jeder vierten bzw. jeder achten Reihe mindern, weil Sie beim Vollpatent zwei Reihen stricken müssen, um eine Reihe zu erhalten.

Sehr viel schöner sieht es aus, wenn Sie auch beim Patentgestrickten die Abnahmen in das Gestrick verlagern und dabei für Raglanschrägungen in jeder achten Reihe und bei V-Ausschnitten in jeder sechzehnten Reihe immer aus drei Maschen eine Masche machen.

Linksgerichtete Abnahmen

Hinreihe: 1 Masche links, 1 Masche rechts, 1 Masche links, 1 rechte Masche mit dem dazugehörigen Umschlag rechts abheben, zwei Maschen (1 linke und 1 rechte Patentmasche) rechts zusammenstricken und...

... die abgehobene Masche über die zusammengestrickten ziehen. Im Patentmuster weiterstricken.
Rückreihe: Die Maschen stricken wie sie erscheinen.

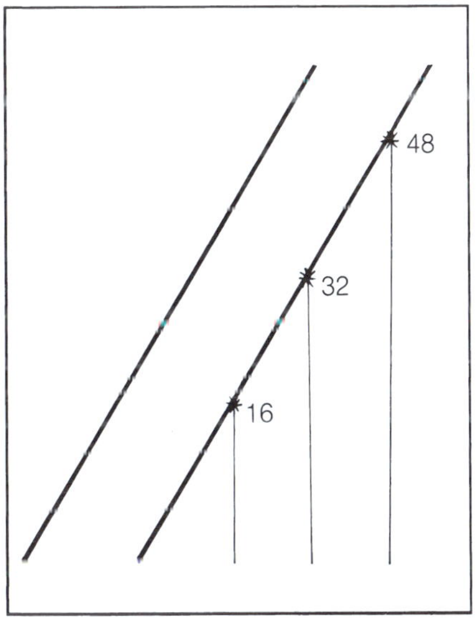

Lassen Sie bei V-Ausschnitten drei Maschen vor beziehungsweise nach den Abnahmen hochlaufen: 1 linke Masche, 1 rechte Masche, 1 linke Masche. Diese Maschen werden nicht patentgestrickt, sondern als normale rechte und linke Maschen und Randmasche behandelt.

Rechtsgerichtete Abnahmen

Hinreihe: Patentstricken, bis noch sechs Maschen auf der linken Nadel liegen.

Drei Patentmaschen (1 rechte Masche, 1 linke Masche, 1 rechte Masche = 5 Maschenglieder) rechts zusammenstricken, 1 Masche links, 1 Masche rechts, 1 Masche links.
Rückreihe: Die Maschen stricken wie sie erscheinen.

Zunahmen

Wenn Sie ein Strickstück vergrößern wollen, müssen Sie Maschen zunehmen. Einzelne Maschen können Sie sowohl auf der rechten als auf der linken Seite zunehmen, mehrere Maschen am Anfang oder Ende einer Reihe.

Rechts gestrickte Zunahmen

Rechts gestrickte Zunahmen werden auf der rechtsgestrickten Seite, in den meisten Fällen auf der Vorderseite ausgeführt. Es gibt zwei Möglichkeiten zuzunehmen: mit und ohne Loch.

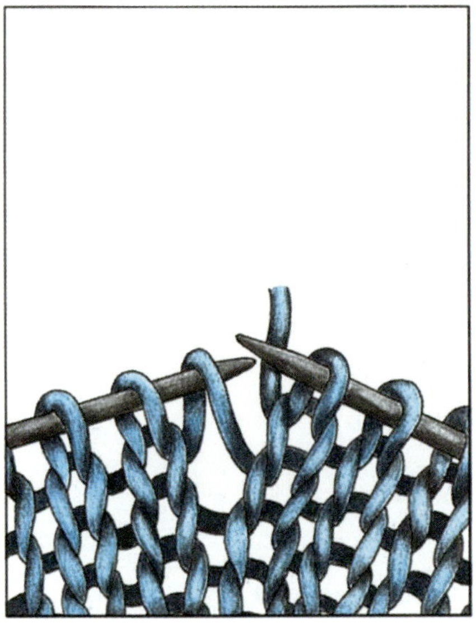

Zunahme mit Loch

1 Legen Sie den Querfaden zur nächsten Masche von vorn rechts nach hinten links über die linke Nadel…

2 …und stricken Sie **rechts** ab. Sie erhalten eine neue rechte Masche.

Zunahme ohne Loch

1 Legen Sie den Querfaden zur nächsten Masche von vorn rechts nach hinten links über die linke Nadel…

2 …und stricken Sie **rechts verschränkt,** hinten eingestochen, ab.

Linksgestrickte Zunahmen

Linksgestrickte Zunahmen werden auf der linksgestrickten Seite ausgeführt.
In vielen Anleitungen ist angegeben, daß Sie nach Fertigstellung des Bündchens gleichmäßig verteilt mehrere Maschen zunehmen müssen. In den meisten Fällen ist es zu empfehlen, dies auf der linken Seite vor Beginn des Musters zu tun.

Zunahme mit Loch

1 Bei der Zunahme linker Maschen legen Sie wiederum den Querfaden zur folgenden Masche von vorn rechts nach hinten links über die linke Nadel.

2 Sie stricken den über die linke Nadel gelegten Querfaden von vorn links ab.

Zunahme ohne Loch

1 Legen Sie auch hier den Querfaden zur folgenden Masche über die linke Nadel.

2 Sie stricken den über die linke Nadel gelegten Querfaden von hinten eingestochen – verschränkt – links ab.

Zunahmen

Zunahmen in jeder Reihe oder Runde

Wenn Sie in jeder Reihe oder Runde an der gleichen Stelle zunehmen, können Sie nicht aus dem Querfaden herausstricken. Sie müssen dann einen Umschlag machen und diesen in der darauffolgenden Reihe oder Runde normal oder verschränkt abstricken, je nachdem, ob Sie mit oder ohne Loch arbeiten wollen.

Aus eins mach drei

Zunahmen mit Loch

1 Aus der Mittelmasche stricken Sie drei Maschen heraus: 1 Masche rechts, 1 doppelte rechte Masche, 1 Masche rechts.

2 Aus der Mittelmasche stricken Sie drei Maschen heraus: 1 doppelte rechte Masche, 1 Masche rechts, 1 doppelte rechte Masche.

Zunahmen ohne Loch

Stricken Sie vor und hinter der Mittelmasche 1 Masche rechts oder links aus dem Querfaden verschränkt heraus.

Tip

Eine doppelte rechte Masche ist eine Masche rechts gestrickt, eine Reihe tiefer eingestochen.

Zweierzunahmen

Wenn Sie in Gestricktem (1 Masche rechts, 1 Masche links) zunehmen wollen, benötigen Sie die Zweierzunahmen. Der Name sagt es Ihnen schon, Sie müssen zwei Maschen auf einmal zunehmen, damit der Rhythmus 1 Masche rechts, 1 Masche links erhalten bleibt.

Diese Zweierzunahmen sind vor allem wichtig bei Kragen und Rollkragen, die 1 Masche rechts, 1 Masche links gestrickt werden.

1 Stechen Sie von links nach rechts in das vordere Glied einer rechten Masche, holen Sie den Strickfaden mit der rechten Nadelspitze als Schlinge nach vorn. Die Masche bleibt auf der Nadel.

2 Nun stechen Sie noch einmal in das hintere Glied derselben Masche und ...

3 ... holen den Strickfaden als Schlinge nach vorn. Die Masche von der Nadel gleiten lassen. Sie haben jetzt auf der rechten Nadel als letztes eine rechte und eine linke Masche und als erstes auf der linken Nadel eine linke Masche.

4 Legen Sie den Querfaden zur nächsten linken Masche von vorn rechts nach hinten links über die linke Nadelspitze und stricken Sie diesen rechts verschränkt, von hinten eingestochen, ab. Sie erhalten eine neue rechte Masche.

Perlzunahmen

Immer dann, wenn Sie eine Zunahme sichtbar machen wollen, stricken Sie eine Perlzunahme.
Die »Perle« ist eine linke Masche, die sichtbar obenauf liegt und an der richtigen Stelle eingesetzt ein Muster ergibt.

Hier wurden die »Perlen« in Gelb gestrickt.

1 Sie stechen in eine rechte Masche (durch die Farbe Gelb kenntlich gemacht) von links nach rechts von vorn hinein und holen mit der rechten Nadel den Strickfaden als Schlinge nach vorn durch. Die Masche bleibt auf der linken Nadel liegen.

2 Stechen Sie noch einmal in die gleiche Masche, nun aber in das hintere Maschenglied und holen Sie wiederum den Strickfaden als Schlinge nach vorn durch. Die Masche von der Nadel gleiten lassen. Aus einer Masche wurde eine rechte und eine linke herausgestrickt.

Problemlos können Sie mehrere Maschen am Anfang oder Ende einer Reihe durch Aufstricken zunehmen.

Zunahmen mehrerer Maschen

Sobald Sie mehrere Maschen am Anfang oder Ende einer Reihe zunehmen müssen, stricken Sie die neuen Maschen auf.
Dies ist zum Beispiel bei quergestrickten Pullovern der Fall, die an einem Ärmel begonnen und am anderen Ärmel beendet werden. Sie nehmen zunächst einzelne Maschen und später je nach Anleitung mehrere Maschen zu, bis nach Fertigstellung des Ärmels alle Maschen für die Seitennaht angeschlagen werden.
Schlingen Sie diese neuen Maschen nicht auf; die Seitennaht würde nicht elastisch und die so gebildeten Maschen lassen sich schlecht abstricken, sondern stricken Sie folgendermaßen auf:

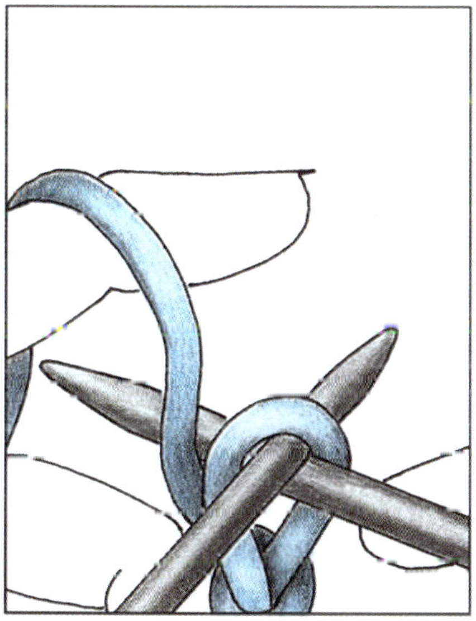

1 Nehmen Sie die Nadel mit allen Maschen darauf in die linke Hand, als wollten Sie die Rückreihe stricken. Stechen Sie wie zum Rechtsstricken mit der rechten Nadelspitze in die erste Masche, holen Sie den Strickfaden als Schlinge nach vorn durch.

2 Ziehen Sie diese Schlinge lang und geben Sie die neue Masche von hinten, also verkreuzt, auf die linke Nadel.

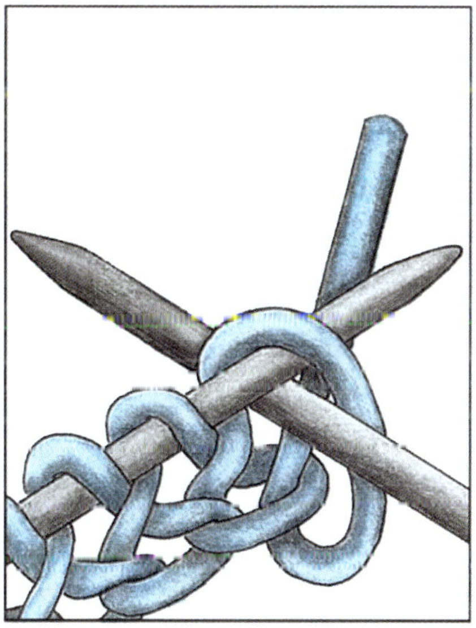

3 Sie müssen die rechte Nadel nicht jedes Mal aus der neugebildeten Masche ziehen, sondern können fortlaufend eine beliebige Anzahl von Maschen aufstricken.

Verkürzte Reihen

Anwendung

Verkürzte Reihen bedeuten, daß Sie innerhalb eines Strickstückes nicht immer ganze Reihen, sondern nur einen Teil einer Reihe stricken müssen.
Dieses Teil kann am Anfang oder Ende einer Reihe liegen wie zum Beispiel bei Blenden, aber auch mitten im Gestrickten. Je sicherer Sie beim Stricken dieser verkürzten Reihen sind, desto mehr werden Sie sie anwenden.
Anhand dieses Bildes können Sie erkennen, daß Sie mit Hilfe der verkürzten Reihen **Muster aneinanderfügen** können, die eigentlich unterschiedliche Höhen aufweisen wie Gestricktes mit glatt-rechten und kraus-rechten Flächen. Bei den nur rechts gestrickten Quadraten sind in jeder sechsten Reihe verkürzte Reihen eingefügt, die bewirken, daß alle Vierecke gleich hoch ausfallen.

Als zweites Beispiel sehen Sie Brustabnäher, die fast unsichtbar im Gestrick liegen. Zwei Zentimeter unterhalb des Armausschnitts lassen Sie zum Beispiel 5mal 5 Maschen liegen, bevor Sie darüberstricken.

Das nächste Beispiel zeigt Ihnen Schulterschrägungen, die mit verkürzten Reihen gearbeitet wurden. Anstatt in »Treppen« abzuketten, lassen Sie die angegebenen Maschenzahlen stehen. Nach einmaligem Darüberstricken geben Sie die Maschen auf einen Maschenraffer oder eine Hilfsnadel, um sie später mit dem Gegenstück zusammenzustricken.

Ergänzend wurde hier noch einmal das Röschen- oder Brombeermuster mit einer kraus-rechts gestrickten Blende versehen. Auch bei diesem Muster wurde in jeder achten Reihe eine verkürzte Reihe eingefügt.
Die Anzahl der Reihen, die zwischen den verkürzten Reihen liegt, ist unterschiedlich. Sie ist abhängig von der Art des Strickens und des Gestrickten. Achten Sie immer darauf, wann deutlich zu erkennen ist, daß die Blende kürzer wird. Zählen Sie die Reihen, die Sie gestrickt haben und fügen Sie in diesem Reihenrhythmus verkürzte Reihen ein.

Verkürzte Reihen

Verkürzte Reihen auf der rechten Seite

Sie alle kennen den Ärger, den wir mit »kippenden« Blenden haben. Dieses »Kippen« können Sie vorprogrammieren, wenn Sie zum Beispiel bei kraus-rechts-gestrickten Blenden keine verkürzten Reihen einarbeiten. Die Blende wird um Zentimeter zu kurz, muß sich durch Dehnen dem übrigen Gestrick anpassen und kippt um.

An einem Beispiel erkläre ich Ihnen jetzt Schritt für Schritt wie Sie verkürzte Reihen stricken.
Gehen wir davon aus, daß Sie eine Weste stricken möchten. Das Muster ist glatt rechts (Hinreihe rechts, Rückreihe links) und die Blende wird kraus rechts (Hinreihe rechts, Rückreihe rechts) gleich mitangestrickt.

Spätestens in der siebten Reihe stellen Sie fest, daß die Blende kürzer wird. Das Kraus-rechts-Gestrickte zieht sich in der Höhe mehr zusammen.

1 Sie müssen über die Blendenmaschen, in unserem Fall 10 Maschen, eine verkürzte Reihe einarbeiten. Das bedeutet, eine Blendenrippe wird zusätzlich eingefügt.

2 Sie stricken die 10 Blendenmaschen rechts, …

3 …wenden Sie die Arbeit. Machen Sie einen festen Umschlag. Anschließend werden die Blendenmaschen zurückgestrickt.

4 Arbeit wenden und die Blendenmaschen erneut bis zum Umschlag abstricken. Den Umschlag und die darauffolgende Masche, so wie die Masche erscheint, zusammenstricken.

5 Auf dem Foto sind bereits 4 Maschen weiter rechts gestrickt worden. Die verkürzte Reihe ist nicht zu sehen. Die Blendenhöhe ist jetzt dem übrigen Gestrick angeglichen.

Verkürzte Reihen auf der linken Seite

Sie haben eine Weste mit Kraus-rechts-Blende gestrickt. Das rechte Vorderteil ist fertiggestellt und Sie arbeiten das linke Gegenstück.
Sie müssen jetzt die verkürzten Reihen auf der links gestrickten Seite ausführen und werden sehr schnell feststellen, daß es nicht funktioniert, wenn Sie Umschlag und linke Masche links zusammenstricken. Es bildet sich eine Öse auf der rechten Seite, die dort nicht hingehört.
Damit diese Öse nicht auf der Vorderseite erscheint, erkläre ich Ihnen, wie Sie verkürzte Reihen auf der linken Seite arbeiten.

1 Die Anzahl der Reihen zwischen den verkürzten Reihen ist die gleiche.

2 Sie stricken die 10 Blendenmaschen und...

3 ...wenden die Arbeit. Sie machen nun einen möglichst festen Umschlag und stricken die Blendenmaschen auf der rechten Seite zurück.

4 Nach dem Wenden stricken Sie 10 Maschen rechts bis zum Umschlag. Heben Sie den Umschlag, von links nach rechts eingestochen, auf die rechte Nadel.

5 Die nächste linke Masche ebenso von der linken auf die rechte Nadel heben. Jetzt werden die Maschen umgestochen,...

6 ...so daß die gestrickte Masche vor dem Umschlag liegt.
Gehen Sie mit der linken Nadel von vorn (von rechts nach links) in den Umschlag und die linke Masche, heben Sie beide auf die linke Nadel.

Verkürzte Reihen

7 Stricken Sie Masche und Umschlag links zusammen und …

8 … lassen Sie die zusammengestrickten Maschen von der Nadel gleiten.

9 Sie sehen das Ergebnis der so gestrickten verkürzten Reihen auf der Vorderseite.

Tip

Wichtig ist, daß die verkürzten Reihen kaum erkennbar sind. Das Maschenbild ist noch klarer als bei den rechts zusammengestrickten Maschen. Ich habe Ihnen ausführlich beschrieben, wie verkürzte Reihen auf der rechten Vorder- und linken Rückseite gestrickt werden. Sollte jedoch die Vorderseite ein linksgestricktes Muster aufzeigen, dann gehen Sie umgekehrt vor: Sie stricken den Umschlag mit der linken Masche normal links und den Umschlag mit der nächsten rechten Masche rechts verdreht zusammen.

Zusammenstricken

Da feste Nähte bei Stricksachen wichtig sind, damit sie auch nach vielen Wäschen noch ihre Form behalten, werden insbesondere die Schulternähte zusammengestrickt.
Das Zusammennähen im Maschenstich ergibt in diesem Fall nicht die gewünschte Festigkeit, und beim Zusammennähen im Steppstich verschieben sich die Maschen leicht. Vor allem wenn Sie Muster stricken, zum Beispiel bei Zöpfen.
Ferner haben Sie beim Zusammenstricken einen Faden weniger zu vernähen, da Sie mit dem letzten Strickfaden sofort zusammenstricken können.
Wichtig ist, daß Sie die Maschen gar nicht erst abketten, sondern auf Maschenraffer oder Hilfsnadeln stilllegen.
Haben Sie die Maschen des ersten Teils auf einem Maschenraffer stillgelegt, so geben Sie diese zum Zusammenstricken wieder auf die Stricknadel zurück. Die Nadeln werden parallelgelegt, die rechten Seiten der Strickteile nach innen.
Nun beginnen Sie mit dem Zusammenstricken dort, wo der Faden, mit dem Sie zuletzt gestrickt haben, hängt. (Es ist gleich, ob Sie am Arm- oder Halsausschnitt beginnen.)

1 Führen Sie die rechte Nadelspitze von links nach rechts (wie zum Rechtsstricken) durch eine Masche der vorderen und gleichzeitig durch die gegenüberliegende Masche der hinteren Nadel.

2 Holen Sie den Strickfaden als Schlinge durch beide Maschen nach vorn durch, lassen Sie sie von der Nadel gleiten. Stricken Sie die nächsten Maschen, eine von der vorderen und eine von der hinteren Nadel, rechts zusammen. Jetzt liegen zwei Maschen auf der rechten Nadel.

3 Ketten Sie ab, ziehen Sie die vorletzte Masche über die letzte. Es verbleibt eine Masche auf der rechten Nadel.
Stricken Sie jetzt wiederum zwei Maschen – von jeder Nadel eine – rechts zusammen, gleichzeitig durch Überziehen abketten.

4 Nach dem Auseinanderklappen können Sie deutlich erkennen, daß sich die Mustermaschen auf der rechten Seite exakt gegenüberliegen.

Zusammenfügen der Strickstücke

Matratzenstich

Es ist noch gar nicht solange her, daß man alle gestrickten Teile rechts auf rechts zusammenlegte und im Steppstich miteinander verband. Bis auf Ausnahmen, zum Beispiel bei Armkugeln, wird heute auf diese Technik verzichtet. Sie sollten alles im Matratzenstich zusammennähen.

Nach Fertigstellung der einzelnen Strickstücke werden diese zunächst gespannt und angefeuchtet. Sobald sie getrocknet sind, können Sie mit dem Zusammennähen beginnen. Es wird auch Konfektionieren genannt.

Dafür legen Sie die Teile, die zusammengenäht werden sollen, mit der **rechten Seite nach oben** nebeneinander auf einen Tisch. Dadurch, daß die Vorderseite sichtbar vor Ihnen liegt, können Sie darauf achten, daß sich die Muster nicht verschieben.

Beginnen Sie immer **am unteren Rand** mit dem Zusammennähen, in den meisten Fällen mit dem Bündchen. Dadurch ist sichergestellt, daß beide Seiten in gleicher Höhe abschließen.

Wenn irgend möglich, nähen Sie mit der gleichen Wolle oder dem gleichen Garn zusammen, mit dem Sie auch gestrickt haben. Wählen Sie kein Nähgarn; es ist nicht elastisch. Die Nähte müssen sich dem Gestrick anpassen können.

Beginnen Sie mit einem neuen Faden, so lassen Sie ihn ca. 10 cm hängen, und vernähen Sie ihn, nachdem die einzelnen Teile miteinander verbunden sind.

Legen Sie die zwei Teile, die zusammengenäht werden sollen, mit der Vorderseite nach oben nebeneinander, und beginnen Sie von unten mit dem Zusammennähen im Matratzenstich. Erfassen Sie zunächst ein Maschenglied des linken Teils und dann fortlaufend jeweils zwei Maschenglieder des rechten beziehungsweise linken Teils. So schließt die untere Kante des Strickstückes gerade ab.

Rechtsgestrickte Teile

1 Erfassen Sie mit einer stumpfen Sticknadel zwei Maschenglieder zum Beispiel des linken Teils. Die Maschenglieder liegen zwischen der Randmasche und der ersten Masche. Achten Sie darauf, daß Sie nicht in die Wolle stechen, ziehen Sie den Faden durch.

2 Wechseln Sie vom linken zum rechten Teil hinüber und ziehen Sie den Faden unter zwei gegenüberliegenden Querfäden hindurch.

3 Führen Sie die Nadel immer in das Loch hinein, aus dem der Faden zuvor herauskam, abwechselnd auf der linken und rechten Seite. Je nachdem, wie stark der Faden ist, mit dem Sie nähen, erfassen Sie die einzelnen Querfäden über einige Zentimeter und ziehen den Faden an.

4 Durch das Zusammenziehen legen sich die Randmaschen nach hinten um, die rechten Maschen des linken und rechten Teils fügen sich aneinander, und Sie erzielen mit dieser Art des Zusammennähens fast unsichtbare Nähte.

Linksgestrickte Teile

Sobald Sie Linksgestricktes zusammennähen, empfehle ich Ihnen, nicht zwei, sondern auf jeder Seite jeweils nur einen Querfaden zu erfassen. Auch im linksgestrickten Maschenbild ist kaum eine Naht erkennbar.

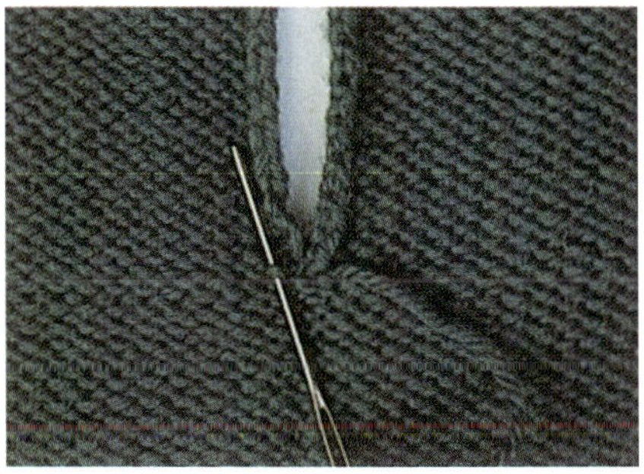

1 Sie beginnen am unteren Rand und erfassen mit der Sticknadel eine linke Masche der linken Seite.

2 Wechseln Sie zum rechten Teil, ziehen Sie den Faden durch eine gegenüberliegende linke Masche.

3 So arbeiten Sie hin und her über einige Zentimeter und ziehen dann den Faden fest an.

Zusammennähen von Mustern

Wenn Sie Muster im Matratzenstich zusammennähen wollen, dann nehmen Sie wie beim Linksgestrickten auf jeder Seite immer nur einen Faden mit der Sticknadel auf. Sie haben dann die Garantie, daß sich keine Masche verschiebt. Am Rautenmuster erkennen Sie, daß sich die Muster »nahtlos« aneinanderfügen.

1 Sie erfassen ein Maschenglied des linken Teils …

2 … das gegenüberliegende Glied des rechten Teils und erhalten auf diese Weise …

3 … ein makelloses Maschenbild.

Patentgestricktes zusammengenäht

Auch Patentgestricktes, im Matratzenstich zusammengenäht, ergibt unsichtbare Nähte.
Voraussetzung ist, daß Sie eine ungerade Maschenzahl anschlagen. Die Maschen neben den Randmaschen müssen auf der Vorderseite linke Maschen sein. Wichtig ist ein festgestrickter Rand.

1 Sie erfassen mit einer stumpfen Sticknadel die Mitte der linken Masche (bestehend aus zwei Fäden) …

2 … einmal des linken und einmal des rechten Teils.

3 Beim Zusammenziehen dieser Maschen, ergänzen sich zwei halbe Maschen zu einer ganzen.

Maschenstich

Gegenüberliegende offene Maschen, die nicht abgekettet wurden, können Sie im Maschenstich miteinander verbinden. Der Name Maschenstich bedeutet, daß Sie mit Hilfe einer stumpfen Sticknadel eine Masche bilden, die wie gestrickt aussieht. Wenn Sie zwei Teile im Maschenstich verbinden, ist keine Naht zu erkennen.

Sie können Schultermaschen im Maschenstich verbinden, Ärmelnähte, die oben auf den Ärmeln entlanglaufen, und Sie benötigen den Maschenstich unbedingt, wenn Sie quergestrickte Röcke nach Fertigstellung zur Runde schließen wollen.

Machen Sie es zum ersten Mal, dann empfehle ich Ihnen, zunächst zwei Reihen rechts in einer anderen Farbe über jede Nadel zu stricken. Wählen Sie hierfür irgendeinen Wollrest, keine Baumwolle. Bei Baumwolle würden Ihnen die Maschen leicht davonlaufen.

Die zweimal darübergestrickten andersfarbigen Reihen dienen dazu, das Fallen der Maschen zu verhindern. Sie werden vor dem Zusammennähen Masche für Masche herausgelöst.

Tip

Auch **Linksgestricktes** können Sie nicht sichtbar im Maschenstich verbinden. Am Einfachsten ist es, Sie führen den Maschenstich wie beschrieben auf der rechten Seite aus und wenden die Arbeit auf die linke Seite.

1 Wenn Sie zwei andersfarbige Reihen über jede Nadel gestrickt haben, die Nadeln herausziehen. Die Teile auf festem Untergrund so hinlegen, daß sie sich gegenüber liegen.

2 Mit einer Sticknadel in die untere zurückliegende Masche von oben und in die nächste Masche von unten einstechen. Die Schmuckfarbe wurde vorher herausgelöst.

3 Beim obenliegenden Teil **von oben** in die Masche, aus der Sie bereits ausgestochen haben, einstechen. Gleichzeitig wiederum **von unten** in die nächste Masche.

4 Sie müssen in jede Masche zweimal einstechen: einmal von unten und zum zweiten Mal in die gegenüberliegende Masche von oben. In diese Masche haben Sie schon einmal von unten eingestochen.

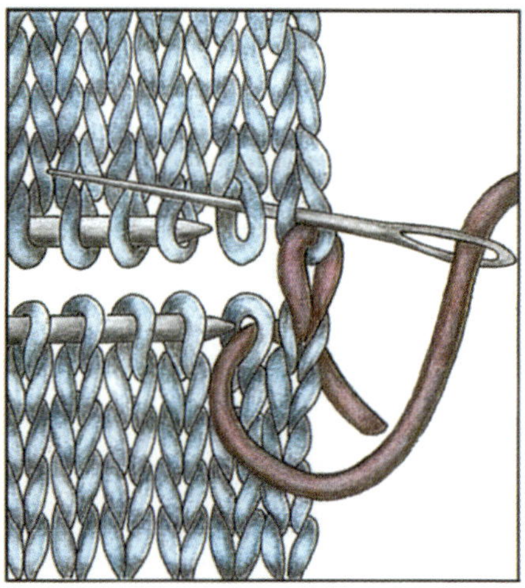

Wenn Sie den Maschenstich beherrschen, können Sie die Maschen von der Nadel zusammennähen.

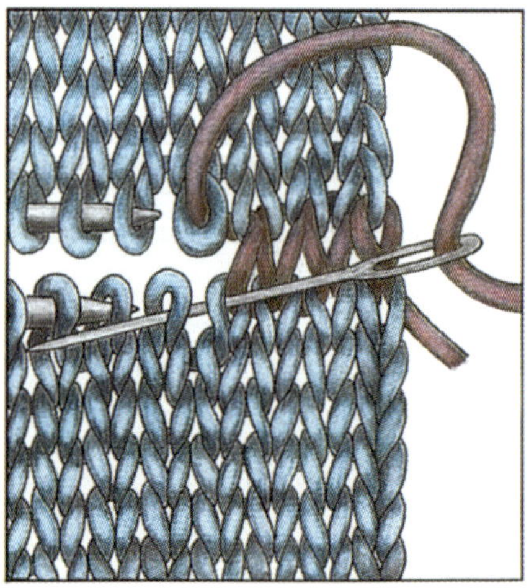

Auf diesen Zeichnungen, die den Maschenstich noch einmal verdeutlichen, ist dies gut erkennbar.

Maschenstich für 1 Masche rechts, 1 Masche links Gestricktes

Wenn Sie bei Westen, Jacken oder Schalkragen **eine Blende 1 Masche rechts, 1 Masche links** gestrickt gleich mitanstricken, dann müssen Sie diese in der hinteren Mitte des Halsausschnitts miteinander verbinden.
Sie können die beiden Teile nicht zusammenstricken oder im Steppstich zusammennähen, denn zum Beispiel ein Schalkragen sollte in der Naht von beiden Seiten gleich sauber verarbeitet sein.
Deshalb werden solche Teile im Maschenstich zusammengenäht.

1 Die beiden Kragen- oder Blendenteile werden nicht abgekettet, sondern auf Nadeln gegeneinandergelegt. Die einzelnen Maschen jedes Teils werden jeweils auf zwei Nadeln so verteilt, daß Sie von jeder Seite nur die rechten Maschen auf der Nadel haben.

2 Wie beschrieben, ziehen Sie mit einer stumpfen Sticknadel den Faden von unten durch die erste Masche. Wechseln Sie dann zum gegenüberliegenden Teil und erfassen Sie wiederum die erste Masche von unten.

3 Zurück zum ersten Teil und von oben durch die Masche, die Sie schon einmal von unten erfaßt haben und gleichzeitig durch die nächste rechte Masche von unten. So fahren Sie fort und verbinden beide Teile miteinander.

4 Nachdem Sie die rechten Maschen einer Seite der Blende oder des Kragens im Maschenstich miteinander verbunden haben, wenden Sie die Arbeit und nähen die rechten Maschen der Rückseite genauso zusammen.

Steppstich

Im Steppstich, in einigen Gegenden Deutschlands auch Hinterstich genannt, nähen wir Selbstgestricktes nur noch selten zusammen. Der Matratzenstich hat absoluten Vorrang. Angewandt wird der Steppstich noch, wenn Sie Armausschnitte und Armkugeln zusammennähen. Diese sind im allgemeinen nicht so weit und leger wie geradeeingesetzte Ärmel, deshalb werden die Nähte mehr beansprucht.

Tip

Nähen Sie bei den Armkugeln die Teile von der Schulterseite zusammen, damit die Naht auf der Schulter reihengerade verläuft. Fädeln Sie einen Faden ein, mit dem Sie gestrickt haben und ziehen Sie den Faden nicht zu fest an, damit die Naht elastisch bleibt.

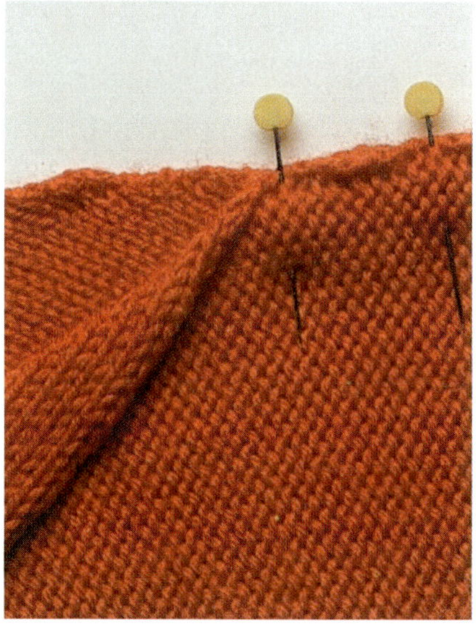

1 Legen Sie die Strickteile mit der rechten Seite nach innen gegeneinander.

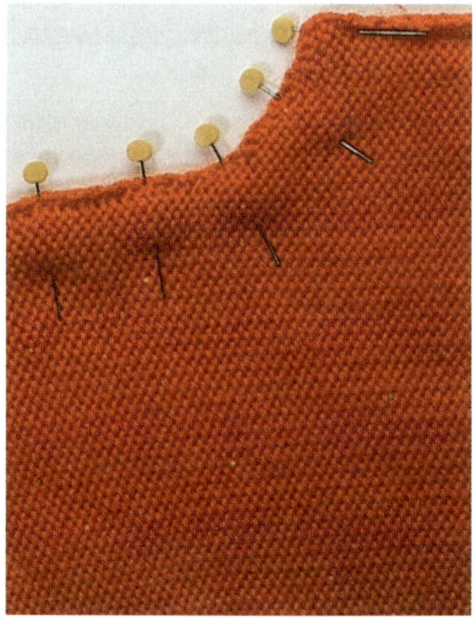

2 Stecken Sie beides sorgfältig zusammen. Bei Armkugeln in der Mitte an der Schulternaht anfangen. Die Stecknadeln müssen so dicht gesteckt sein, daß sich die Teile nicht verschieben können.

3 Da Knoten bei Handgestricktem nicht erlaubt sind (sie lösen sich spätestens bei einer Wäsche auf) lassen Sie den Faden ca. 10 cm hängen, um ihn später zu vernähen.

4 Den Steppstich von rechts nach links arbeiten. Stechen Sie von oben ein, nehmen Sie 2 Maschen auf die Nadel. Faden durchziehen. In die vorherige Ausstichstelle zurückstechen und in Nahtrichtung weiterarbeiten.

Das Thema Blenden füllt viele Seiten dieses Buches, denn es ist ein »heißes Eisen« beim Stricken.
Es gibt viel Ärger mit »kippenden« Blenden und mit solchen, die immer länger werden. Kurzum: eine Jacke, einwandfrei gestrickt, verliert an Wert und Aussehen, wenn die Blenden nicht stimmen.
Das gleiche gilt natürlich für Blenden an Halsausschnitten, für V-Ausschnittblenden, für eckige Ausschnitte und für abgerundete Strickstücke.
Wir beginnen mit der einfachsten Möglichkeit: Blenden gleich mitanzustricken, das heißt mit hochlaufenden Blenden.
Weiter erfahren Sie, welche Möglichkeiten es gibt, querangestrickte Blenden zu arbeiten, doppelte Blenden gehören dazu und auch solche, die extra gestrickt und später angenäht werden.
Viele nützliche Tips, Schritt für Schritt erklärt, die Sie in die Praxis umsetzen sollten. Ich hoffe, mit gutem Erfolg.

Mitgestrickte Blende (1 Masche rechts, 1 Masche links) mit eingearbeitetem Knopfloch.

Mitgestrickte Blenden

Die einfachste Art, Blenden zu arbeiten ist die, sie bereits beim Maschenanschlag zu berücksichtigen und gleich mitzustricken.
Beginnen wir mit den 1 Masche rechts, 1 Masche links gestrickten Blenden. Wählen Sie für die Anzahl der Blendenmaschen eine **ungerade** Zahl. Diese Blende wurde über 9 Maschen gestrickt.

Ganz ohne Probleme sind aber auch diese Blenden nicht. Es wird oft darüber geklagt, daß sie sich verlängern. Das kann mehrere Gründe haben: Wichtig ist eine sehr fest gestrickte Randmasche, damit an dieser Stelle eine Dehnung ausgeschlossen wird. Versuchen Sie es doch einmal mit dem Schweizer Rand: erste Masche links stricken, letzte Masche links stricken. Diese Randmasche sehen Sie auf den Abbildungen.
Überdies sorgt jedes Knopfloch, das eingearbeitet wird, für ein Längerwerden. Bei der Blende am Gegenstück ist es das Eigengewicht der Knöpfe.
Außerdem ist es eine Tatsache, daß, sobald Sie 1 Masche rechts, 1 Masche links stricken, die einzelnen Maschen größer werden. Bei Bündchen und querangestrickten Blenden verhindern wir dies durch dünnere Nadeln.
Das Längerwerden der Blenden verhindern verkürzte Reihen. Die verkürzten Reihen führen Sie vor jedem Knopfloch aus, am Gegenstück jeweils in der gleichen Reihe.

Blenden

1 Stricken Sie bis zu den Blendenmaschen.

2 Wenden Sie die Arbeit, machen Sie einen festen Umschlag und strikken Sie die Reihe zurück.
In der darauffolgenden Reihe wird der Umschlag mit der nächsten Masche zusammengestrickt.

3 Auf der Vorderseite wird das Knopfloch eingearbeitet: Randmasche, 1 Masche rechts, 1 Masche links, 1 Masche rechts, 1 Umschlag.

4 Nun 2 Maschen (eine linke und eine rechte Masche) zusammenstrikken und die Reihe beenden.

5 In der darüberliegenden Reihe wird der Umschlag, der das Knopfloch bildet, normal rechts abgestrickt.

Grundsätzlich gilt all das, was ich Ihnen für die 1 Masche rechts, 1 Masche links **mitgestrickte Blende** beschrieben habe auch für eine Blende, die abwechselnd aus **2 rechten und 2 linken Maschen** besteht.
Denken Sie daran, auch hier verkürzte Reihen einzuarbeiten, damit sich die Blende nicht nachträglich längt.
Als Randmasche stricken Sie wieder den Schweizer Rand: erste Masche links stricken, letzte Masche links stricken. Für diese Blende möchte ich Ihnen einen besonders gut aussehenden und leicht zu arbeitenden Blendenrand vorschlagen.
Die Breite der Blende bestimmen Sie selbst oder entnehmen Sie Ihrer Anleitung. Es muß eine Maschenzahl teilbar durch 4 plus 2 Maschen sein.

Was ist nun das Besondere an dieser Blendenkante? Drei rechts gestrickte Maschen neben der linken Randmasche (auf der Rückseite sind es einschließlich Randmasche 4 linke Maschen).

Der Rechtsdrall dieser rechtsgestrickten Maschen ist so stark, daß sich von diesen schon eine nach hinten legt. Es bleiben von vorn zwei rechte Maschen als Abschluß sichtbar, die dritte rechte Masche bildet die Vorderkante und die linke Masche liegt an der Rückseite fest an. Sie muß nicht befestigt werden.

1 Erste Randmasche links stricken.

2 3 Maschen rechts stricken, dann weiterarbeiten (2 Maschen links, 2 Maschen rechts, 2 Maschen links) und Blende und Reihe dem Muster entsprechend beenden.

3 Die Rückseite der fertigen Blende. Sie können gut erkennen, wie sich die Randmasche nach innen legt.

4 Sie sehen die Vorderseite der Blende. Gleichmäßig laufen 2 rechte Maschen an der Vorderkante entlang.

Doppelte mitgestrickte Blenden

Besonders bewährt haben sich mitgestrickte doppelte Blenden.
Dies sind Blenden, die besonders gut aussehen, leicht zu stricken sind und gleichzeitig Ihrer Weste oder Jacke Halt geben.
Achten Sie bei doppelten Blenden immer darauf, daß die rückwärtige Blendenhälfte, die gegengenäht wird, um eine Masche breiter ist als die vordere Hälfte. So können Sie die Blende nach Fertigstellung deckend annähen.
Bei der doppelten rechtsgestrickten Blende wird eine Hebemasche als vorderer Bruch eingesetzt.
Schlagen Sie für diese Blende 14 Maschen an: 6 Maschen für die Vorderseite der Blende, 1 Hebemasche, 7 Maschen für die Rückseite, die Randmasche ist darin enthalten.

Die **Hebemasche** wird nur in jeder zweiten Reihe gestrickt, in den Reihen dazwischen abgehoben. Sie können entweder auf der rechten Seite durchstricken und auf der linken Seite die Hebemasche links abheben, dann wird der Faden vor der linken Masche entlanggeführt oder auf der linken Seite durchstricken und auf der rechten Seite abheben. In diesem Fall läuft der Faden hinter der abgehobenen Masche entlang.

Bei einer doppelten links gestrickten Blende fügen Sie von unten nach oben vor der Blende zusätzlich eine rechte Masche ein, die sich im Bruch wiederholt.
Schlagen Sie 15 Maschen für diese Blende an: 7 Maschen für die rückwärtige Hälfte einschließlich Randmasche, 1 rechte Masche als Bruch, 6 linke Maschen für die Vorderseite der Blende, 1 Masche rechts als Übergang zwischen Muster und Blende.

Doppelte rechtsgestrickte Blende

1 Die Blende vor dem Zusammennähen, die Hebemasche ist deutlich sichtbar.

2 Die Blende von links mit dem Saumstich annähen.

3 So schön sieht die fertige umgenähte Blende aus.

Doppelte linksgestrickte Blende

1 Die Blende vor dem Zusammennähen. Die rechts hochlaufenden Maschen sind deutlich zu erkennen.

2 Fassen Sie nur die halbe Randmasche beim Zusammennähen auf.

3 Auch hier wieder die fertige Blende.

Angenähte Blende

Als letztes Beispiel für hochlaufende Blenden möchte ich Ihnen eine Blende vorstellen, die extra gestrickt und später angenäht wird.
Solche Blenden stricken die Norweger bei ihren aufgeschnittenen Jakken. Ein Teil der Blende, 5 Maschen breit, wird auf der Rückseite gegengenäht, verdeckt unschöne Randmaschen und gibt den Vorderteilen viel Stabilität. Eine gute Möglichkeit, »kippende« Blenden zu vermeiden.

Sie sehen die fertig angenähte Blende von der rechten Seite.

1 In der Länge des Vorderteils wird die Blende gestrickt. Sie ist 13 Maschen breit: 5 Maschen glatt rechts oder auf der Gegenseite glatt links stricken. Die übrigen 8 Blendenmaschen wie folgt stricken: Randmasche, 1 Masche rechts, 1 Masche links im Wechsel.

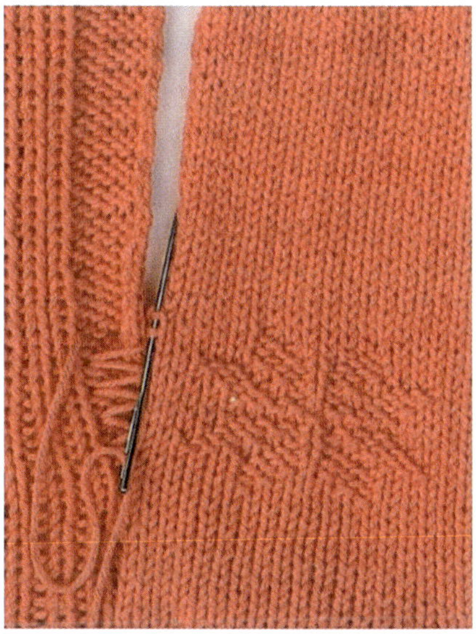

2 Nach dem Spannen legen Sie Vorderteil und Blende mit der rechten Seite nach oben gegeneinander und verbinden beide Teile im Matratzenstich. Beginnen Sie am unteren Ende mit dem Zusammennähen.

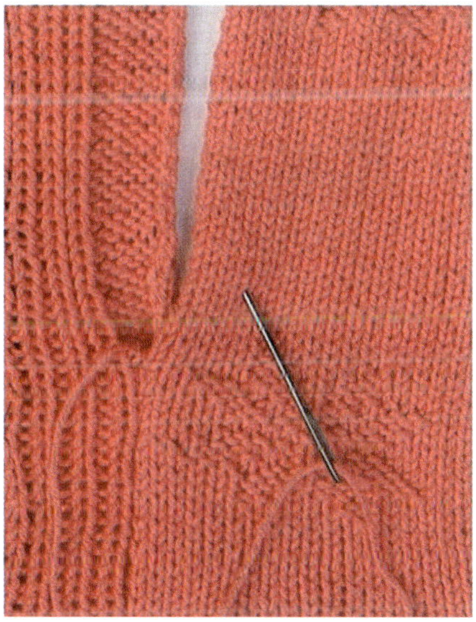

3 Nach einigen Zentimetern wird der Faden angezogen. Durch den Matratzenstich ist die Naht unsichtbar.

4 Sobald die Naht zwischen Vorderteil und Blende geschlossen ist, wenden Sie Ihr Strickstück und nähen die überlappenden 5 Maschen auf der linken Seite hohl an.

Querangestrickte Blende

Nachdem ich Ihnen die mitgestrickten Blenden beschrieben habe, kommen nun Blenden, die nachträglich quer angestrickt werden.
Um ein »Kippen« der Blenden zu verhindern, ist es wichtig, daß Sie die ganze Randmasche erfassen, nicht nur das vordere oder hintere Glied.
Ebenso wichtig ist die Zahl der Maschen, die Sie für die Blende herausstricken. Jede Masche, die Sie strikken, ist breiter als hoch. Aus allen Maschenproben geht dies hervor. Eine querangestrickte Masche deckt folglich mehr als eine Reihe ab (vgl. Zeichnung).

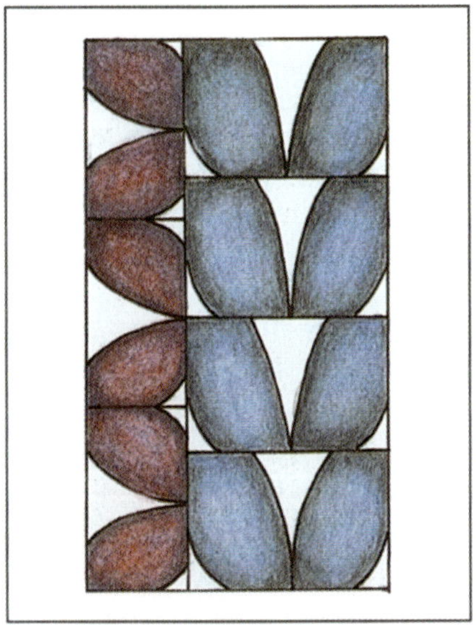

Drei Maschen in der Breite decken vier Reihen in der Höhe ab.
Deshalb stricken Sie aus vier Reihen immer drei Maschen heraus, das heißt, die vierte Reihe wird übersprungen.
Das gilt für jedes Garn und für jede Blende, die aus senkrechten oder schrägen Teilen herausgestrickt wird. Voraussetzung ist die richtige Randmasche. Ich empfehle den Nahtrand (siehe Seite 46). Der Nahtrand ergibt für jede Reihe eine feste Kettmasche, die Sie zum Herausstricken querangestrickter Blenden benötigen.

Querangestrickte Blende 1 Masche rechts, 1 Masche links

1 Von vorn zwischen Randmasche und erster Masche einstechen. Die **ganze** Randmasche wird erfaßt.

2 Den Strickfaden als feste Schlinge nach vorn durchholen.

3 Sie holen aus vier Reihen drei Maschen heraus, das heißt Sie überspringen die vierte Reihe. Der Dreierrhythmus ist deutlich erkennbar.

4 Nach dem Herausstricken wurde die Blende 3 cm hochgestrickt und dann italienisch abgekettet.

Blendenvariationen

Die Grundregel für das Herausstrik-ken von Blendenmaschen – aus vier Reihen drei Maschen stricken, die vierte Reihe überschlagen – gilt für alle Blenden. Also auch für Blenden, die mit dünneren Nadeln gestrickt werden und für alle abgebildeten Blendenmuster.

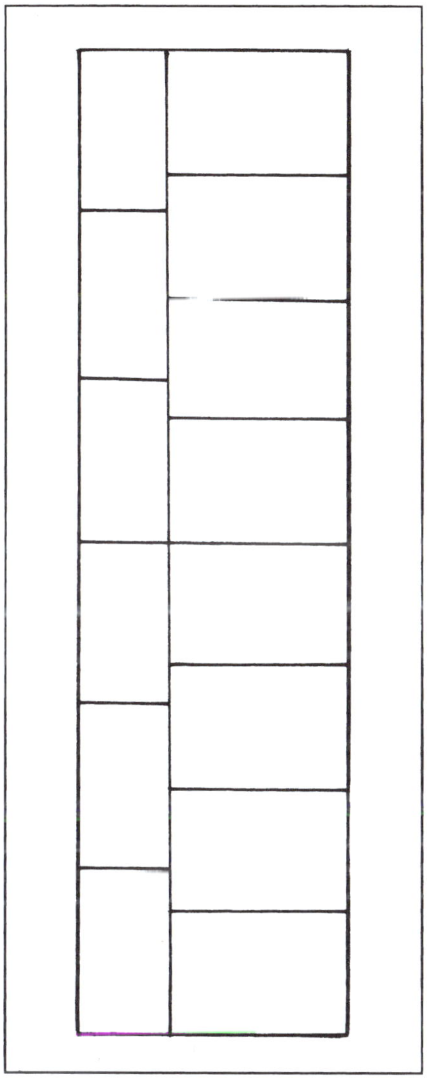

Abgebildet ist eine Blende, die 2 Maschen rechts, 2 Maschen links gestrickt wurde.

Sie sehen noch einmal die gleiche Blende, nur wurde die **erste Rückreihe rechts** gestrickt. Die Blende wurde, ebenso wie die normal angestrickte, italienisch abgekettet.

Dies können Sie auch bei 1 Masche rechts, 1 Masche links gestrickten Blenden anwenden. Die obenaufliegende linke Reihe bildet einen sehr schönen Übergang zu gerippten Mustern.

Selbstverständlich können Sie die Blende auch kraus rechts arbeiten, das heißt, Hin- und Rückreihe werden rechts gestrickt.
Achten Sie darauf, daß diese Blende **von der linken Seite rechts abgekettet wird,** damit als letzte Reihe eine linke Rippe die Blende abschließt.

Verschiedene Möglichkeiten des Abkettens

Auf dieser Seite stelle ich Ihnen vier Möglichkeiten vor, Blenden abzuketten.
Die Art des Abkettens ist in einigen Fällen abhängig von dem Zweck der Blende.
So sollten Sie zum Beispiel durch rechts verschränktes Zusammenstricken nur Blenden beenden, die besonders fest bleiben müssen: Jacken- und Taschenblenden.
Im Maschenrhythmus abgekettete Blenden »leiern« leicht aus.

1 Diese Blende wurde **überzogen abgekettet.** Sie heben die erste Masche ab, stechen dabei wie zum Rechtsstricken ein, stricken 1 Masche rechts und ziehen die abgehobene über die gestrickte Masche.

2 Einen schönen Abschluß ergeben Blendenmaschen, die **rechts verschränkt** zusammengestrickt wurden. Die ersten zwei Maschen rechts verschränkt zusammenstricken. Die Masche auf die linke Nadel zurückgleiten lassen, erneut mit der nächsten Masche rechts verschränkt zusammenstricken.

3 Für alle, die inzwischen mit dem **italienischen Abketten** vertraut sind, hier eine Blende, die auf italienische Art abgenäht wurde. Die Anleitung finden Sie auf den Seiten 36–39.

4 Auch im Maschenrhythmus können Sie Blenden abketten. Sie stricken überzogen zusammen, stricken dabei die rechten Maschen rechts und die linken Maschen vor dem Überziehen links ab.

Blende mit offenen Maschen

Eine Empfehlung gegen »kippende« Blenden: Stricken Sie diese extra, um sie nach der Fertigstellung mit offenen Maschen aufzunähen.
Sie können die Anzahl der für die Blende anzuschlagenden Maschen leicht berechnen, wenn Sie die Grundregel beherzigen: Für vier Reihen benötigen Sie drei Maschen.
Sie zählen die Reihen, die Sie im Vorderteil in Blendenhöhe gestrickt haben und schlagen drei Viertel dieser Zahl als Maschen an.
Beispiel: Sie haben 100 Reihen gestrickt, dann müssen Sie 75 Maschen anschlagen.

1 Stricken Sie die Blende in gewünschter Höhe, ketten Sie sie nicht ab, sondern stricken Sie 2 Reihen in andersfarbiger Wolle darüber. Ziehen Sie Nadel heraus und stecken Sie die Blende exakt an.

2 Lösen Sie Masche für Masche den andersfarbigen Faden heraus und nähen Sie die offenen Maschen reihengerade im Steppstich auf.

3 So gekonnt sieht eine Blende aus, die mit offenen Maschen angenäht wurde.

4 Steppstich bedeutet, Sie führen die Sticknadel von oben in die zurückliegende Masche hinein, gleichzeitig durch das Strickstück hindurch und kommen von unten aus der übernächsten Masche wieder heraus.

Blenden

Andersfarbige Blenden

Wenn Sie andersfarbige Blenden herausstricken, sind leicht die »Beinchen« der einzelnen Maschen zu erkennen. Einen glatten Farbabschluß erreichen Sie, wenn Sie vor dem Herausstricken der Blende Kettmaschen aufhäkeln.

1 Fahren Sie auf der rechten Seite mit der Häkelnadel in die Masche neben der Randmasche und holen Sie den Häkelfaden durch das Gestrick und die gehäkelte Masche hindurch. Häkeln Sie aus drei Maschen Kettmaschen heraus und übergehen Sie die vierte Masche.

2 Anschließend holen Sie unter der aufgehäkelten Kettmasche hindurch mit einer Stricknadel feste Schlingen auf die Nadel und stricken diese wie gewohnt ab.

3 Auf diesem Bild können Sie den reihengeraden Abschluß der unterschiedlichen Farben erkennen.

4 Die gleiche Arbeitsweise gilt für Schräggestricktes, an das Sie eine einfarbige Blende anstricken. Sollten Ihnen einmal Randmaschen oder ganze Ränder mißlingen, können Sie so Ihr Strickstück retten.

Doppelte Blende mit offenen Maschen aufgenäht

Doppelte Blenden, bei denen die Maschen von links aufgenommen und von rechts aufgenäht werden, wirken dem Rollen von Rechtsgestricktem entgegen. Sie sehen überdies besonders schön aus.

Sie sehen eine fertige, einfarbig gestrickte Blende.

1 Sie fassen die Blendenmaschen von der linken Seite auf. Durch die ganzen Randmaschen jeweils aus vier Reihen drei Maschen herausstricken.
Hier wurde die Blende andersfarbig gestrickt, damit Sie die einzelnen Schritte deutlich erkennen können.

2 Stricken Sie 1 Masche rechts, 1 Masche links darüber. Sobald Sie die gewünschte Blendenhöhe erreicht haben, wird als Bruchkante eine linke Reihe eingestrickt. Auf der Vorderseite arbeiten Sie eine Reihe mehr, damit Sie deckend aufnähen können.

3 Zwei Reihen in einer anderen Farbe darüberstricken, die Nadel herausziehen und die Blende aufstekken. Im Steppstich mit dem Aufnähen beginnen.

4 Sie sehen die aufgenähten Maschen stark vergrößert.

Doppelte Blende – glatt rechts gestrickt

Auch für glatt rechts gestrickte Blenden gilt, daß Sie aus vier Reihen drei Maschen herausstricken, also die vierte Reihe übergehen. Erfassen Sie immer die ganze Randmasche und stricken Sie die Maschen von der rechten Seite heraus.
Stricken Sie die Blende glatt rechts in gewünschter Höhe. Fügen Sie auf der rechten Seite eine linke Reihe als Bruch ein.
Auch bei dieser Blende auf der Rückseite eine Reihe mehr arbeiten, um die herausgestrickten Maschen abzudecken. Anschließend die Blende abketten.

Sorgfältig die Blende auf der linken Seite anstecken und mit einem geteilten Wollfaden annähen. Erfassen Sie eine Masche des Gestricks und eine halbe Masche der Randmasche.

So sieht die fertige Blende von der rechten Seite aus.

Doppelte Blende – 1 Masche rechts, 1 Masche links

Sie können eine doppelte Blende 1 Masche rechts, 1 Masche links ebenso gut von der rechten Seite herausstricken und sie auf der linken Seite annähen.
Aus vier Reihen drei Maschen herausstricken, die Blende in gewünschter Höhe arbeiten, eine linke Reihe als Bruchkante einfügen und auf der Rückseite die Blende wieder eine Reihe höher stricken als auf der rechten. Sie brauchen diese zusätzliche Reihe immer, um beim Annähen die herausgestrickten Maschen abzudecken.

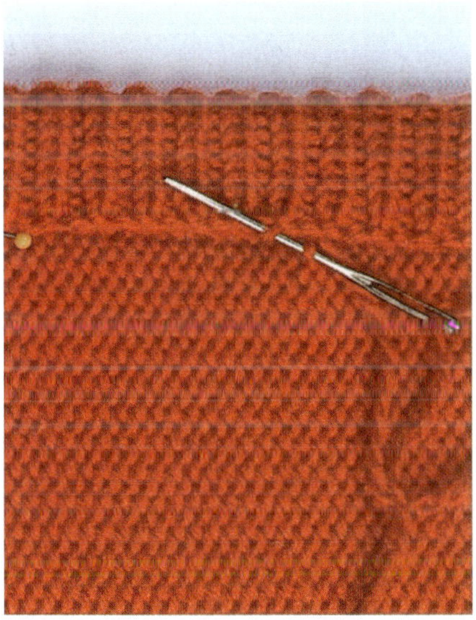

Nach dem Abketten die Blende sorgfältig aufstecken. Nähen Sie die Blende hohl, das heißt von der rechten Seite unsichtbar, an. Teilen Sie den Faden, mit dem Sie nähen, und erfassen Sie mit einer stumpfen Sticknadel abwechselnd eine Masche im Gestrick und eine halbe Randmasche.

Fertig angenäht, sehen Sie die Blende noch einmal von der rechten Seite.

Blenden mit Ecken

Wenn Sie aus einem **senkrechten und waagerechten** Rand zugleich eine Blende herausstricken wollen, dann müssen Sie eine Ecke arbeiten.

Stricken Sie eine **zusätzliche Eckmasche** heraus, die Sie mit einem Faden in abweichender Farbe kennzeichnen können. Vor und hinter dieser Eckmasche wird in jeder zweiten Reihe oder Runde zugenommen: Sie legen den Querfaden zur nächsten Masche auf die linke Nadel und strikken ihn rechts verschränkt oder links verschränkt ab, je nachdem wie es das Maschenbild verlangt.
Stricken Sie die Blende in beliebiger Höhe und ketten Sie dann ab, wenn auch in der Ecke rechte und linke Maschen abwechselnd auf der Nadel liegen.

Die zusätzlich herausgestrickte Eckmasche ist deutlich zu erkennen.

1 An der senkrechten Seite stricken Sie wieder aus vier Reihen drei Maschen heraus.

2 Aus der waagerechten Kante nehmen Sie jede Masche auf.

Sie können eine Blende mit Ecke auch von außen arbeiten (hier in unterschiedlichen Farben, damit Sie es besser erkennen können) und später aufnähen.
Errechnen Sie die anzuschlagende Maschenzahl und kennzeichnen Sie auch hierbei die Mittelmasche. In jeder zweiten Reihe oder Runde wird rechts und links der Eckmasche abgenommen, das heißt, Sie nehmen vor der Eckmasche überzogen ab, nach der Eckmasche stricken Sie 2 Maschen zusammen.

Die Blende mit Ecke, alles in einer Farbe gestrickt.

1 Stricken Sie zwei Reihen in einer abweichenden Farbe über die Blendenmaschen, ziehen Sie die Nadel heraus und stecken Sie die Blende sorgfältig an.

2 Die Blende wird mit offenen Maschen aufgenäht, der andersfarbige Faden Masche für Masche vorher herausgelöst. Jede offene Masche wird 2mal erfaßt, einmal von oben beim Zurückstechen in die vorherige und einmal von unten beim ersten Einstechen in die nächste Masche.

Blenden bei Rundungen

Es gibt verschiedene Möglichkeiten, abgerundete Blenden bei Westen oder Jacken zu stricken.
Die auf dieser Seite beschriebenen Blenden sollten nur eine bestimmte Breite aufweisen. Sobald die Blende breiter wird, muß in der Rundung gleichmäßig verteilt zugenommen werden. Diese Zunahmen sind leicht sichtbar, deshalb sollten Sie eine breite Blende gesondert stricken und aufnähen.
Die Rundung selbst ist durch **Aufstricken** von Maschen wie folgt entstanden:
Zuerst wurden 4 Maschen am Anfang der zweiten Reihe zugenommen,
dann 1mal 2 Maschen am Anfang der vierten Reihe
und 3mal 1 Masche in jeder weiteren zweiten Reihe sowie
2mal 1 Masche in jeder weiteren vierten Reihe.
In den Rückreihen ohne Zunahmen dem Muster entsprechend stricken (Foto oben).

Nach dem Zusammennähen der einzelnen Teile wird die Blende ringsum angestrickt. Aus den waagerechten Maschen und Rundungen erfassen Sie jede Masche, aus den senkrechten Randmaschen aus vier Reihen drei Maschen.
Die Blende ist kraus rechts gestrickt, das heißt, Sie müssen, wenn Sie in Runden arbeiten, abwechselnd eine linke und eine rechte Runde arbeiten.

Zum Schluß wird eine links gestrickte Runde links abgekettet (Foto Mitte).

Auf die gleiche Art können Sie eine Blende 1 Masche rechts, 1 Masche links gestrickt arbeiten (Foto unten).

Diese Blende ist eine Kombination aus Stricken und Häkeln. Sie ist ebenfalls für Rundungen zu empfehlen. Sie sieht besonders hübsch bei Trachtenjäckchen aus (Foto oben).

Erfassen Sie jede zweite Masche ringsum für die Blende und stricken Sie eine Runde linke Maschen und ketten Sie nicht ab (Foto Mitte links).

Häkeln Sie die Maschen als feste Maschen von der Stricknadel ab. In der dritten Runde wird um die festen Maschen eine weitere Runde feste Maschen gehäkelt (Foto Mitte rechts).

Ein Beispiel für eine breite Blende, die in gewünschter Länge extra gestrickt und später im Steppstich aufgenäht wird (Foto unten links).
Schlagen Sie für diese Blende 12 Maschen an. Ich empfehle für die Randmaschen den Schweizer Rand.
Stricken Sie die Blende wie folgt:
Rückreihe:
Randmasche, * 1 Masche rechts, 2 Maschen links *, 1 Masche rechts, Randmasche.
Hinreihe:
Randmasche, * 1 Masche links, 2 Maschen nach rechts verkreuzt *, 1 Masche links, Randmasche.
Diese zwei Reihen fortlaufend wiederholen.
2 Maschen nach rechts verkreuzt bedeutet: immer die zweite rechte Masche vor der ersten rechten Masche abstricken.

Halsausschnitte

Runde Halsausschnitte

Liebevoll gearbeitete Halsausschnitte bestimmen wesentlich den Wert Ihres Pullovers. Sie liegen im direkten Blickfeld des Betrachters. Wichtig sind nicht nur die Blenden selbst, sondern auch die Art des Herausstrickens für den Halsausschnitt. Feste Ränder, ohne lange Maschen dazwischen, sind die Voraussetzung.

Wieviele Maschen jeweils abgekettet werden, entnehmen Sie Ihren Anleitungen.

Die Höhe und Breite eines runden Halsausschnittes ist abhängig von der jeweiligen Mode.
Je breiter ein Halsausschnitt wird, desto flacher sollte er sein. Ich zeige Ihnen einen klassischen Halsausschnitt, der 18 Zentimeter breit ist. Wenn Sie ihn exakt nach Ihren Körpermaßen berechnen wollen, dann teilen Sie Ihre Rückenbreite durch drei und addieren Sie 3 cm. Der Ausschnitt ist dann auch nach Einarbeiten einer Blende groß genug, um mit dem Kopf hindurchschlüpfen zu können.
Die vordere Tiefe dieses Halsausschnitts liegt zwischen 7 cm und 9 cm, die hintere Tiefe beträgt 2 cm.

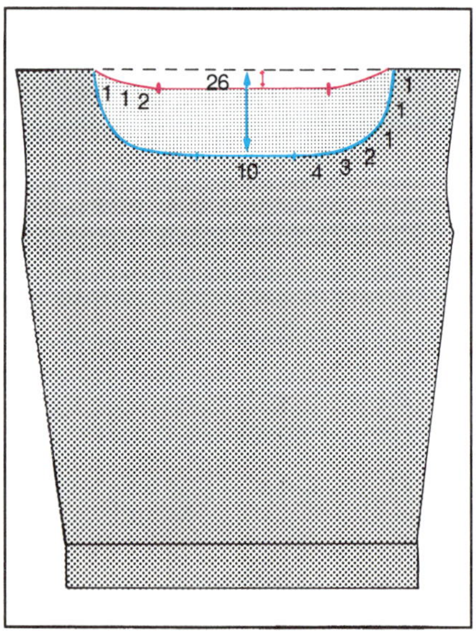

1 Für den Halsausschnitt stricken Sie die letzten beiden Maschen am Ende der vorherigen Reihe zusammen. Die restlichen Maschen nach dem Wenden wie gewohnt zu Beginn des Halsausschnittes durch Überziehen abketten. Auf der rechten Seite die beiden letzten Maschen rechts zusammenstricken.

2 Für die rechte Seite Ihres Vorder- oder Rückenteils müssen Sie dann die Arbeit wenden, die erste Masche links abheben, die nächste Masche links stricken, die abgehobene Masche über die gestrickte ziehen.

3 Dasselbe gilt für die Abnahmen auf der linken Seite des Halsausschnitts. Am Ende der Reihe werden die letzten beiden linken Maschen links zusammengestrickt. Weitere Abnahmen nach dem Wenden des Strickstücks auf der Vorderseite.

4 Das Gegenstück: Die linke Seite Ihres Vorderteils. Die erste Masche wird rechts abgehoben, die nächste rechts gestrickt und die abgehobene Masche über die gestrickte gezogen.

Runde Halsausschnittblenden

Deutlich ist der feste Rand auf den Abbildungen zu erkennen, aus dem Sie leicht die Maschen für die Halsausschnittblende herausstricken können.

Am wirkungsvollsten sieht das Bündchen aus, wenn Sie es italienisch abnähen.

1 Ketten Sie die mittleren Maschen nicht ab, sondern legen Sie diese auf Maschenraffer still.

2 Beginnen Sie mit dem Herausstricken der Halsausschnittblende an einer Schulternaht. Stechen Sie durch die ganze Randmasche hindurch und holen Sie den Strickfaden als feste Schlinge nach vorn auf die rechte Nadel.

3 Immer wieder kommt es vor, daß wir beim Herausstricken auf ein Loch stoßen, das meist durch das »treppenartige« Abnehmen entstanden ist. Übergehen Sie dieses Loch, damit es nicht noch größer und sichtbarer wird.

4 Stricken Sie das Bündchen 1 Masche rechts, 1 Masche links ungefähr 5 cm hoch und ketten Sie es ab.

Einfache Halsausschnittblende

Eine beliebte Halsauschnittblende ist die einfach gestrickte Blende im Rhythmus 1 Masche rechts, 1 Masche links.

Die Maschen für diese gestrickten Blenden (1 Masche rechts, 1 Masche links) wurden wie auf Seite 88/89 beschrieben herausgestrickt, und eine Runde linker Maschen als Übergang eingefügt.

Diese Blende wurde italienisch abgekettet.

Damit auch der Abschluß der Blende schön aussieht, wurde die Blende auf italienische Art abgenäht. Denken Sie daran, daß zu dem italienischen Abketten zwei Runden mit dünneren Nadeln gestrickt gehören, die folgendermaßen gearbeitet werden:

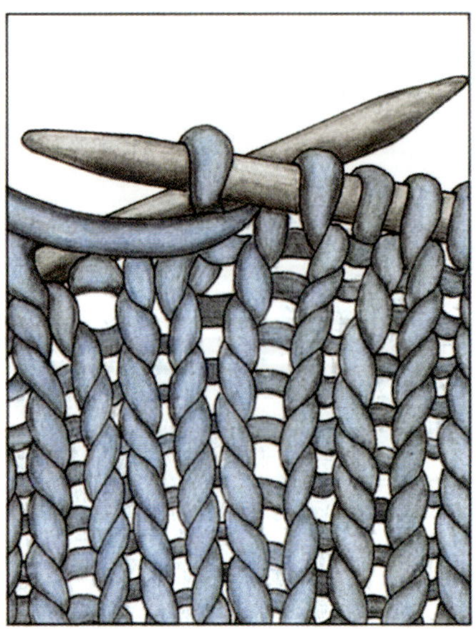

Erste Runde:
Rechte Maschen rechts stricken, linke Maschen links abheben, der Faden wird vor der Masche entlanggeführt.

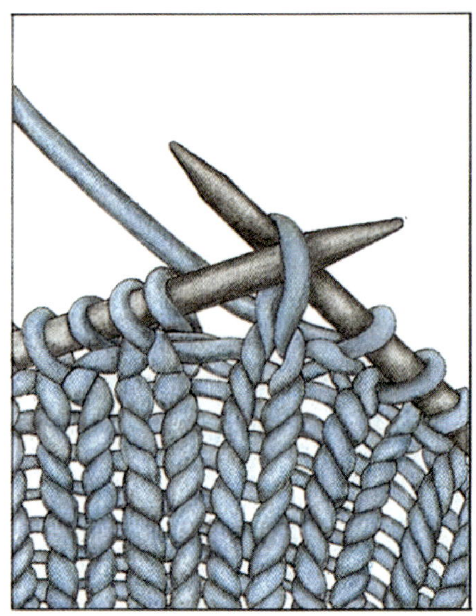

Zweite Runde:
Linke Maschen links stricken, rechte Maschen links abheben, den Faden hinter der rechten Masche entlangführen.

Die Bruchkante bildet einen sauberen Blendenabschluß.

Doppelte Halsausschnittblende

Diese Halsausschnittblende wurde glatt rechts in doppelter Höhe gestrickt und nach innen umgeschlagen.
Stricken Sie die Maschen von der rechten Seite heraus. Fügen Sie nach ca. 5 cm eine Runde linker Maschen als Bruch ein. Die umgeschlagene Hälfte der Blende muß eine Runde höher gestrickt werden, damit sie die herausgestrickten Maschen abdeckt. Abketten, von der linken Seite hohl annähen, die Stiche dürfen nicht zu sehen sein.

Die offenen Maschen der Blende wurden auf der Vorderseite angenäht.

Eine weitere Möglichkeit: die doppelte Blende, die von der linken Seite herausgestrickt und auf der Vorderseite angenäht wurde.
Fügen Sie nach 5 cm eine Runde linker Maschen als Bruchkante ein.
Bei dieser Blende muß die zweite Hälfte nach der Bruchkante eine Reihe höher gestrickt werden. Über den ganzen Ausschnitt in einer anderen Wolle 2 Runden zusätzlich gestrickt. Ketten Sie nicht ab, sondern die offenen Maschen im Steppstich aufnähen.

Runde Halsausschnitte, abgehäkelt

Vor allem bei breiten und flachen Halsausschnitten bietet es sich an, keine Blende anzustricken, sondern sie abzuhäkeln.
Häkeln Sie als erstes eine Runde **Kettmaschen** auf den äußeren Rand Ihres Halsausschnitts.
Der Faden, mit dem Sie arbeiten, hängt dabei hinter dem Strickstück. Sie stechen mit der Häkelnadel von der rechten Seite durch das Gestrick und holen den Faden als Schlinge durch das Gestrickte und durch die Häkelschlinge, die auf der Nadel liegt. So häkeln Sie die erste Runde auf.
Hier wurden noch zwei weitere Runden darübergehäkelt. Es sind immer Kettmaschen, die in die rechte Hälfte der vorherigen Kettmaschenrunde gehäkelt werden.

Hier noch einmal ein Ausschnitt. Sie sehen, wie gleichmäßig mit Kettmaschen der Halsabschluß wird.

1 Stechen Sie mit der Häkelnadel zwischen Randmasche und der ersten Masche ein und holen Sie den Faden durch.

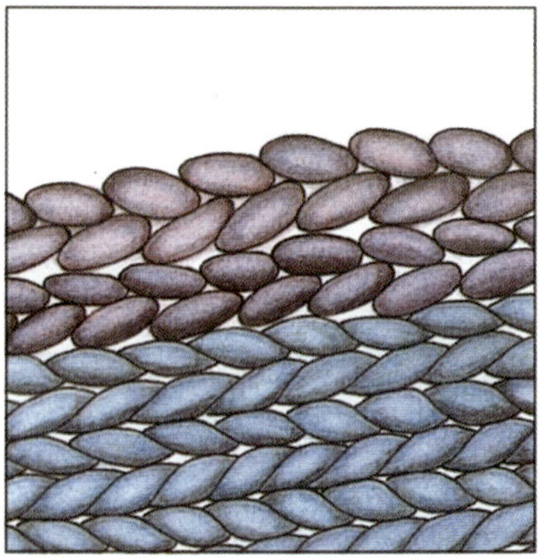

2 Noch einige Runden über die erste Kettmaschenrunde häkeln.

Bei diesem Pullover lagen lose und feste Randmaschen am Halsausschnitt nebeneinander. Eine Blende ließ sich nicht mehr einstricken. Er wurde daher im **Krebsstich** abgehäkelt. So wie der Krebs rückwärts läuft, werden die Krebsmaschen rückwärts gehäkelt, **von links nach rechts.** Es sind einfache feste Maschen, die durch das Rückwärtshäkeln einen kordelartigen Rand ergeben.
Mit dem Krebsstich können Sie so manchen mißlungenen Rand retten.

Kordelartig legen sich die gehäkelten Maschen um den Rand.

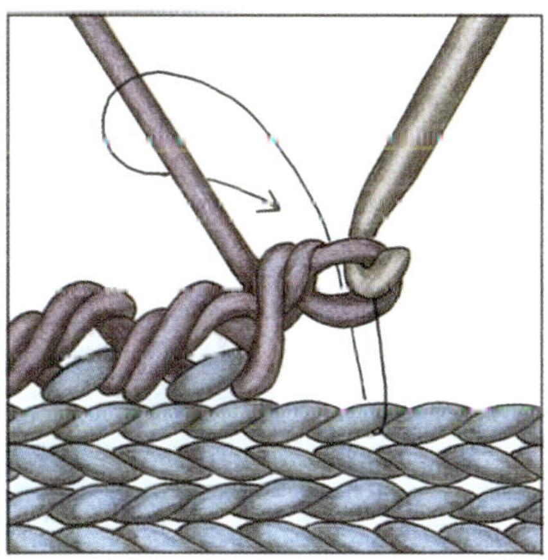

1 Häkeln Sie feste Maschen von links nach rechts in die Abschlußkante.

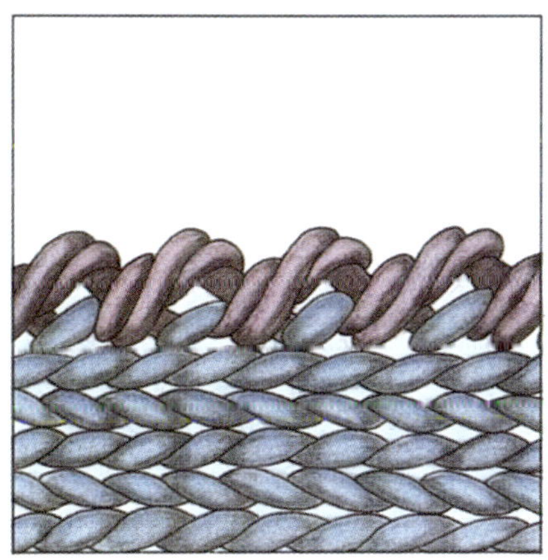

2 Eine zweite Reihe brauchen Sie nicht mehr aufzuhäkeln, da die Maschen gleichmäßig nebeneinander liegen.

Zweifache Blende

Um Ihrem Pullover eine besondere Note zu geben, könnten Sie zweifache Blenden anstricken.
Überdies ist es eine sehr gute Lösung, wenn Ihr Halsausschnitt einmal zu breit ausgefallen ist. Diese Blende wird zur Nachahmung empfohlen.

Ketten Sie die zweite Blende nicht ab, sondern stricken Sie 2 Reihen in einer anderen Farbe darüber. Ziehen Sie die Stricknadel heraus, stecken Sie die Maschen gleichmäßig verteilt auf. Sie werden nach dem Herauslösen des andersfarbigen Fadens im Steppstich aufgenäht.

1 Sie stricken die erste Blende, hier rosa, von der linken Seite heraus, dann ist Ihr Pullover auch von innen sauber. Ob Sie sich für 1 Masche rechts, 1 Masche links oder für 2 Maschen rechts, 2 Maschen links entscheiden, das liegt bei Ihnen.
Die Blende in gewünschter Höhe stricken und abketten.

2 Schlagen Sie die gleiche Maschenzahl der ersten Blende noch einmal gesondert an, hier in der Grundfarbe des Pullovers, schließen Sie die Maschen zur Runde und stricken Sie die zweite Blende kürzer als die erste.

Eckiger Halsausschnitt

Eckige Halsausschnitte sind leicht vorzubereiten. Breite und Höhe bestimmen Sie selbst oder entnehmen Sie Ihrer Anleitung.
Die waagerechten Maschen werden nicht abgekettet, sondern auf einer Hilfsnadel stillgelegt und beim ersten Abstricken entweder rechts oder links Ihrem Muster entsprechend eingefügt. Das rechte und linke Vorder- und Rückenteil bis zur Schulternaht geradehochstricken.

Der vordere Halsausschnitt

1 Beim Herausstricken für die Blende werden die seitlichen Maschen erfaßt, durch die ganze Randmasche gestochen und aus vier Reihen drei Maschen herausgestrickt.
Achten Sie darauf, daß Sie **eine zusätzliche Eckmasche** aus der Ecke herausstricken und diese mit einem Markierungsring kennzeichnen.

2 In jeder zweiten Runde wird in den Ecken abgenommen. Heben Sie die Masche vor der markierten Eckmasche und die Eckmasche zusammen rechts ab, von links nach rechts einstechen.

3 Stricken Sie die nächste Masche nach der Eckmasche und...

4 ... ziehen Sie die beiden abgehobenen Maschen zusammen über die gestrickte. In gewünschter Höhe wird die Blende abgekettet.

Spitzen und Formen bei V-Ausschnitten

V-Ausschnitte

Sie haben sich entschlossen, einen V-Ausschnitt-Pullover zu stricken; ich möchte Ihnen bei den Vorbereitungen helfen.
Wenn Ihr Muster es erlaubt, sorgen Sie dafür, daß Sie nach dem Stricken des Bündchens eine ungerade Maschenzahl auf der Nadel haben, um später bei Beginn des V-Ausschnitts eine Mittelmasche stillegen zu können.
Verwenden Sie keine Sicherheitsnadel zum Stillegen dieser Mittelmasche; sie würde die Masche durch das Gewicht der Nadel langziehen und der Obergang zur V-Ausschnittspitze würde nicht schön aussehen. Ziehen Sie einen Faden rechts und links durch das Gestrick und legen Sie die Masche mit dem gleichen Faden still.
Wenn Sie nicht nach einer Anleitung stricken, sondern den V-Ausschnitt selbst errechnen möchten, dann müssen Sie zunächst die Höhe Ihres Ausschnitts sowohl in Zentimetern als auch in Reihen errechnen.
Die Breite des hinteren Halsausschnitts beträgt bei einem V-Ausschnitt-Pullover ein Drittel der Rükkenbreite, wenn Sie ihn etwas legerer, breiter mögen, dann rechnen Sie noch 3 cm hinzu. Auch diese Zentimeterzahl muß in Maschen umgerechnet werden. Anschließend wird die Reihenzahl für den V-Ausschnitt durch die halbe Maschenzahl des rückwärtigen Halsausschnitts geteilt. Sie benötigen nur die halbe Maschenzahl, da ja an zwei Vorderteilen, rechts und links, abgenommen wird. Ein **Beispiel:** Die Höhe Ihres V-Ausschnitts beträgt 60 Reihen. Die halbe rückwärtige Halsausschnittbreite ergibt 15 Maschen. 60 : 15 = 4. Das bedeutet, Sie müssen 15mal in jeder vierten Reihe 1 Masche abnehmen.
Das Beispiel, das ich anführe, enthält »Traumzahlen«. Nicht immer fällt eine Berechnung so aus.
Stellen Sie sich vor, Sie möchten einen tieferen V-Ausschnitt stricken, zum Beispiel über 75 Reihen. Das ergäbe 75 : 15 = 5.
Da Abnahmen nur auf der Vorderseite ausgeführt werden, können Sie nicht in jeder fünften Reihe abnehmen. Sie müssen deshalb 8mal in jeder vierten Reihe und 7mal in jeder sechsten Reihe 1 Masche abnehmen. Sie erleichtern sich das Umrechnen, wenn Sie eine andere Lösung, die überdies noch sehr elegant ist, vorziehen.
Sie nehmen zu Beginn grundsätzlich 6mal (bei Kinderpullovern 4mal) in jeder zweiten Reihe 1 Masche ab, die restlichen Maschen in jeder vierten Reihe und stricken dann ohne Abnahmen geradehoch, bis Sie die errechnete Reihenzahl für Ihren V-Ausschnitt erreicht haben.

Tip

Wichtige Voraussetzung für einen gelungenen V-Ausschnitt ist die Wahl der richtigen Randmasche. Ich empfehle den Nahtrand:
Rechte Seite: erste und letzte Masche rechts stricken
Linke Seite: erste und letzte Masche links stricken

V-Ausschnitt-Formen

1 Bei diesem V-Ausschnitt wurde in jeder vierten Reihe abgenommen. Randmasche und erste Masche beziehungsweise vorletzte und Randmasche überzogen oder rechts zusammengestrickt.

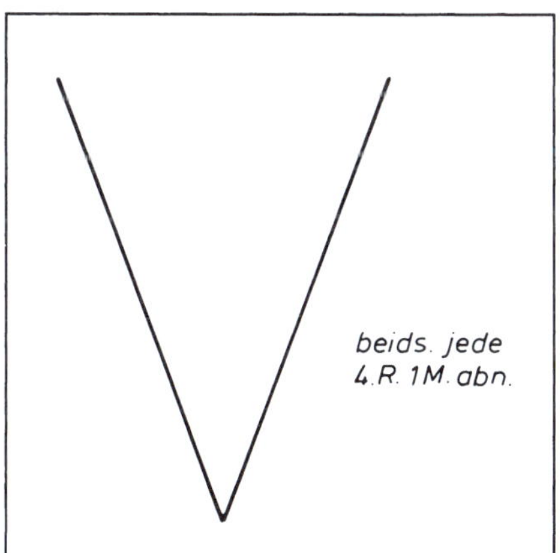

2 Ebenfalls in jeder vierten Reihe wurde bei diesem V-Ausschnitt abgenommen. Die Abnahmen wurden ins Gestrick verlegt: auf der linken Seite wurden die dritte und vierte Masche überzogen, auf der rechten Seite die viert- und drittletzte Masche zusammengestrickt.

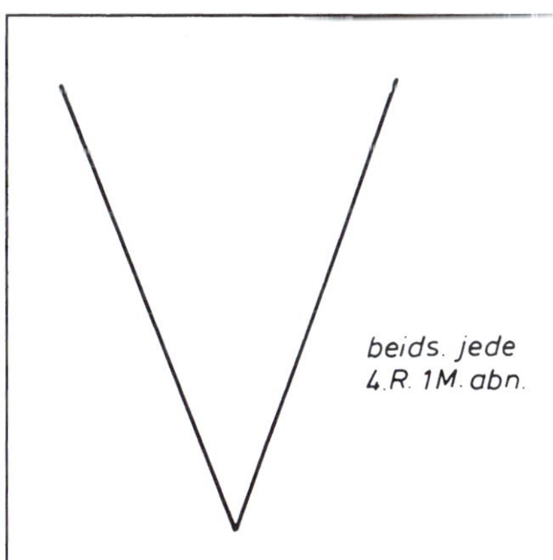

3 Deutlich erkennen Sie die andere Form des Ausschnitts und die Abnahmen als »Muster« im Gestrick. Es wurde 6mal in jeder zweiten Reihe, die restlichen Maschen in jeder vierten Reihe abgenommen. Dann die Reihen ohne Abnahmen geradehoch stricken.

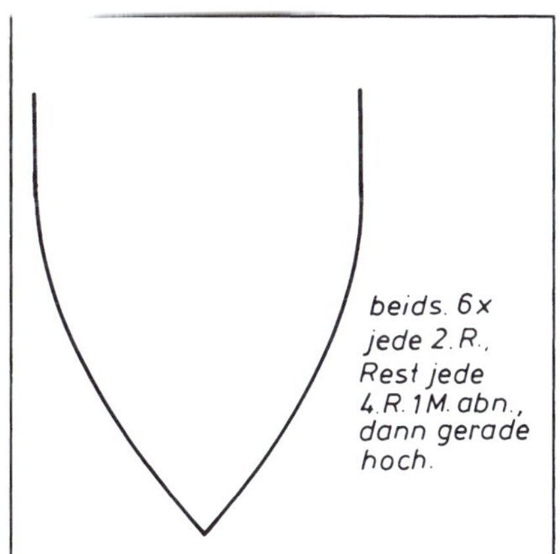

V-Ausschnittspitze I

Diese Abbildung zeigt Ihnen den fertigen V-Ausschnitt mit einer Blende, die italienisch abgekettet wurde.

1 Sie sehen einen V-Ausschnitt vor dem Herausstricken der Blendenmaschen. Die stillgelegte Mittelmasche ist durch einen andersfarbigen Faden gekennzeichnet.

2 Mit dem Herausstricken der Blendenmaschen beginnen Sie an einer Schulternaht und stricken seitlich aus vier Reihen drei Maschen heraus. Der Dreierrhythmus ist deutlich sichtbar.

Tip

Aus dem rückwärtigen Halsausschnitt wird jede Masche aufgenommen.
Die Blende wird 1 Masche rechts, 1 Masche links gestrickt, **die Mittelmasche muß eine rechte Masche sein.** Arbeiten Sie nach dem Herausstricken immer eine Runde ohne Abnahmen darüber, damit sich die Spitze nicht nach oben verzieht.

3 In der Spitze werden ab der zweiten Runde aus drei Maschen eine gemacht. Stricken Sie bis eine Masche vor der Mittelmasche, …

4 … heben Sie zwei Maschen – die Mittelmasche und die Masche davor – **zusammen rechts** ab.

5 Sie sehen die zwei abgehobenen Maschen auf der rechten Nadel.

6 Stricken Sie die nächste Masche, die Masche nach der Mittelmasche, wie sie erscheint ab.

7 Fassen Sie mit der linken Nadelspitze von links nach rechts in die beiden abgehobenen Maschen und…

8 …ziehen Sie sie über die gestrickte Masche.

9 Die rechte Mittelmasche liegt erhaben auf dem Gestrick.

10 Auf die gleiche Art wird in jeder Runde abgenommen. Die Höhe der Blende bestimmen Sie. Achten Sie aber darauf, daß in der letzten Runde der Rhythmus (1 Masche rechts, 1 Masche links) wieder hergestellt ist.

V-Ausschnittspitze II

Hier zeige ich Ihnen eine weitere Möglichkeit, V-Ausschnittspitzen zu stricken. Ich möchte Ihnen diese Art besonders empfehlen.

Nach dem Herausstricken der Blendenmaschen arbeiten Sie zunächst eine Runde ohne Abnahmen. Die Mittelmasche muß eine rechte Masche sein.

Ein wenig Mehrarbeit, die sich lohnt.

1 Legen Sie die rechte Mittelmasche auf eine Hilfsnadel vor die Arbeit.

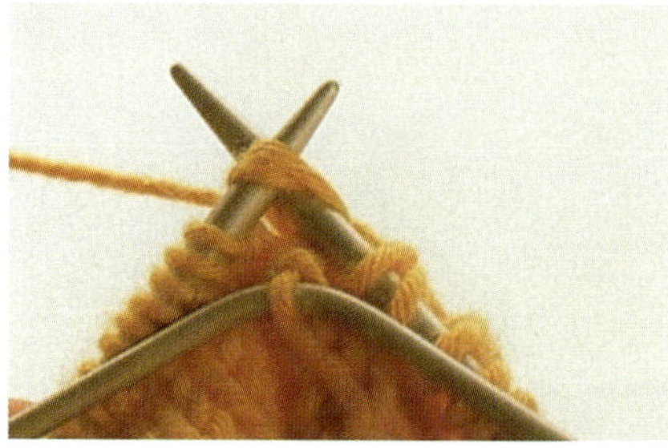

2 Stricken Sie die Maschen vor und hinter der Mittelmasche rechts zusammen.

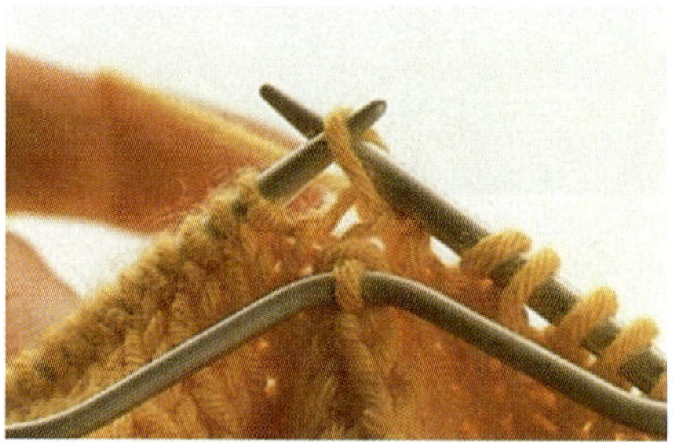

3 Lassen Sie die zusammengestrickte Masche von der rechten auf die linke Nadel zurückgleiten.

4 Geben Sie die Mittelmasche von der Hilfsnadel auf die rechte Nadel. Sie wird nicht gestrickt.

5 Die zusammengestrickte Masche lassen Sie ebenfalls auf die rechte Nadel gleiten, damit Sie …

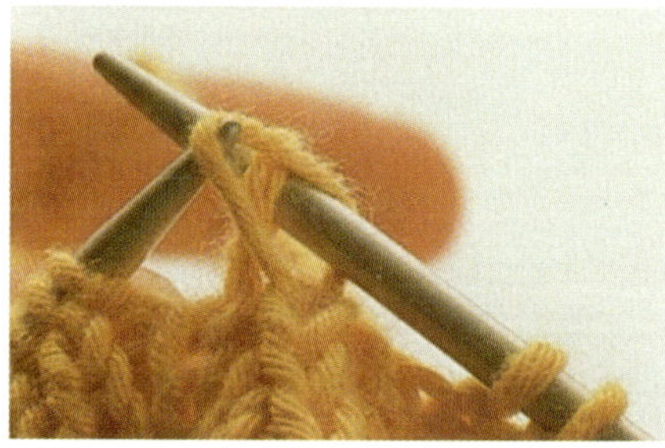

6 … die abgehobene Mittelmasche über die zusammengestrickten Maschen ziehen können.

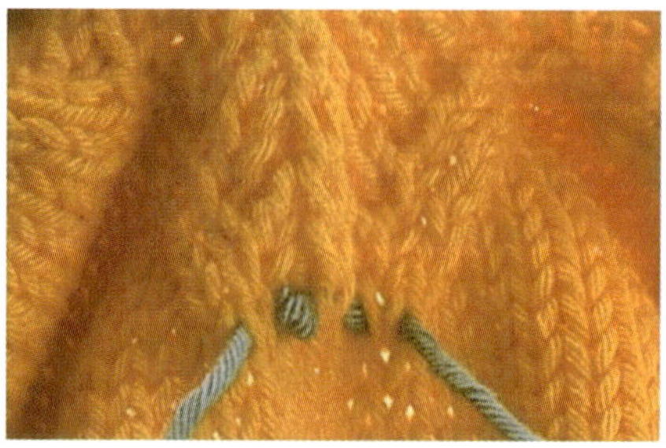

7 Schnurgerade verläuft diese Mittelmasche erhaben in der V-Ausschnittspitze.

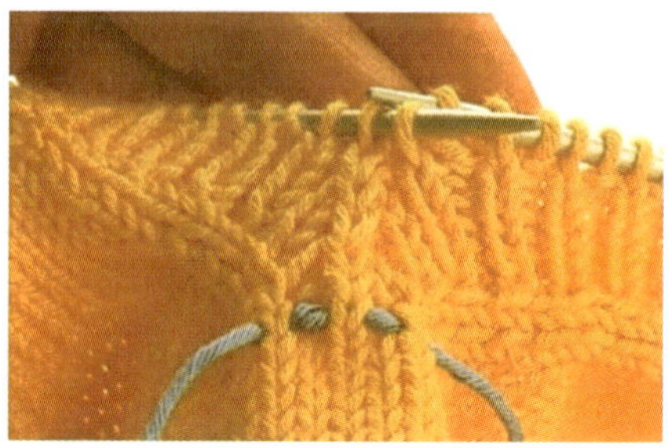

8 Nicht die einfachste, aber die beste Möglichkeit, V-Ausschnittspitzen zu stricken.

V-Ausschnittspitze III

Es gibt noch eine weitere Möglichkeit, V-Ausschnittspitzen zu stricken, die sich von den bisher gezeigten darin unterscheidet, daß die rechte Mittelmasche nicht obenaufliegt, sondern ins Strickbild eingebettet ist.
Die erste Runde nach dem Herausstricken der Blendenmaschen ohne Abnahmen arbeiten.

Die Blende wurde 1 Masche rechts, 1 Masche links gestrickt.
Bei dem im ganzen abgebildeten V-Ausschnitt können Sie erkennen, daß die Spitze breiter wirkt.

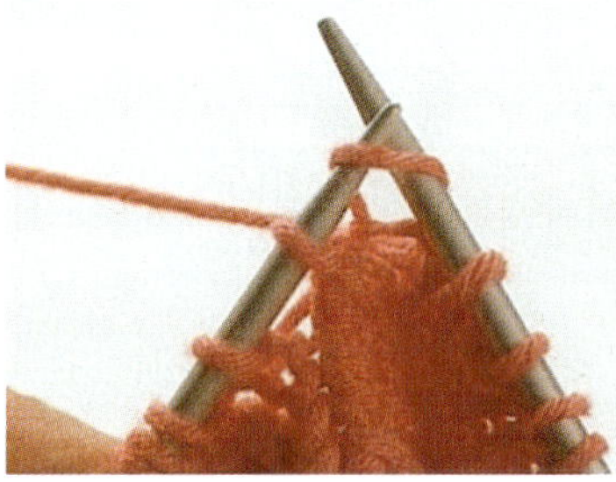

1 Stricken Sie bis 2 Maschen vor der Mittelmasche auf der linken Nadel liegen. 1 Masche **rechts** abheben.

2 Stricken Sie die nächste Masche rechts und…

3 …ziehen Sie die abgehobene Masche…

4 …über die gestrickte Masche.

5 Die Mittelmasche rechts stricken, das heißt von links nach rechts vorn in die Mittelmasche einstechen.

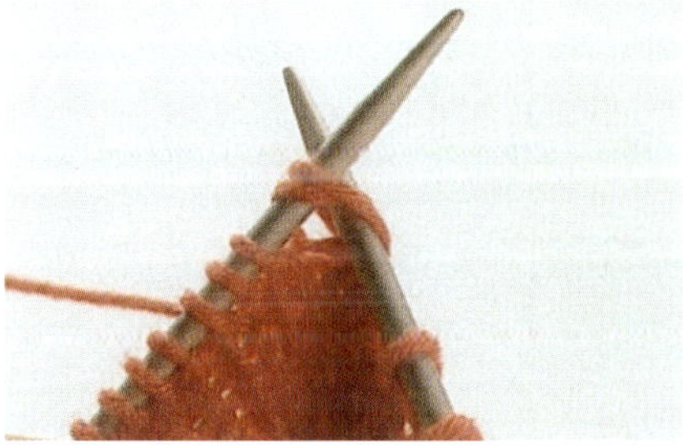

6 Die 2 Maschen nach der Mittelmasche…

7 …rechts zusammenstricken.

8 Deutlich zu erkennen, die rechte Mittelmasche liegt im Gestrick.

V-Ausschnittspitze IV

Bei V-Ausschnittblenden, die 2 Maschen rechts, 2 Maschen links gestrickt sind, müssen **zwei Mittelmaschen stillgelegt** werden, damit dem Maschenbild entsprechend zwei rechte Maschen in der Spitze hochlaufen. Achten Sie darauf, daß Sie vor dem Teilen zu Beginn des V-Ausschnitts eine gerade Maschenzahl auf der Nadel haben.
Beim Auffassen und Abstricken der Blendenmaschen werden diese zwei Mittelmaschen als rechte Maschen eingefügt.
Abgenommen wird ab der zweiten Runde folgendermaßen:

Vor allem bei Herren- und sehr sportlichen Pullovern werden Bündchen und Blenden dieser Art bevorzugt. Sie sehen »kerniger« aus.

1 Bis eine Masche vor der Mittelmasche stricken, wie zum Rechtsstricken in zwei Maschen einstecken.

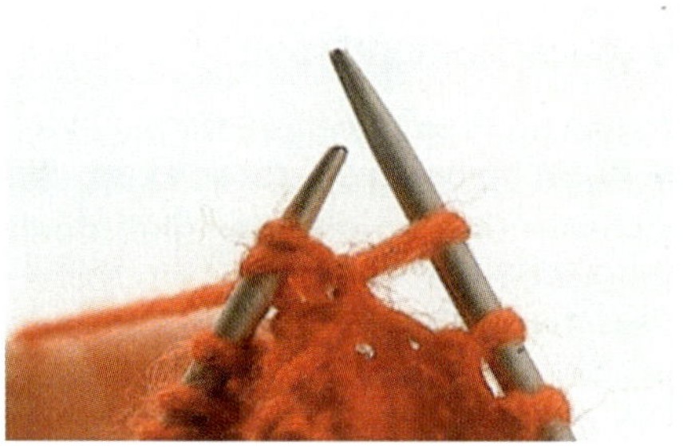

2 Holen Sie den Strickfaden als Schlinge nach vorn durch und...

3 ... lassen Sie die beiden rechts zusammengestrickten Maschen von der Nadel gleiten.

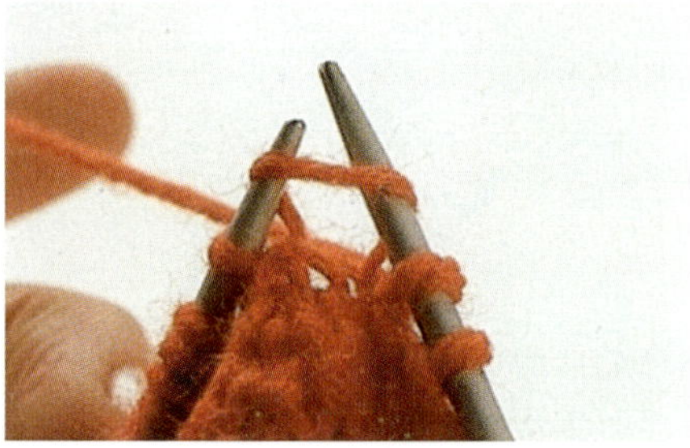

4 Die nächste Masche ist die zweite Mittelmasche, diese rechts abheben,...

5 ... und die folgende Masche rechts stricken.

6 Ziehen Sie die abgehobene Mittelmasche über die gestrickte.

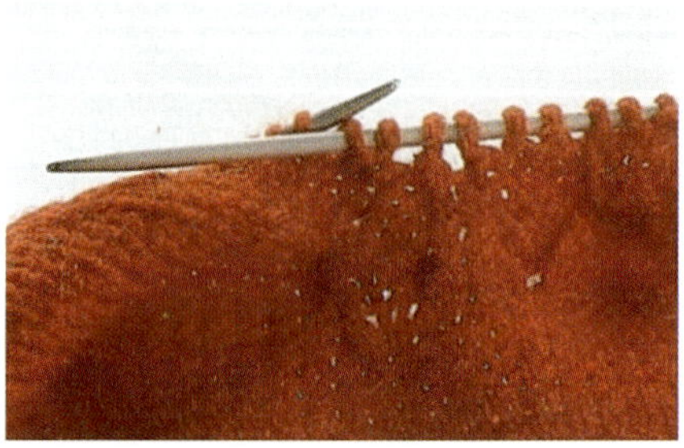

7 Stricken Sie die Blendenrunde bis zur nächsten Abnahme.

8 Ketten Sie immer dann ab, wenn der Maschenrhythmus auch in der Spitze hergestellt ist.

V-Ausschnittblende

Sie können eine V-Ausschnittblende auch ohne Spitze arbeiten, die Blende bleibt offen und wird später übereinandergenäht.
Die Blendenmaschen werden herausgestrickt. Hierbei wird in der Spitze begonnen und an den seitlichen Schrägungen aus vier Reihen drei Maschen, aus dem rückwärtigen Halsausschnitt jede Masche aufgefaßt. **Es wird nicht in Runden, sondern in Reihen gestrickt.** Schlagen Sie an jedem Ende eine zusätzliche Masche auf, die sich beim späteren Annähen im Matratzenstich nach innen umlegt. Es ist die Randmasche.

Stricken Sie eine ungerade Maschenzahl heraus, damit Sie auf der Vorderseite rechte Maschen neben den Randmaschen haben. Nähen Sie zuerst die oben aufliegende Blende an.

Übereinandergelegt und aufgenäht sehen Sie die fertige Blende. Bei Damenpullovern wird die rechte Blende über die linke, bei Herrenpullovern die linke über die rechte Blende genäht.

Blendeneinsatz für V-Ausschnitte

Der Blendeneinsatz ist eine beliebte Abwandlung des V-Ausschnitts. Er hat keine Spitze, sondern einen geraden Abschluß, für den die mittleren acht Maschen abgekettet werden.
Nach dem Schließen der Schulternähte stricken Sie die Blendenmaschen wie beschrieben heraus. Achten Sie auch hierbei auf eine ungerade Maschenzahl, damit auf der Vorderseite neben den Randmaschen rechte Maschen liegen.
Am Anfang und Ende der Reihe noch eine zusätzliche Masche als Randmasche aufstricken.
Nach dem Abketten der Blende wird der Einsatz eingenäht. Bei einem Damenpullover liegt die rechte Blendenseite obenauf, bei einem Herrenpullover die linke.

Nähen Sie den Einsatz im Matratzenstich an, immer als erstes die obenauf liegende Seite. Erfassen Sie zwei Querfäden zwischen Randmasche...

...und erster rechter Masche der Blende und vom Pullover abwechselnd eine ganze und eine halbe Masche unterhalb der abgeketteten Reihe. Die rechte Masche liegt als Blendenabschluß obenauf.

Rollkragen

Rollkragen stellen in den meisten Fällen keine großen Anforderungen an die Strickerin.
Sie wählen eine runde Halsausschnittform, die bei klassischen Pullovern ein Drittel der Rückenbreite plus 3 cm beträgt. Der Kragen liegt eng am Hals an und wird entweder 1 Masche rechts, 1 Masche links oder 2 Maschen rechts, 2 Maschen links gestrickt.
Die Form dieses Rollkragens können Sie durch die Form Ihres Halsausschnitts verändern. Es gilt das gleiche wie bei Blenden: Je breiter ein Ausschnitt ist, desto flacher sollte er sein.

Rollkragen im Rhythmus 1 Masche rechts, 1 Masche links

Die Abbildung zeigt Ihnen einen klassischen Rollkragen (1 Masche rechts, 1 Masche links gestrickt). Die Maschen aus dem Halsausschnitt fassen Sie wie gewohnt auf: bei senkrechten und schrägen Rändern aus vier Reihen drei Maschen herausstricken. Die waagerecht liegenden Maschen im Vorder- und Rückenteil werden nicht abgekettet, sondern stillgelegt und beim Auffassen in der ersten Runde rechts abgestrickt.
Die Höhe eines Rollkragens beträgt ca. 20 cm. Achten Sie darauf, daß Sie lose abketten, damit der Kopf hindurchpaßt. Beim italienischen Abnähen entfällt das Problem des zu festen Abkettens.

Rollkragen mit Zunahmen gestrickt

Wenn Ihr Rollkragen nicht eng am Hals, sondern leger sitzen soll, dann müssen Sie Zunahmen einfügen.

Fassen Sie die Maschen aus dem Halsausschnitt wie schon beschrieben auf und stricken Sie je nach Weite Ihres Ausschnitts einige Runden 1 Masche rechts, 1 Masche links bis zum Halsansatz.
Dann nehmen Sie in einer Runde gleichmäßig verteilt zu. Stricken Sie fünf Maschen zwischen jeder Zunahme, damit Sie mit einer rechten Masche wieder mit dem Zunehmen beginnen können.

Sie müssen **Zweierzunahmen** einfügen, damit das Maschenbild erhalten bleibt.

Stricken Sie für das Zunehmen aus einer rechten Masche zwei Maschen heraus: eine rechte Masche aus dem vorderen, eine rechte Masche aus dem hinteren Glied. Die rechte Masche von der Nadel gleiten lassen. Sie haben jetzt eine rechte und eine zusätzliche linke Masche auf der rechten Nadel. Aus dem Querfaden zur nächsten linken Masche stricken Sie eine Masche rechts verschränkt heraus. Nun haben Sie zwei Maschen zugenommen, eine linke und eine rechte Masche. Deshalb heißt diese Art der Zunahme auch **Zweierzunahme.**

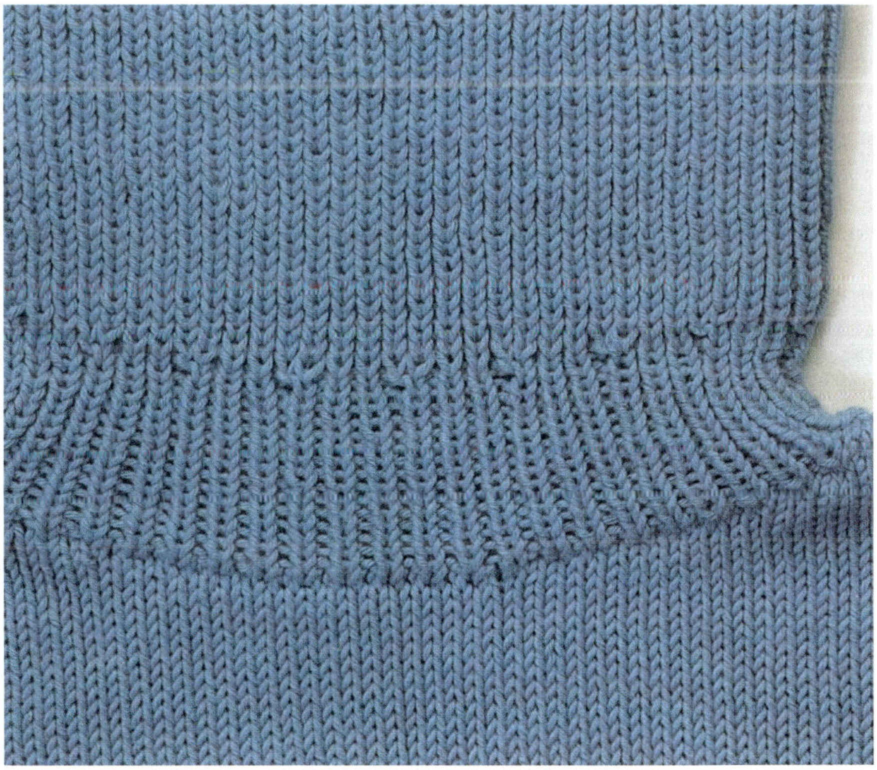

Rollkragen patentgestrickt

Soll Ihr Rollkragen besonders gut und voluminös sitzen, so können Sie im **Halbpatentmuster** stricken.

Fassen Sie die Maschen wie schon beschrieben aus dem Halsausschnitt auf. Ist Ihr Halsausschnitt sehr breit, dann stricken Sie bis zum Halsansatz 1 Masche rechts, 1 Masche links. Dann wird im Halbpatentmuster weitergearbeitet. Bei kleinen Halsausschnitten können Sie sofort mit dem Halbpatentmuster beginnen.

Stricken Sie immer abwechselnd eine Runde 1 Masche rechts, 1 Masche links und die nächste Runde im Vollpatentmuster. Dafür werden die rechten Maschen rechts abgestrickt und die linken Maschen mit Umschlag links abgehoben.

Das Halbpatent – auch **Perlfangmuster** genannt – unterscheidet sich vom Vollpatent dadurch, daß es auf beiden Seiten unterschiedlich aussieht. Wenn Sie den im Halbpatentmuster gestrickten Rollkragen umschlagen, sehen Sie das Vollpatentmuster auf der rechten Seite. Das italienische Abketten ist auch hierbei der schönste Abschluß.

Selbstverständlich können Sie diesen Rollkragen auch im **Vollpatent** arbeiten. Sie müssen dann abwechselnd in einer Runde die rechten Maschen von vorn eine Masche tiefer eingestochen rechts abstricken und in der nächsten Runde die linken Maschen von hinten eine Masche tiefer eingestochen links abstricken.

Rollkragen extra gestrickt

An diesem Modell stelle ich Ihnen eine weitere Möglichkeit vor, einen weichfallenden Rollkragen zu stricken. Er wird extra gestrickt und nach der Fertigstellung mit offenen Maschen auf den Halsausschnitt genäht.

Für diesen Rollkragen wurden 120 Maschen angeschlagen und abwechselnd vier Runden rechte Maschen und vier Runden linke Maschen gestrickt. Nach 20 cm wurden zwei Runden in einer abweichenden Farbe darübergestrickt. Wählen Sie zum Überstricken einen andersfarbigen Wollrest; möglichst keine glatte Baumwolle, da sich die Baumwollmaschen leicht auflösen. Sie würden Ihnen »davonlaufen«.

Ziehen Sie die Stricknadel heraus und stecken Sie den Rollkragen gleichmäßig verteilt auf den Halsausschnitt auf. Der andersfarbige Faden (hier gelb) wird Masche für Masche herausgelöst und die offenen Maschen des Rollkragens im Steppstich aufgenäht.

Rollkragen mit Keil

Abschließend stelle ich Ihnen einen Rollkragen vor, der glatt rechts gearbeitet wurde und für elegante Pullover gedacht ist.

Nach dem Herausstricken der Maschen aus dem Halsausschnitt A, stricken Sie zunächst einige Runden 1 Masche rechts, 1 Masche links bis zum Halsansatz.

Jetzt wenden Sie die Arbeit, stricken den Rollkragen von innen weiter. Dieses Wenden ist nötig, damit Sie den Kragen rechts stricken können. In der rückwärtigen Mitte wird ein Keil eingearbeitet, der dem Rollkragen die Weite gibt.

Lassen Sie vier Maschen in der rückwärtigen Mitte des Rollkragens stehen und nehmen Sie 9mal in jeder dritten Runde rechts und links dieser vier Maschen je eine Masche zu. Stricken Sie aus dem Querfaden zur nächsten Masche eine Masche rechts verschränkt heraus.
Nach Beendigung der Zunahmen, werden noch 20 Runden rechts gestrickt. Es folgen vier Runden links gestrickt und als Abschluß wird links abgekettet.

Jackenkragen

Bevor ich Ihnen erkläre, wie Sie gut sitzende Jackenkragen stricken, möchte ich Ihnen verdeutlichen, wie die Abnahmen für den Halsausschnitt beim Stricken Ihres Vorder- und Rückenteils verteilt werden.
Die klassische Halsausschnittbreite beträgt ein Drittel Ihrer Rückenbreite plus 3 cm, 7 cm tief sollte der vordere, 2 cm tief der hintere Halsausschnitt sein. Die Anzahl der abzunehmenden Maschen entnehmen Sie der Zeichnung auf Seite 88.
Nach dem Schließen der Schulternähte werden aus diesem Halsausschnitt die Maschen für den Kragen herausgestrickt.

Wichtig für den perfekten Sitz Ihres Kragens ist es, daß der äußere Rand weiter ist als der innere. Jeder genähte Kragen ist ein Beispiel dafür. Deshalb fügen Sie nach dem Herausstricken der Kragenmaschen in der zweiten oder dritten Reihe auf der linken Seite **Zweierzunahmen** in der Breite Ihres Kragens ein. Es werden immer zwei Maschen auf einmal zugenommen, um den Maschenrhythmus zu wahren. Stricken Sie aus einer rechten Masche zwei Maschen heraus: eine rechte Masche aus dem vorderen und eine rechte Masche aus dem hinteren Glied, und nehmen Sie danach aus dem Querfaden zur nächsten linken Masche eine Masche rechts verschränkt zu. **Es liegen immer fünf Maschen zwischen den einzelnen Zunahmen.** Die Zunahme wird mit einer rechten Masche begonnen.

Kragen

Damit der Kragen weiter nach vorn herumreicht, müssen Sie die Spitze durch Zunahmen verändern.
Lassen Sie an den vorderen Rändern vier Maschen (Randmasche, 1 Masche rechts, 1 Masche links, 1 Masche rechts) stehen und nehmen Sie nach beziehungsweise vor diesen vier gestrickten Maschen in jeder zweiten Reihe auf der Vorderseite eine Masche zu. Stricken Sie abwechselnd eine rechte oder eine linke Masche verschränkt heraus. Diese Zunahmen beliebig oft wiederholen. Sie können einige Reihen ohne Zunahmen darüberstricken, anschließend muß der Maschenrhythmus wiederhergestellt sein. Wenn Ihr Kragen die gewünschte Höhe erreicht hat, wird von der obenaufliegenden Seite abgekettet.

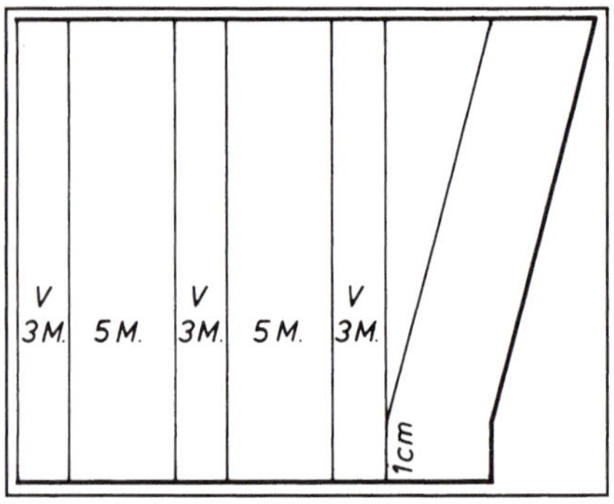

Die Zeichnung verdeutlicht Ihnen den Zunahmerhythmus und das Stricken der Spitze.

Annähen eines Kragens

Für den guten Sitz des Kragens ist nicht nur das exakte Stricken ausschlaggebend, sondern auch wie er angenäht wird.
Wichtig ist, daß der Kragen von beiden Seiten, also von der linken und rechten Seite versäubert ist. So können Sie ihn bei kühlem Wetter ohne Sorge auch einmal hochschlagen.

Dieser Kragen wurde mit einer zusätzlichen Spitze gestrickt.

1 Nach der auf Seite 88 abgebildeten Zeichnung wurde der Halsausschnitt für die Jacke gestrickt.

2 Der Kragen wurde separat gearbeitet. Er wird so angenäht, daß er von beiden Seiten versäubert ist.

3 Vor den Zweierzunahmen wird der Kragen 1 cm geradehochgestrickt. Ziehen Sie oberhalb dieses Zentimeters einen farbigen Faden quer durch den Kragen und stecken Sie ihn an dem Halsausschnitt fest.

4 In Höhe des farbigen Fadens wird der Kragen im Matratzenstich mit der rechten Seite des Halsausschnitts verbunden. Nach dem Annähen von der rechten Seite, den Orientierungsfaden herausziehen.

5 Von der Innenseite nähen Sie mit einem halben Faden den Kragen hohl gegen. Es darf von der rechten Seite nicht zu sehen sein.

6 Abschließend zeigen wir Ihnen auf dieser Abbildung den fertigen Jackenkragen von der Außenseite.

Schalkragen

Schalkragen mitgestrickt

V-ausschnittförmig verläuft die Schrägung dieser Jacke. Dieser Schalkragen wurde hochlaufend mitgestrickt. Neun Maschen sind für die Blende berechnet, die Sie zusammen mit den Bündchenmaschen anschlagen. Stricken Sie bis zum Beginn der V-förmigen Schrägung gerade hoch. Wählen Sie als Randmasche den Schweizer Rand.

Dann wird im Vorderteil für die Schrägung in jeder sechsten Reihe eine Masche abgenommen und gleichzeitig beginnen Sie, die Blende zum Schalkragen zu erweitern.
In der gleichen Reihe, in der Sie eine Masche im Vorderteil abnehmen, nehmen Sie an der Innenseite der Blende abwechselnd eine Masche rechts oder links verschränkt zu. Der Maschenrhythmus muß erhalten bleiben.
Gleichzeitig wird der Schalkragen am vorderen Rand verbreitert. Sie nehmen 6mal in jeder zweiten Reihe und 2mal in jeder vierten Reihe eine Masche links oder rechts verschränkt neben der Randmasche zu. **Diese Zunahmen werden auf der Vorderseite des Kragens ausgeführt.**

Nach dem Abketten der Schultermaschen erfolgt an der Innenseite des Kragens noch eine weitere Zunahme. Der innere Blendenrand wird später an die hintere Halsausschnittkante des Rückens angenäht.
Damit der Schalkragen außen weiter als innen wird, müssen Sie nach der letzten Zunahme verkürzte Reihen einarbeiten. Lassen Sie bis zur Kragenmitte 4mal ein Viertel der Kragenmaschen am inneren Rand stehen, stricken Sie jeweils drei Reihen darüber.
Ist Ihr Kragen bis zur rückwärtigen Mitte fertiggestrickt, ketten Sie die Maschen nicht ab, sondern legen Sie sie auf einem Maschenraffer still.

Jacke mit Schalkragen

Die hintere Naht im Kragen wurde im Maschenstich geschlossen.

Das rechte Vorderteil während des Strickens

Übergang zwischen Jacke und Kragen

Zum Zusammennähen des Kragens werden die nicht abgeketteten Maschen jedes Teils auf zwei Stricknadeln verteilt, die rechten Maschen auf einer, die linken Maschen auf einer zweiten Nadel. Legen Sie beide Kragenhälften mit jeweils zwei Stricknadeln gegeneinander. Zuerst die rechten Maschen der Vorderseite, nach dem Wenden die rechten Maschen der anderen Seite im Maschenstich miteinander verbinden.

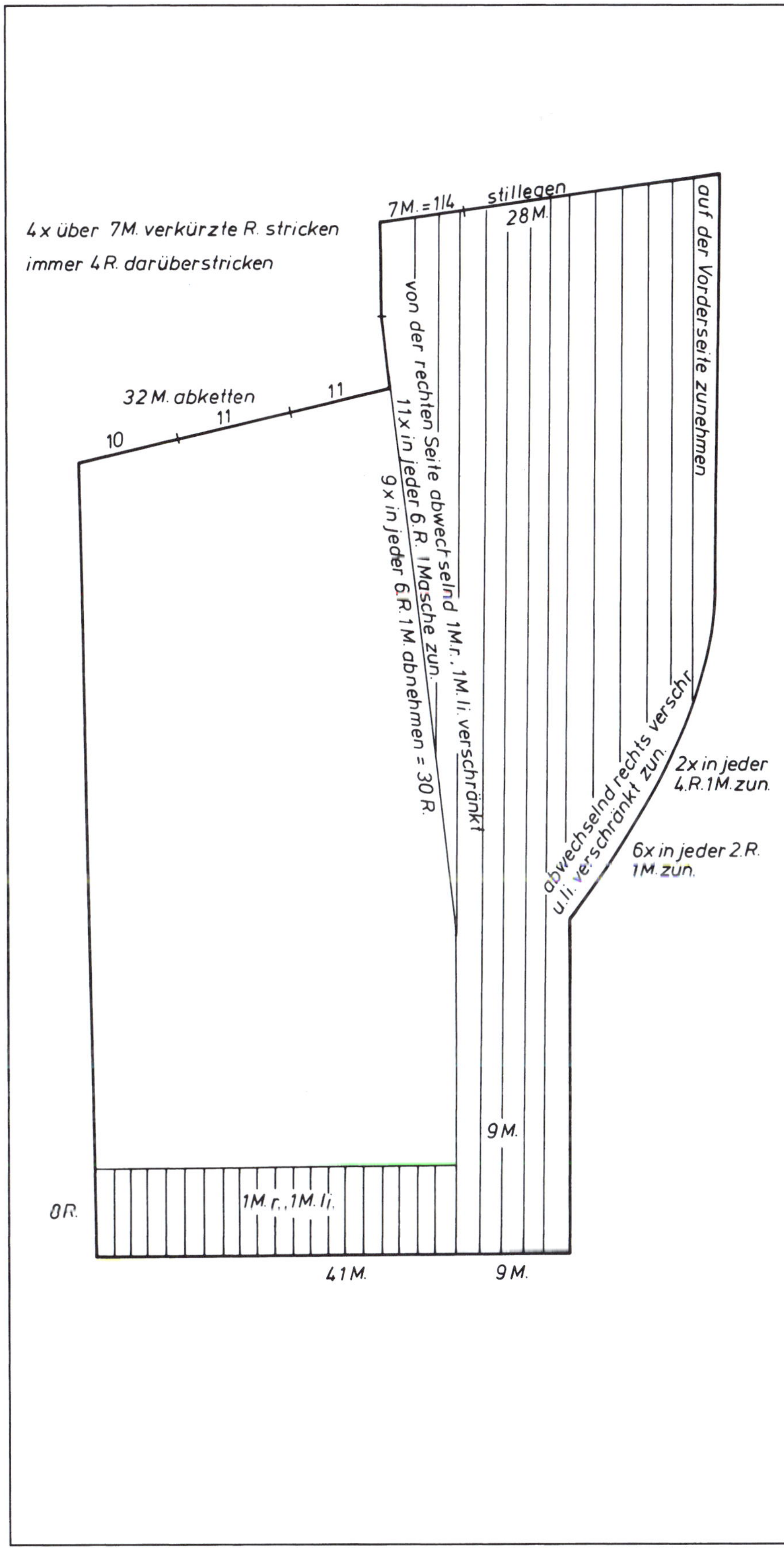

Schalkragen

Schalkragen querangestrickt

Diese Jacke wurde mit einem querangestrickten Schalkragen versehen. Bei klassischen Jacken beginnen Sie mit den Abnahmen 26 cm von der Schulter nach unten gemessen.
Ich habe in jeder sechsten Reihe die zweite und dritte Masche überzogen (links gerichtete Abnahmen) beziehungsweise die dritt- und vorletzte Masche rechts zusammengestrickt (rechts gerichtete Abnahmen). Die Halsausschnittbreite beträgt ein Drittel der Rückenbreite plus 3 cm.

Voraussetzung für den perfekten Sitz eines Schalkragens sind Zunahmen im Kragen in der Breite des rückwärtigen Halsausschnitts.
In der zweiten oder dritten Reihe werden diese Zunahmen auf der linken Seite ausgeführt. Es werden immer zwei Maschen auf einmal zugenommen, um den Maschenrhythmus zu wahren. Stricken Sie aus einer rechten Masche zwei Maschen heraus: eine rechte Masche aus dem vorderen und eine rechte Masche aus dem hinteren Glied, und nehmen Sie danach aus dem Querfaden zur nächsten linken Masche eine Masche rechts verschränkt zu. Nach fünf Maschen die Zunahmen wiederholen.

Sie beginnen mit dem Herausstricken der rückwärtigen Kragenmaschen, arbeiten in Reihen und stricken an jedem Vorderteil jeweils die Maschen bis zur nächsten Abnahme im Vorderteil heraus. Für den seitlichen Kragen und die Blende werden immer aus vier Reihen drei Maschen herausgestrickt. Sie müssen zwischen den Abnahmen abwechselnd 1mal fünf und 1mal vier Maschen auffassen. Dann wenden Sie und stricken zurück. Zum Schluß werden alle Maschen bis zum Bündchenanschlag herausgestrickt. Die Blende und den Kragen in beliebiger Breite arbeiten und von der linken Seite abketten.

Diesen Schalkragen können Sie auch hochgeschlagen tragen.

Die Maschen aus dem rechten Vorderteil mit einer Häkelnadel auffassen.

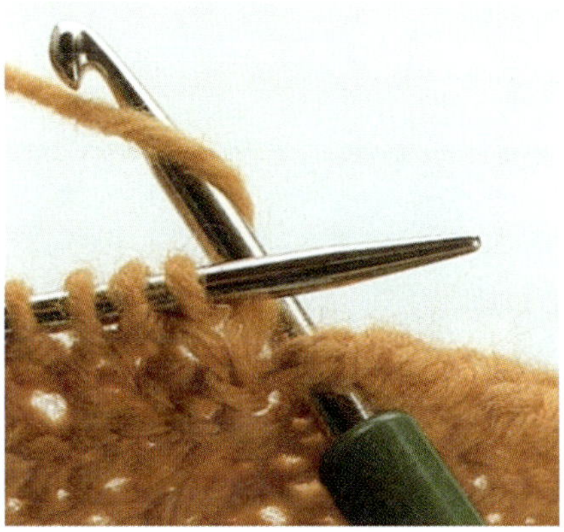

1 Die Maschen werden immer von der rechten Seite herausgestrickt. Stechen Sie von der rechten Seite mit einer Häkelnadel durch die ganze Randmasche, ...

2 ...holen Sie den Faden als Schlinge nach oben durch und...

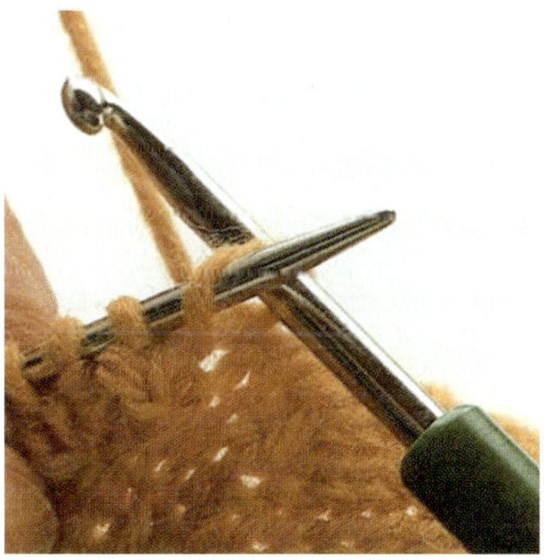

3 ...geben Sie die Schlinge von der Häkel- auf die Stricknadel.

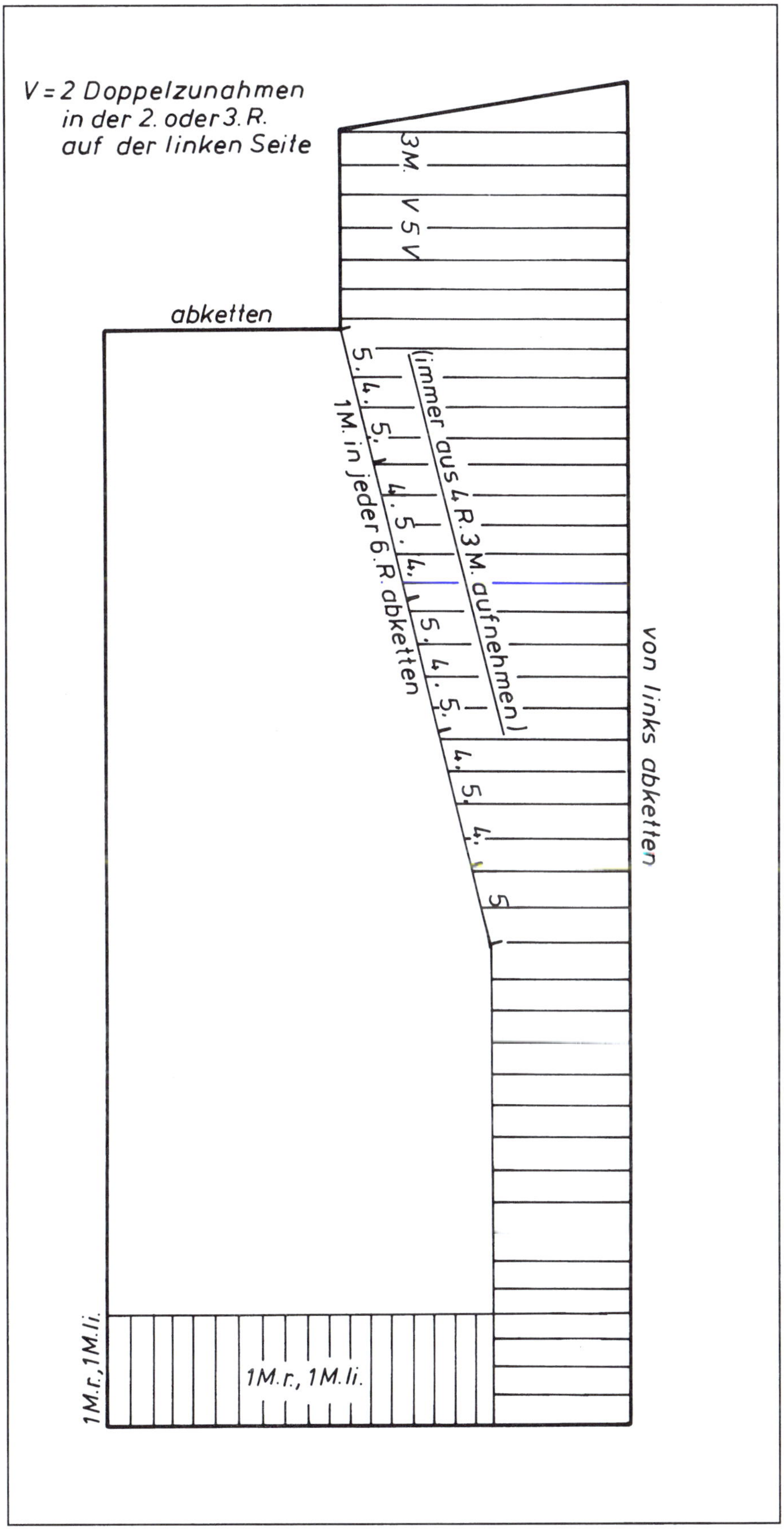

Polokragen

Polokragen angestrickt

Ich stelle Ihnen hier einen Pullover mit Poloausschnitt und Stehbörtchen vor. Unter Poloausschnitt oder Polokragen versteht man einen schlitzförmigen Ausschnitt, der ursprünglich für sportliche Hemden und Pullover Verwendung fand. Sein Ursprung steht in Zusammenhang mit dem Sport gleichen Namens, dem Polo-Spiel, einem Ballspiel, das mit Schlägern zu Pferde ausgetragen wird.

Sie stricken das Vorderteil bis zum Beginn der Ausschnittblende. Es wird immer die obere Blende zuerst gearbeitet, bei Damenpullovern die rechte, bei Herrenpullovern die linke Seite. Ich habe für die Blendenbreite die mittleren sechs Maschen gewählt. In der ersten Reihe der 1 Masche rechts, 1 Masche links gestrickten Blende, werden die Randmasche und die rechten Maschen aus den Maschen des Vorderteils gestrickt. **Die linken Maschen dazwischen werden aus dem Querfaden links verschränkt zugenommen.** Ohne diese zusätzlichen linken Maschen würde die Blende zu schmal werden.
Stricken Sie Blende und Vorderteil in beliebiger Höhe und ketten Sie die Blendenmaschen zu Beginn des Halsausschnitts ab.
Dann wird die linke Vorderseite, das heißt in diesem Fall die untere Blende, gegengleich gearbeitet, die Blendenmaschen werden von der linken Seite herausgestrickt.
Ich habe mich bei diesem Pullover für ein doppeltes Stehbörtchen entschieden, das wie der Pullover glatt rechts gestrickt und von außen mit offenen Maschen aufgenäht wurde.
Beginnen Sie mit dem Herausstrikken von Kragen oder Börtchen erst in der Mitte der Blende; mindestens vier Maschen bleiben stehen.

Polokragen sind nicht nur bei Kinderpullovern beliebt

1 Stricken Sie zuerst die Seite des Vorderteils, die oben aufliegt. Die Blende wird gleich mitgestrickt.

2 Nun die zweite Vorderseite mit der unteren Blende arbeiten. Die Blendenmaschen werden von der linken Seite herausgestrickt.

Polokragen querangestrickt

Auf dieser Seite zeige und beschreibe ich Ihnen einen Polokragen, dessen Blenden nach der Fertigstellung des Vorderteils querangestrickt werden. Den unteren Rand der Blende mit dem Vorderteil im Matratzenstich verbinden. Beachten Sie auch hier wieder, daß bei Damenpullovern die rechte Blende obenaufliegt.

Stricken Sie das Vorderteil bis zu Beginn des Poloausschnitts und ketten Sie die mittleren Maschen ab. Ich habe acht Maschen gewählt.

Polokragen mit quergestrickter Blende

1 Stricken Sie an jeder Seite die Maschen für die Blenden heraus, aus vier Reihen immer drei Maschen und schlagen Sie am unteren Ende eine zusätzliche Masche als Randmasche an.

2 Nähen Sie die Blenden im Matratzenstich an. Erfassen Sie 2 Querfäden zwischen Randmasche und erster rechter Masche der Blende und abwechselnd eine ganze und eine halbe Masche der Pullovermaschen.

3 Das Annähen der unteren Blende erfolgt unsichtbar von der linken Seite.

Reißverschlüsse in Jacken

Strickjacken, die anstelle von Knöpfen mit einem Reißverschluß geschlossen werden, sollten auch von der linken Seite ansehnlich sein. Der Reißverschluß wird unsichtbar eingenäht und ist von beiden Seiten abgedeckt. Achten Sie darauf, daß er in der Mitte frei liegt, damit vor allem langhaarige Wollen sich nicht in den Verschluß setzen.

Hier wurde der Reißverschluß in einer anderen Farbe eingesetzt, damit Sie deutlich die Verarbeitung sehen können. Wählen Sie für Ihre Strickjacke den Reißverschluß farblich passend zur Wolle.

Der Reißverschluß ist sowohl von der rechten Seite wie auch…

…von der linken Seite unsichtbar eingenäht.

1 Stricken Sie als Randmasche den Nahtrand. Sie sollten für jede Reihe eine Randmasche haben. Stricken Sie die erste Blende nur **aus der halben vorderen Randmasche,** aus vier Reihen drei Maschen.

2 Rückreihe links stricken, Hinreihe rechts stricken. In der dritten Reihe wird auf der Rückseite rechts abgekettet.

3 Wenden Sie die Arbeit und stricken Sie von der linken Seite aus dem hinteren halben Glied Ihrer Randmaschen die gleiche Anzahl von Maschen heraus. Rückreihe links und Hinreihe rechts stricken. Von der linken Seite rechts abketten.

4 Auf die gleiche Art stricken Sie aus dem gegenüberliegenden Vorderteil zwei schmale Blenden heraus. Sie müssen insgesamt vier Blenden arbeiten. Der Reißverschluß wird zwischen die Blenden gelegt und mit dem Steppstich neben der linken Masche unsichtbar eingenäht. Er ist von beiden Seiten abgedeckt.
Sie sehen noch einmal in einer Ausschnittvergrößerung den eingenähten Reißverschluß von der rechten Seite.

Reißverschluß im Rollkragenpullover

Ein typisches Beispiel, bei dem es nicht ohne Reißverschluß geht, sind die norddeutschen Seemannspullover, Troyer genannt. Sie müssen patentgestrickt sein und einen Rollkragen haben.
Es gibt sie original nur in einer einzigen Farbe: Marineblau.
Der sportliche Seemannspullover kann offen getragen werden oder bei steifem Nordwestwind auch geschlossen. In beiden Fällen sehen Sie die Innenseite des Rollkragens, an die der Reißverschluß angenäht wird.

Der Troyer wird offen oder geschlossen getragen.

1 Der Reißverschluß muß mit einer extra gestrickten Blende abgedeckt werden, damit er auch von der Innenseite versäubert ist.

2 Für die Blende schlagen Sie sechs Maschen an und arbeiten einen glatt rechts gestrickten Streifen, der so lang sein muß wie Ausschnitt und Reißverschluß.

Reißverschluß in Kinderpullovern

Besonders bei Kinderpullovern ist oft ein Reißverschluß angebracht, damit die Köpfe hindurchpassen. Dafür wird der Rücken in der Länge des Reißverschlusses geteilt, zu Beginn werden 2 Maschen abgekettet.

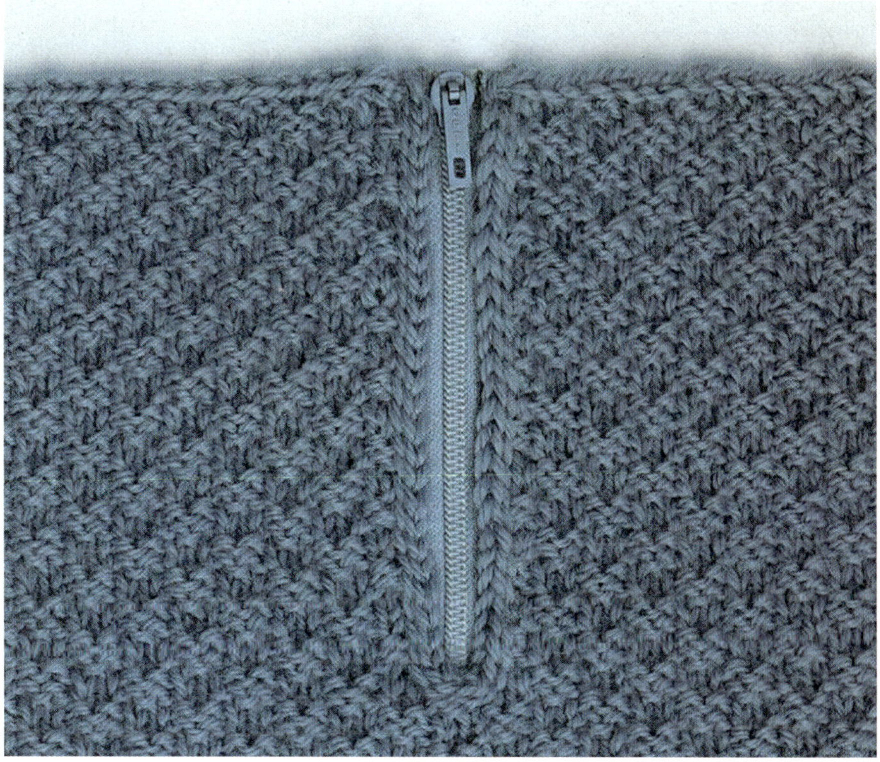

Der Reißverschluß wird im Rückenteil eingearbeitet.

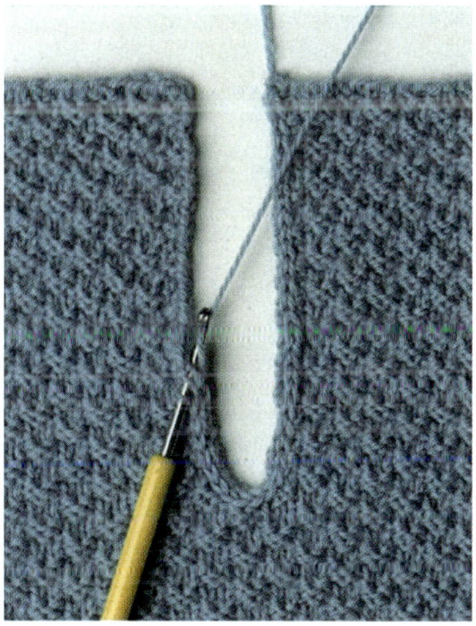

1 Damit die Ränder sauber sind, häkeln Sie Kettmaschen auf den Rand. Lassen Sie vor dem ersten Abhäkeln einen Faden hängen, der so lang ist, daß er für eine zweite Reihe Kettmaschen reicht. Sie ersparen sich so das Vernähen von zwei Fäden.

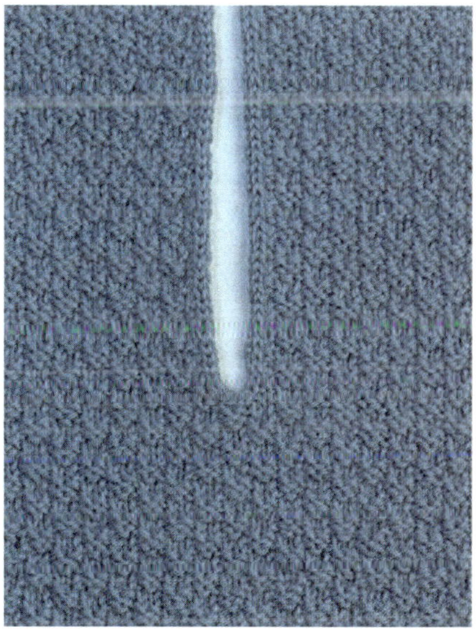

2 Die zweite Reihe Kettmaschen wird in die erste hineingehäkelt, damit die Ränder gleichmäßig und fest sind. Nun können Sie den Reißverschluß einnähen.

Knopflöcher

Es gibt verschiedene Möglichkeiten, Knopflöcher in Gestricktes einzuarbeiten. Vier Knopflöcher biete ich Ihnen an, die eines gemeinsam haben: **sie müssen nicht ausgenäht werden.** Probieren Sie einmal aus, welches Ihnen am besten gefällt oder welches sich am einfachsten arbeiten läßt.
Es wird sehr unterschiedlich gestrickt und genauso unterschiedlich fallen bei den einzelnen Strickerinnen die Knopflöcher aus.
Ich bin sicher, Sie werden Ihr Knopfloch auf diesen Seiten finden.

Knopfloch I

Ein Knopfloch stricken Sie normalerweise über drei Maschen. Selbstverständlich kann es je nach Größe der Knöpfe beliebig verkleinert oder vergrößert werden.
Dieses Knopfloch hat den Vorteil, daß Sie es innerhalb einer Reihe fertigstricken. Es klafft nur wenig auseinander.

1 Für die untere Kante des Knopfloches werden drei Maschen ohne zu stricken abgekettet. Der Strickfaden bleibt am Anfang des Knopfloches hängen. Lassen Sie zwei Maschen von der linken auf die rechte Nadel hinübergleiten und ziehen Sie die vorletzte Masche über die letzte. Auf die gleiche Art ketten Sie zwei weitere Maschen ab. Die einzelne Masche am Ende des Knopfloches lassen Sie von der rechten auf die linke Nadel zurückgleiten.

Bei Blenden, die 1 Masche rechts, 1 Masche links gestrickt werden, arbeiten Sie das Knopfloch immer über zwei rechte und eine linke Masche. Ziehen Sie eine rechte Masche über die nächste linke, diese über die nächste rechte, noch einmal die rechte über die darauffolgende linke Masche. So gearbeitet läuft die rechte Masche an der linken Seite des Knopfloches ununterbrochen geradehoch.

2 Mit dem Strickfaden am Anfang des Knopfloches werden so viele Maschen neu aufgeschlungen wie Sie vorher abgekettet haben, sie bilden die obere Kante des Knopfloches. Stricken Sie im Maschenrhythmus weiter und achten Sie darauf, daß Sie zwischen Knopfloch und der ersten Masche den Faden fest anziehen.
In der darauffolgenden Reihe werden die neuaufgeschlungenen Maschen je nach Muster abgestrickt.

Knopfloch II

Diese Knopflöcher werden, im Gegensatz zu den anderen Knopflöchern, erst ausgearbeitet, wenn die ganze Blende fertiggestellt ist.

1 Sie stricken anstelle des Knopfloches zunächst einen andersfarbigen Faden ein, mindestens über vier Maschen. Denken Sie daran, daß Sie diese vier Maschen 2mal stricken müssen: 1mal in einer abweichenden Farbe, dann lassen Sie die vier Maschen auf die linke Nadel zurückgleiten und stricken sie ein zweites Mal in der Grundfarbe und in dem entsprechenden Muster ab.

2 Nachdem das Vorderteil mit der Blende gestrickt wurde, beginnen Sie mit dem Ausarbeiten der Knopflöcher. Ziehen Sie zunächst den andersfarbigen Faden heraus. Nicht Masche für Masche lösen.

3 Legen Sie die unteren vier und die oberen drei Maschen jeweils auf eine Hilfsnadel.

4 Wählen Sie eine Häkelnadel mit kleinem Kopf und häkeln Sie die offenen Maschen ab, ohne einen Hilfsfaden zu benutzen. Damit das Knopfloch nicht zu klein oder zu fest wird, fassen Sie noch jeweils zwei Maschen zusätzlich an den Seiten auf. Zum Schluß wird die zuletzt abgehäkelte Masche mit der ersten verbunden. Dazu benötigen Sie eine stumpfe Sticknadel und einen Faden der Wolle, mit der Sie gestrickt haben.

Knopfloch III

1 An der Stelle, an der das Knopfloch eingearbeitet werden soll, machen Sie einen Umschlag und stricken die nächsten Maschen rechts zusammen. Bei Blenden nach dem Umschlag eine linke und eine rechte Masche rechts zusammenstricken.

2 In der Rückreihe dürfen Sie den Umschlag nicht verschränkt abstrikken sondern normal rechts. Es muß ein Loch entstehen.

3 An der fertigen Knopflochblende können Sie erkennen, wie unsichtbar diese Knopflöcher in die Blende eingebettet sind. Dieses Knopfloch ist am einfachsten zu arbeiten, jedoch bei weitem nicht das schlechteste.

Knopfloch IV

1 Ich beschreibe Ihnen wie ein senkrechtes Knopfloch gearbeitet wird. Teilen Sie die Arbeit in der Blendenmitte zwischen einer linken und rechten Masche und stricken Sie die rechte und linke Seite getrennt weiter.

2 Beginnen Sie mit der rechten Seite. Notieren Sie sich die Zahl der Reihen, die Sie für Ihr Knopfloch benötigen, schneiden Sie den Faden nach Fertigstellung der rechten Hälfte nicht ab.

3 Mit einem neuen Knäuel arbeiten Sie dann die linke Seite Ihres Knopfloches reihengleich hoch. Stricken Sie für die linke Seite eine zusätzliche linke Masche heraus, damit die rechten Maschen klar geradehochlaufen.

Schulterknopfleiste I

1 Sobald die Schulterhöhe des Rückenteils erreicht ist, stricken Sie zusätzlich acht Reihen 1 Masche rechts, 1 Masche links darüber, dann abketten. Auf diesem Leistenuntertritt werden die Knöpfe angenäht.

2 Das Vorderteil in Schulterhöhe abketten, acht Blendenreihen mit Knopflöchern stricken. Für das Knopfloch machen Sie einen Umschlag, stricken eine linke und eine rechte Masche zusammen. In der Rückreihe den Umschlag rechts abstricken.

3 Auch die Halsblende muß in gleicher Höhe mit einem Knopfloch versehen werden.
Knopflochleisten auf der Schulter sind vor allem bei Kinderpullovern angebracht.

Schulterknopfleiste II

1 Sie können die abgekettete Schulter auch mit abgehäkelten Knopflochösen versehen. Häkeln Sie nach dem Abketten eine Reihe Kettmaschen auf die letzte Reihe der Schultermaschen.

2 Bevor Sie anfangen, die erste Reihe Kettmaschen aufzuhäkeln, lassen Sie den Faden so lang hängen, daß Sie damit ein zweites Mal darüberhäkeln können. Sie sparen sich die Arbeit des Vernähens zweier Fäden.

3 Häkeln Sie in der gleichen Richtung von vorn ein zweites Mal darüber, stechen Sie in die Kettmasche ein und häkeln Sie erneut Kettmaschen, in die Ösen von jeweils drei Luftmaschen eingearbeitet werden.

Waagerechte Taschen

Verzichten Sie nicht auf Taschen, vor allem bei Strickjacken und Mänteln. Ich zeige Ihnen wie Taschen einfach und sicher zu arbeiten sind.

Die bekannteste Tasche ist die waagerechte Tasche, die in den meisten Fällen eingestrickt wird.

1 Während des Strickens der Vorderteile markieren Sie die spätere Eingriffstelle der Tasche. Stricken Sie in Taschenbreite einen andersfarbigen Faden ein. Diese Maschen einmal in der abweichenden Farbe stricken, zurückstecken und in der Grundfarbe ein zweites Mal stricken.

2 Berücksichtigen Sie die richtige Maschenzahl für die Taschenblende. Wenn Sie die Blende 1 Masche rechts, 1 Masche links anstricken wollen, müssen Sie eine ungerade Maschenzahl wählen, damit die erste und letzte Masche eine rechte Masche ist.

3 Nach Fertigstellung der Vorderteile werden die Taschen gearbeitet. Ziehen Sie dafür als erstes den andersfarbigen Faden heraus und legen Sie die offenen Maschen auf Hilfsnadeln oder Maschenraffer still. Oben zählen Sie immer eine Masche weniger als unten.

4 Stricken Sie den Taschenbeutel glatt rechts. Schlagen Sie in der ersten Reihe an jeder Seite zwei Maschen zusätzlich an, damit der Taschenbeutel nicht zu schmal wird. Nach dem Abketten mit geteiltem Faden auf der linken Seite unsichtbar annähen.

5 Geben Sie die unteren stillgelegten Maschen auf eine Stricknadel, um die Taschenblende zu arbeiten. Stricken Sie am Anfang und am Ende der ersten Reihe eine zusätzliche Masche auf. Sie bilden so die zusätzlichen Randmaschen.

6 Stricken Sie die Taschenblende hoch, ketten Sie sie ab. Mit dem Strickfaden zuerst die linke Seite der Taschenblende im Matratzenstich annähen. Bestimmen Sie die Reihe, in der angenäht wird und erfassen Sie mit der Sticknadel zwei Querfäden des Vorderteils und ziehen Sie den Faden hindurch.

7 Stechen Sie dann von oben zwischen Randmasche und erster Masche in die Blende und nehmen Sie wiederum zwei Querfäden auf die Nadel.

8 So werden abwechselnd zwei Querfäden des Vorderteils und zwei Fäden der Taschenblende erfaßt. Die Teile bis zum unteren Ende der Blende verbinden. Faden strammziehen und ihn auf der linken Seite vernähen. Die rechte Blendenseite gegengleich annähen.

9 Hier sehen Sie die fertig angenähte Blende, die Sie in unserem auf S. 175 beschriebenen Jackenmodell wiederfinden.

Schräge Taschen

Je nach Schnitt Ihrer Strickjacke bietet es sich manchmal an, eine schräge Tasche zu arbeiten.
So sieht die fertige Tasche aus, die nicht unbedingt mit einer Blende versehen werden muß.

Auch die Taschenblende wurde italienisch abgekettet.

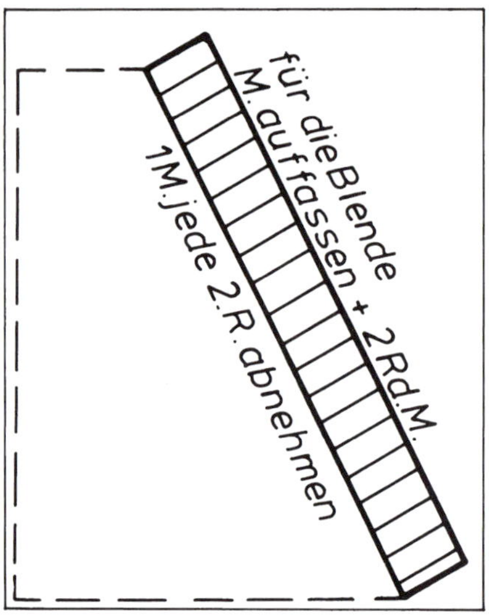

Diese Zeichnung soll Ihnen das Stricken einer schrägen Tasche erleichtern. Die Maschenzahlen des Vorderteils und der Tasche können beliebig verändert werden.

1 Stricken Sie das Bündchen und das Vorderteil bis zu Beginn Ihrer Taschenschrägung. Die Maschen zwischen Taschenbeginn und Seitennaht werden stillgelegt.

2 Zuerst arbeiten Sie die Taschenschrägung im Vorderteil. Nehmen Sie für die Schrägung in jeder zweiten Reihe eine Masche ab. Entweder werden Randmasche und erste Masche oder zweite und dritte Masche überzogen beziehungsweise rechts zusammengestrickt.

3 Die zu Beginn der Tasche stillgelegten Maschen nehmen Sie auf eine Stricknadel und stricken die Maschen für den Taschenbeutel zusätzlich auf oder aus der linken Seite Ihres Vorderteils heraus. Stricken Sie die gleiche Reihenzahl bis zum Ende der Taschenschrägung.

4 Ich habe für diese gestrickte Tasche die Maschenzahlen der Zeichnung übernommen. Sechs Maschen des Taschenbeutels und des Vorderteils müssen zusammengestrickt werden, damit die Gesamtzahl der angeschlagenen Maschen wieder auf der Nadel liegt.

Senkrechte Taschen

Zu den eingearbeiteten Taschen gehört auch die senkrechte Tasche. Sie ist sehr einfach zu arbeiten, da die Arbeit für den Tascheneingriff geteilt und reihengerade hoch gestrickt wird.

Für die Blende aus vier Maschen drei Maschen herausstricken. Schlagen Sie an beiden Seiten eine zusätzliche Randmasche an.

1 Zu Beginn des senkrechten Tascheneingriffs teilen Sie die Arbeit und stricken die beiden Seiten getrennt hoch.

2 Sobald die gewünschte Taschenhöhe erreicht ist, nehmen Sie die Maschen beider Teile wieder auf eine Nadel und arbeiten das Strickstück fertig.
Zuerst wird der Taschenbeutel angestrickt. Stricken Sie aus der Vorderseite des Schlitzes, die zur Seitennaht hin liegt, die Maschen heraus.

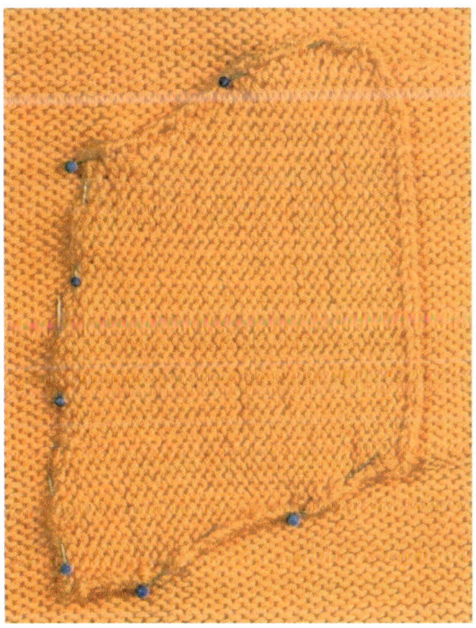

3 Stricken Sie ca. 10 Reihen glatt rechts geradehoch, lassen Sie dann die Taschenränder schräg nach unten verlaufen; dafür in jeder zweiten Reihe neben den Randmaschen auf der einen Seite 1 Masche zu – und gleichzeitig auf der anderen 1 Masche abnehmen.

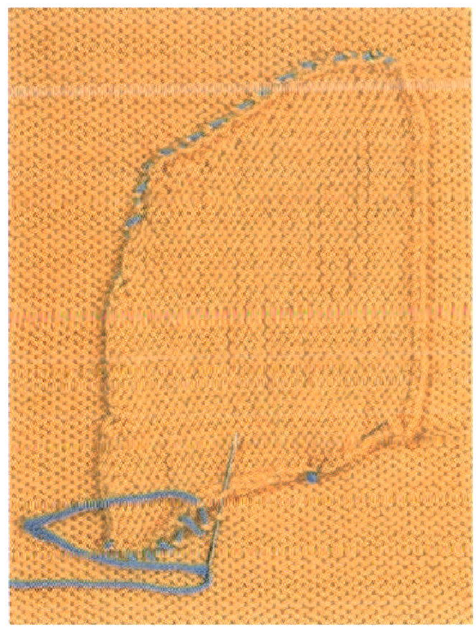

4 Nähen Sie den Taschenbeutel mit einem geteilten Strickfaden auf der linken Seite hohl an. Ziehen Sie den Faden nicht zu fest, damit die Stiche auf der rechten Seite unsichtbar sind. Als letztes wird die Blende herausgestrickt und seitlich im Matratzenstich angenäht.

Ärmel

Ärmelformen

Für alle, die keine überschnittenen, gerade angesetzten Ärmel tragen können, stelle ich drei Möglichkeiten vor, die Schulternaht auf die Schulter zu verlegen.

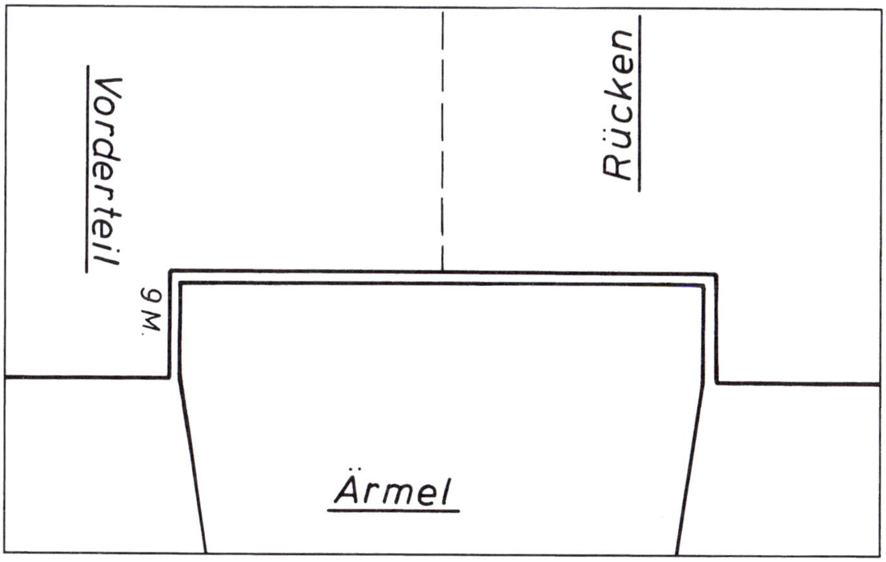

Ärmelform I

Stricken Sie das Vorderteil nicht geradehoch, sondern ketten Sie eine Anzahl von Maschen zu Beginn des Armausschnitts gerade ab. Ich habe neun Maschen abgekettet. Sie können auch weniger oder mehr nehmen. Der Ärmel muß in der gleichen Breite des Armausschnitts am oberen Ende geradehochgestrickt werden. Zeichnung und Foto machen es Ihnen deutlich.

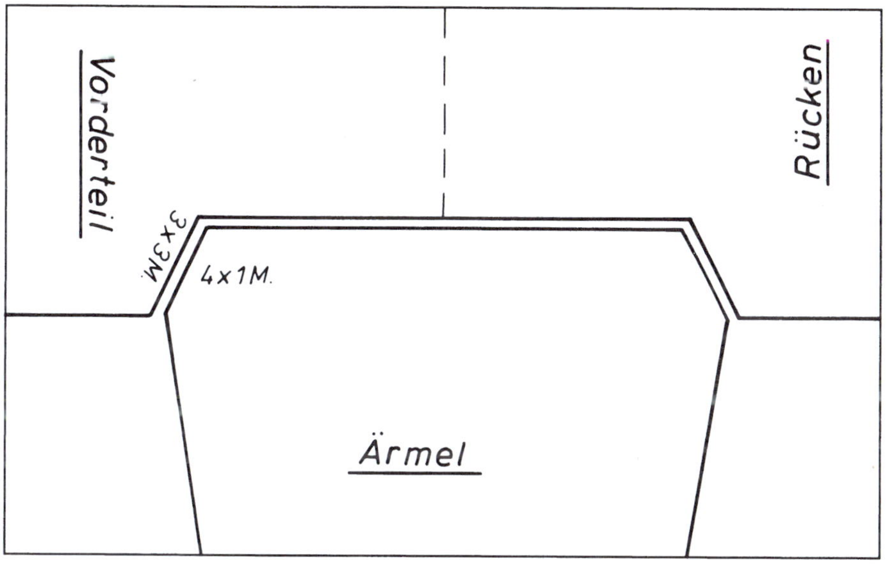

Ärmelform II

Besser sitzen diese Ärmel, wenn Sie am Armausschnitt nicht alle Maschen auf einmal abketten, sondern die Maschenzahl dritteln. Bei unserem Beispiel werden 3mal drei Maschen abgekettet. Der Ärmel wird gegengleich gestrickt. Ärmel und Armausschnitt müssen ineinanderpassen.

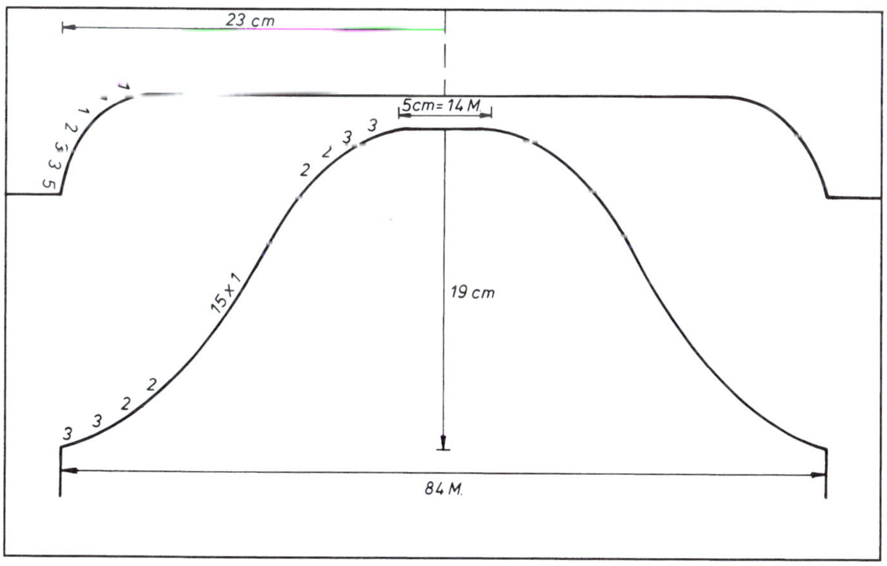

Ärmelform III

Auf dieser Abbildung stelle ich Ihnen eine klassische Armkugel mit dem dazugehörigen Armausschnitt vor. Die Armkugel muß immer 4 bis 5 cm kürzer als der Armausschnitt sein. Die letzten 5 cm der oberen Armkugel werden gerade abgekettet. Ich habe Ihnen einmal eine solche Armkugel mit Armausschnitt ausgerechnet, damit Sie wissen, wie die abzunehmenden Maschen verteilt werden.

Ärmel einsetzen

Der beschriebene Ärmel wurde mit Armkugel gestrickt und eingenäht, damit Sie sich von dem korrekten Sitz überzeugen können.

1 Nach dem Schließen der Schulternaht wird der Ärmel eingesetzt. Legen Sie beide Teile rechts auf rechts.

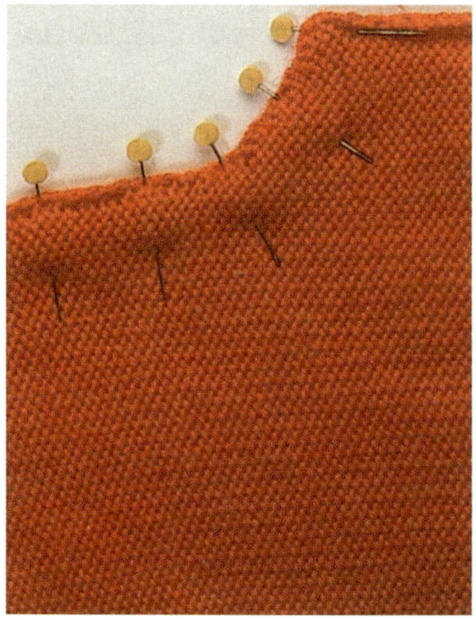

2 Stecken Sie die Teile vor dem Zusammennähen mit Spannadeln zusammen. Sie vermeiden so, daß Ihnen die Teile während des Nähens verrutschen.

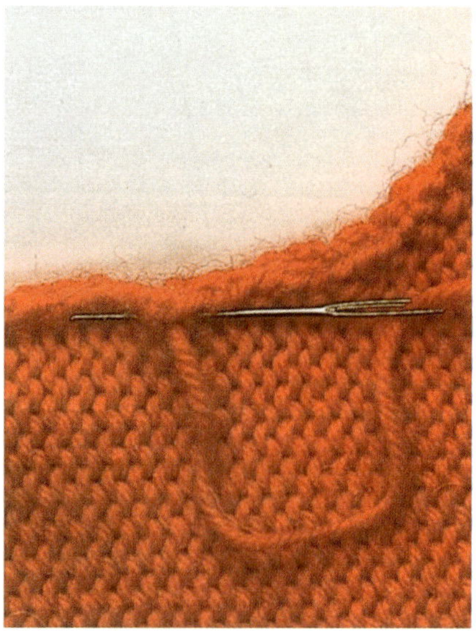

3 Damit die Naht im Rücken- und Vorderteil reihengerade verläuft, sollte beim Nähen immer das Rücken- oder Vorderteil obenauf und die Ärmelseite unten liegen.

4 Im Steppstich werden beide Teile miteinander verbunden.

Ärmel von oben gestrickt

Vor allem für Kinderpullover zu empfehlen sind Ärmel, die von oben gestrickt werden. Sie haben eine gut sitzende Armkugel und können später leicht verlängert werden.

Die Armkugel wird mit verkürzten Reihen gearbeitet (Seite 61).
Messen Sie die Oberarmweite 2 cm unterhalb der Achsel. Geben Sie bei Kindern 4, bei Erwachsenen 8 cm hinzu und berechnen Sie die Maschenzahl.
Schlagen Sie die errechneten Maschen an und stricken Sie die erste Reihe bis zur Mitte plus 2,5 cm.
Wenden, einen festen Umschlag machen und auf der Vorderseite über 5 cm zurückstricken.
Sie stricken nun immer über die Mitte und nehmen seitlich je eine Masche aus dem Anschlag hinzu.
Nach der zweiten Reihe wiederum wenden, 1 Umschlag machen und bis zum Umschlag der Vorreihe darüberstricken. Umschlag und die darauffolgende Masche wie sie erscheint zusammenstricken, wenden, 1 Umschlag machen und zurückstricken.
So erfassen Sie mit jeder Reihe eine neue Masche. Wenn Ihre Maschen auf beiden Seiten aufgebraucht sind, ist die Armkugel fertig und Sie können den Arm in beliebiger Länge weiterstricken.

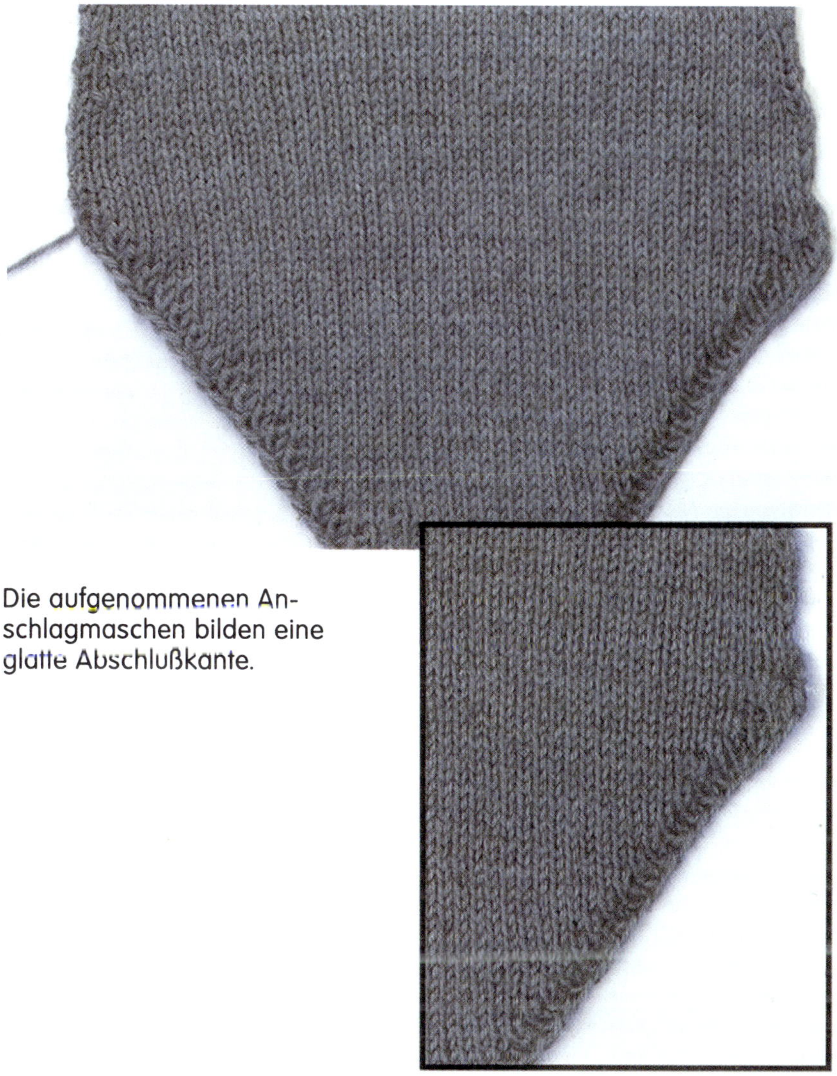

Die aufgenommenen Anschlagmaschen bilden eine glatte Abschlußkante.

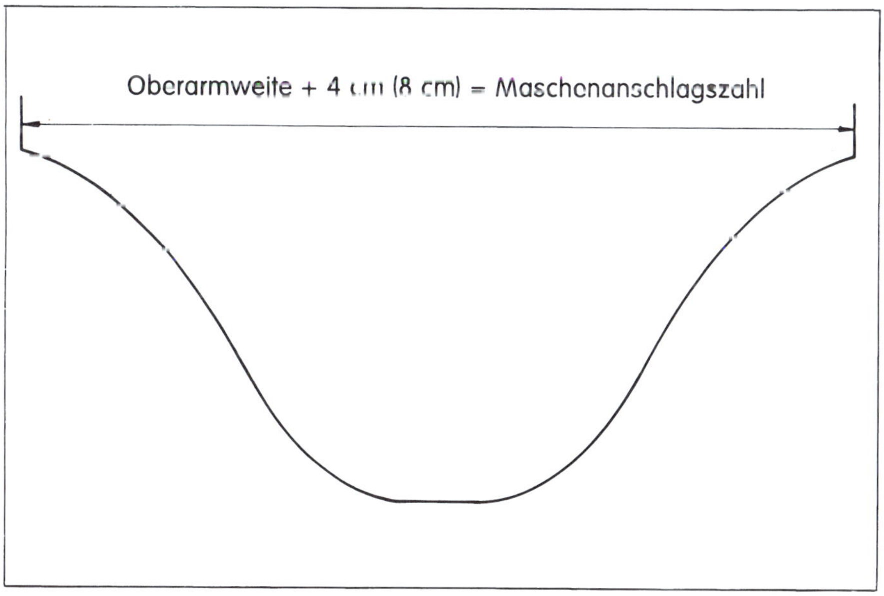

Norwegerjacke aufgeschnitten

Norweger, jede Strickerin kennt sie, die Pullover und Jacken mit großen oder kleinen andersfarbigen Einstrickmustern. Wer sich schon einmal daran versucht hat, weiß, daß sie von der rechten Seite, mit auf der Rückseite entlanglaufenden Fäden leichter zu arbeiten sind, als von der linken Seite. Die Norwegerinnen wissen es seit langem. Sie stricken alle Pullover und Jacken mit Rundpassen in Runden und schneiden sie später auf.
Bei Jacken und Pullovern mit geradem Muster werden später in den Seiten auch die Maschen und Reihen für die Ärmel abgesteppt und aufgeschnitten. Vier Maschen bleiben in der Mitte liegen. Nach dem Aufschneiden werden die Ärmel von oben in Runden eingestrickt.
Möchten Sie es auch einmal versuchen? Ich beschreibe es Ihnen anhand einer Jacke Schritt für Schritt.

So sieht die fertige Jacke von vorn aus. Sie können entweder Knopflöcher einstricken und Knöpfe annähen oder aber einen Reißverschluß einsetzen.

1 Schlagen Sie die gesamte Anzahl der Bündchen- und Blendenmaschen, rundum berechnet, auf und stricken Sie zunächst in Reihen, bis Ihr Bündchen die gewünschte Höhe erreicht hat. **Legen Sie die neun Blendenmaschen jeder Seite auf Maschenraffern still.**

2 Schlagen Sie am Ende der letzten Bündchenreihe eine Masche zusätzlich auf und schließen Sie dann zur Runde. **Nun wird in Runden geradehochgestrickt, die zugenommene Masche muß immer links gearbeitet werden.** Stricken Sie bis zum Halsausschnitt, jetzt die Arbeit teilen.

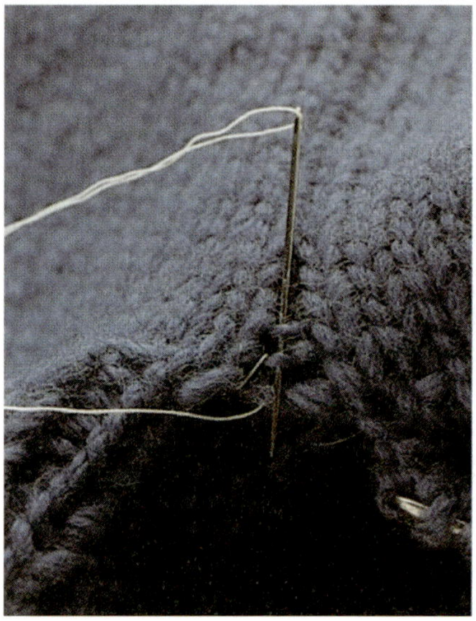

3 Vor dem Aufschneiden wird sehr sorgfältig rechts und links der zusätzlich gestrickten linken Masche mit dem Steppstich abgenäht. **Stechen Sie beim Abnähen durch die Fäden hindurch.** Jede Seite wird getrennt abgesteppt.

4 Nach dem Absteppen wird aufgeschnitten. Wenden Sie Ihr Strickstück und schneiden Sie es in der Mitte der zusätzlich gestrickten Masche auf. Es ist auf der linken Seite die rechte Masche.

5 Die Jacke nach dem Aufschneiden von der linken Seite.

6 Sie sehen die aufgeschnittene Jacke von der rechten Seite. Deutlich sind die kurzen Fadenenden zu erkennen, die durch das Aufschneiden entstehen.
Ich zeige Ihnen, welche patente Blendenlösung die Norwegerinnen haben.

7 Nehmen Sie die stillgelegten Blendenmaschen auf eine Stricknadel und schlagen Sie zusätzlich fünf Maschen auf. Sie können diese fünf Maschen auch von der linken Seite aus dem Strickstück herausstricken. Die Blendenmaschen werden weiterhin 1 Masche rechts, 1 Masche links gearbeitet.

8 Die fünf aufgenommenen Maschen werden auf der einen Vorderseite glatt rechts gearbeitet, auf der anderen glatt links, …

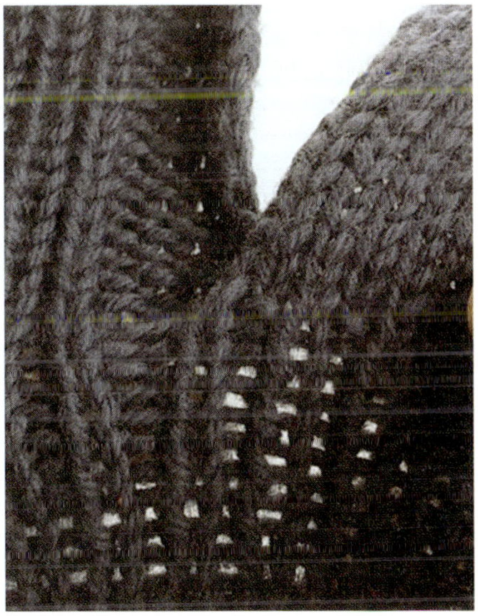

9 … wobei die rechten Maschen nach dem Annähen auf der Innenseite der Jacke obenauf liegen.
Blende und Vorderteil der Jacke werden im Matratzenstich miteinander verbunden.

10 Sie sehen die fertige Blende von der linken Seite. Der glatt rechts gestrickte Streifen wird mit einem halben Strickfaden hohl, das bedeutet von der rechten Seite unsichtbar, angenäht.

Pullover von oben gestrickt

Immer wieder wird nach Anleitungen für Pullover gefragt, die von oben mit Raglan-Ärmeln gestrickt werden.
Es werden drei Kinderpullover mit unterschiedlichen Halsausschnitten auf diese Art für Sie gestrickt. Eines haben alle drei Pullover gemeinsam: Sie werden spätestens nach Fertigstellung des Ausschnitts in Runden glatt rechts gestrickt. An den in unseren Zeichnungen mit einem Kreuz versehenen Stellen wird immer eine Masche in jeder zweiten Reihe oder Runde zugenommen, das sind jeweils acht Maschen.
Wenn Sie genügend Maschen für den Halsausschnitt nicht zu fest anschlagen, können Sie nach diesen Mustern Pullover in jeder Größe arbeiten. **Wichtig für die unterschiedlichen Größen sind nicht nur Weite und Länge des Pullovers, sondern auch die Länge der Raglanschrägung.**

Sobald Sie diese Länge erreicht haben, werden die Maschen geteilt. Rumpf und Ärmel werden getrennt, aber in Runden fertiggestellt.
Die Vorderteile bei diesen von oben gestrickten Pullovern dürfen bis zu sechs Maschen mehr aufweisen als die Rückenteile. Dies ist vor allem bei Damenpullovern wichtig.
Zu Beginn des Bündchens wurden bei allen drei Pullovern die vierte und fünfte Masche zusammengestrickt.

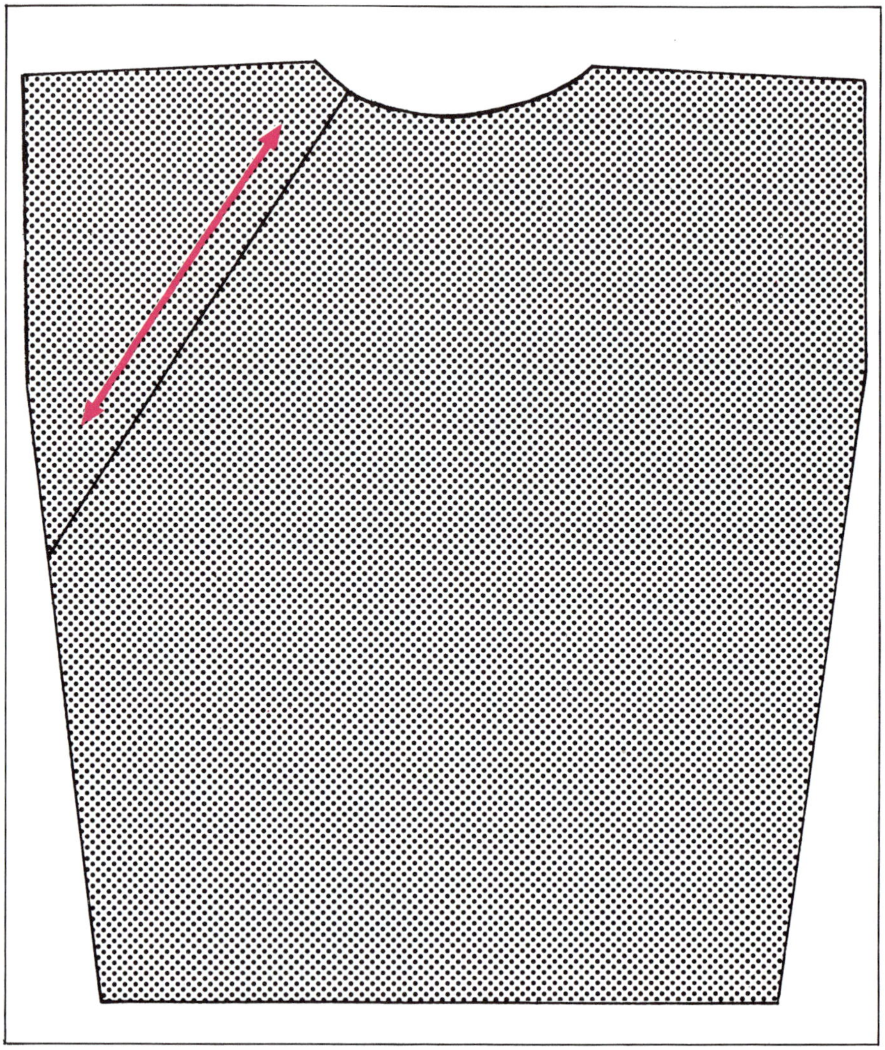

Raglanschrägung im Vorder- und Rückenteil.

Die Längen der Raglanschrägung (in cm) entsprechend den Konfektionsgrößen

DAMEN				36	38	40	42	44	46	48	50	52
Raglanschrägung				23+4	23+4	24+4	24+4	25+4	25+4	26+4	27+4	27+4
HERREN				44	46	48	50	52	54	56	58	60
Raglanschrägung				24+4	24+4	25+4	25+4	26+4	26+4	27+4	27+4	27+4
KINDER Jahre	–1	1	2	3	4	5	6	7	8	9	10	11	12
Größe	80	86	92	98	104	110	116	122	128	134	140	146	152
Raglanschrägung	13	14	14	15	15	16	17	18	19	20	21	22	23

Raglanpullover mit rundem Halsausschnitt

Zeichnung und Foto des grünen Pullovers zeigen Ihnen die einfachste Art, einen Pullover von oben zu stricken. Sie schlagen die Halsausschnittmaschen, rundum berechnet, an und schließen sofort zur Runde. Die Maschenzahlen können Sie der Zeichnung entnehmen.
Die angeschlagene Maschenzahl wird hierbei gedrittelt (ein Drittel für das Vorderteil, ein Drittel für das Rükkenteil und das letzte Drittel je zur Hälfte für die Schultern), wobei die Maschen für die Raglanschrägungen von den Schultermaschen abgezogen werden.

Raglanschrägung und Ärmel

Beginn des Pullovers

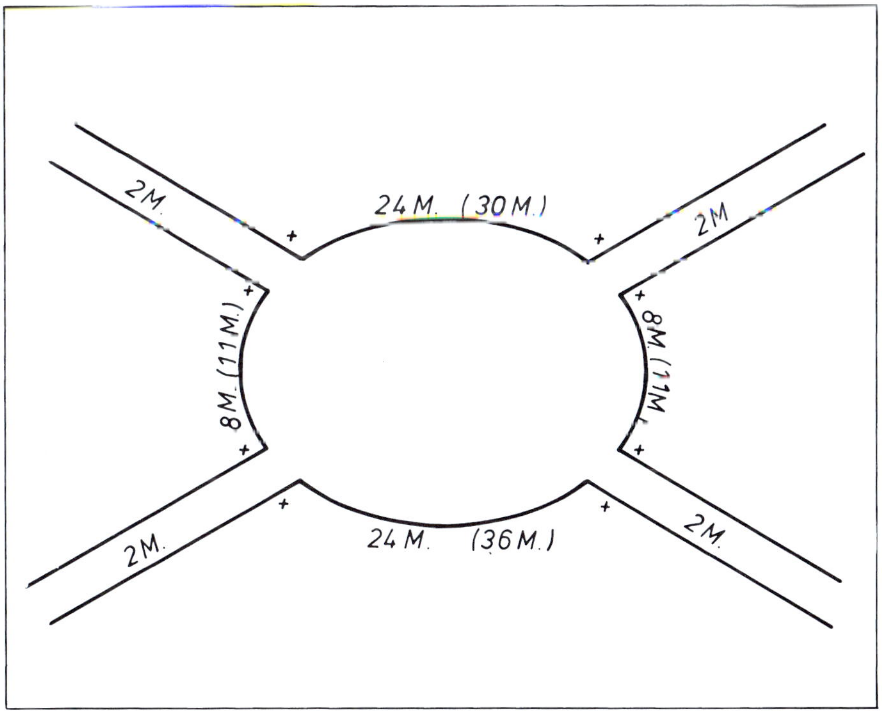

Die Zahlen in Klammern gelten für Damenpullover in mittelstarker Wolle.

Pullover mit tieferem vorderen Halsausschnitt

Bei jedem gut sitzenden Pullover ist der Halsausschnitt vorn tiefer als hinten. Es wurde die gleiche Maschenzahl, jedoch zunächst nur die Maschen für Rückenteil, Schultern und je eine Masche neben den vorderen Raglannähten angeschlagen (= 50 Maschen).
Da ich in die Raglannähte einen Zopf über vier Maschen eingestrickt habe, bleiben nur vier Maschen für die Schultern übrig.
Sie stricken zunächst in Reihen den Halsausschnitt. Sie nehmen zusätzlich zu den Zunahmen neben den Raglanschrägungen in jeder zweiten Reihe vorn eine Masche zu, als Abschluß vier Maschen auf einmal. Dann wird in Runden weitergestrickt.

Raglanschrägung mit Zopf

Vertiefter vorderer Halsausschnitt…

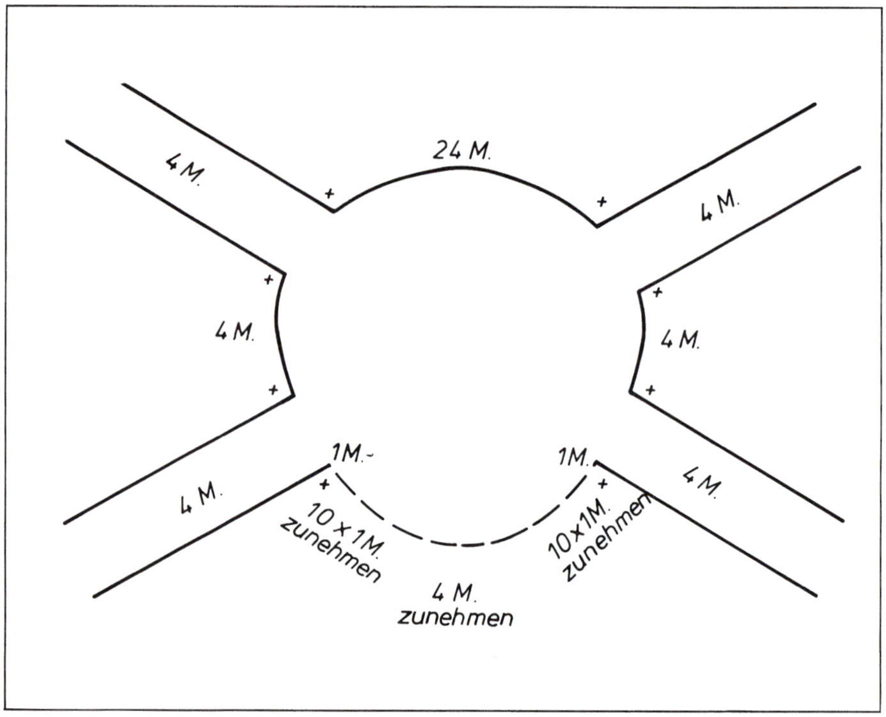

…ist auch in der Zeichnung deutlich zu erkennen.

Pullover mit V-Ausschnitt

Für den dritten Pullover in gleicher Größe habe ich die Zahl der angeschlagenen Maschen wegen des eingestrickten V-Ausschnitts verändert. Für diesen Ausschnitt wird in jeder vierten Reihe an beiden Seiten je eine Masche zugenommen. Die Maschen neben den Raglanschrägungen wurden rechts heraus gestrickt. Sie wurden nicht verschränkt aus den Querfäden zugenommen. Es entstehen dadurch auf beiden Seiten der Schrägung kleine Löcher.

Zunahmen aus den Querfäden ergeben...

...an der Schrägung kleine Löcher.

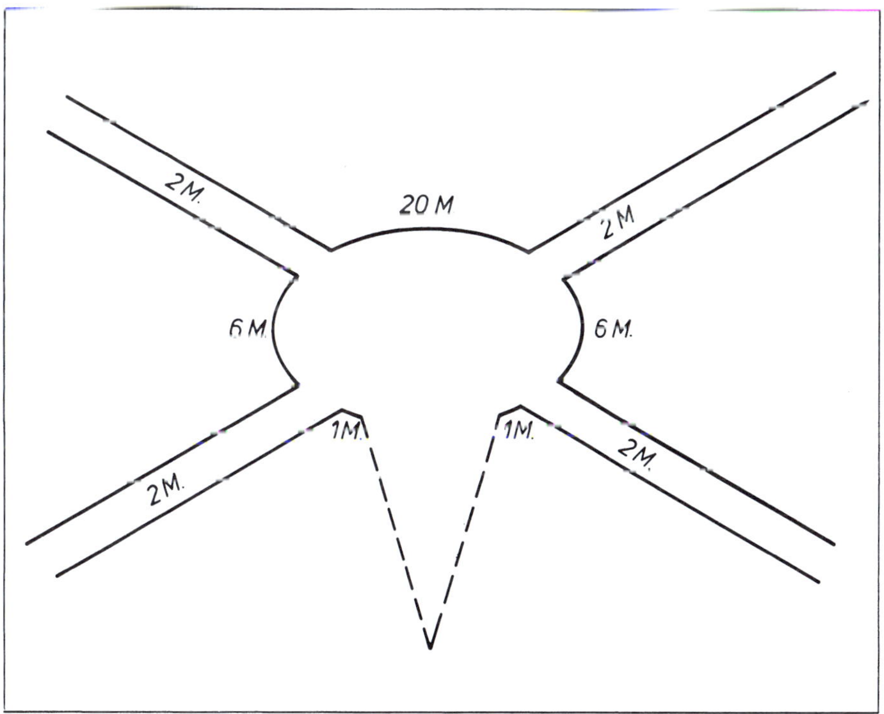

Für den V-Ausschnitt 10mal in jeder vierten Reihe 1 Masche zunehmen.

Fausthandschuhe

Aus dicker, wasserabstoßender Sportwolle wurden für Sie ein paar Fausthandschuhe gestrickt, die leicht nachzuarbeiten sind. Wichtig bei Handschuhen ist der seitlich in die Handfläche verschobene Keil für den Daumen.

1 Schlagen Sie 40 Maschen mit Nadeln der Stärke 3,5 an. Ich habe den italienischen Anschlag gewählt. Stricken Sie Ihr Bündchen 1 Masche rechts, 1 Masche links beliebig hoch. Nachdem das Bündchen fertig ist, werden 2 cm glatt rechts in Runden gestrickt bis zum Beginn des Daumenkeils.

Wenn Sie vorhaben, Zopfmuster in das Oberteil Ihrer Handschuhe zu stricken, dann nehmen Sie in der ersten Runde im Oberteil gleichmäßig verteilt 4 Maschen zu, die nach Beendigung des Zopfmusters wieder abgenommen werden.

2 Dann beginnen Sie mit dem **Daumenkeil**. Bei Handschuhen hängt der Anschlagfaden an der Seite. Der Keil des ersten Handschuhs wird am Anfang der ersten Nadel gestrickt, beim zweiten Handschuh wird gegengleich gearbeitet, der Keil wird am Ende der zweiten Nadel eingearbeitet.

Stricken Sie von der ersten Nadel 2 Maschen rechts ab (bei dünnerem Garn 3 Maschen), nehmen Sie 1 rechte Masche verschränkt aus dem Querfaden zu, 1 Masche rechts, 1 Masche rechts verschränkt zunehmen und die Runde beenden.

Es wird in jeder zweiten Runde zugenommen, jeweils am Anfang und am Ende des Keils. Die Maschen innerhalb des Keils vermehren sich, die Maschen vor und hinter dem Keil bleiben unverändert. Der Keil ist fertig, sobald ein Drittel der zu Beginn angeschlagenen Maschen (40 : 3 = 13 Maschen) innerhalb des Keils auf der Nadel liegen. Eine Runde darüberstricken und die Keilmaschen auf einem Hilfsfaden stillegen.

3 In der nächsten Runde werden 5 Maschen für den **Zwickel** an der Stelle der stillgelegten Keilmaschen angeschlagen.

Wenn Sie einen andersfarbigen Faden für den unteren Rand des Anschlags verwenden, können Sie ihn später herauslösen. Sie haben anstelle einer Naht offene Maschen für den inneren Daumen. Auf der ersten Nadel haben Sie jetzt 14 Maschen.

Für den Zwickel wird in jeder zweiten Runde abgenommen:

2 Maschen rechts stricken, 1 Masche rechts abheben, 1 Masche rechts stricken, die abgehobene Masche über die gestrickte ziehen, 1 Masche rechts, 2 Maschen rechts zusammenstricken, und die Runde beenden

In der übernächsten Runde wird aus 3 Zwickelmaschen 1 Masche gemacht: 1 Masche rechts abheben, 2 Maschen rechts zusammenstrikken, die abgehobene Masche über die zusammengestrickte ziehen. Jetzt sind wieder 10 Maschen auf der Nadel.

4 Stricken Sie über 40 Maschen in Runden geradehoch bis zum Ende des kleinen Fingers. Dann beginnen Sie mit den Abnahmen für die **Spitze.** Auf der ersten und dritten Nadel werden die zweite und dritte Masche überzogen, auf der zweiten und vierten Nadel die dritt- und zweitletzte Masche rechts zusammengestrickt.

Nehmen Sie in jeder zweiten Runde ab, bis Sie nur noch die Hälfte der Maschen auf den Nadeln haben (20 Maschen). Dann wird in jeder Runde abgenommen bis noch insgesamt 8 Maschen übrigbleiben (2 Maschen auf jeder Nadel). Ziehen Sie diese 8 Maschen mit dem Strickfaden zusammen und vernähen ihn auf der linken Seite.

5 Für den **Daumen** nehmen Sie die Maschen des großen Keils und des Zwickels auf ein Nadelspiel (18 Maschen). In jeder zweiten Runde nehmen Sie 2 der Zwickelmaschen wie unter „Zwickel" beschrieben ab, bis 14 Maschen übrigbleiben.

6 cm in Runden geradehoch stricken, in der nächsten Runde immer 2 Maschen zusammenstricken und die restlichen 7 Maschen mit dem Strickfaden zusammenziehen.

Den Faden auf der linken Seite vernähen.

Fausthandschuhe »gefüttert«

Sicher besonders interessant für alle, die immer kalte Hände haben oder auch bei Minusgraden das Radfahren nicht lassen können, sind Handschuhe wie mit Pelz gefüttert.
Eine reine Schurwolle, die wasserabstoßend ausgerüstet wurde, sorgt für das wärmende Rundherum. Gestrickt wurden diese Handschuhe nach der gleichen Anleitung wie die Fausthandschuhe auf Seite 140.
Sollten Sie einmal an eingezäunten Schafweiden spazierengehen, dann fallen Ihnen die kleinen Fasern auf, die vom Fell der Schafe an den Zäunen hängengeblieben sind. Sammeln Sie sie. Solche Fasern können Sie für unsere Handschuhe gebrauchen.

Dieses Pünktchenmuster entsteht durch das Einstricken des »Futters«.

1 Hier wurde ein Kammzug aus reiner Schurwolle verwendet, der eigentlich später versponnen werden sollte.
Sie können aus diesem Kammzug bereits parallellaufende Schafhaare herausziehen und...

2 ... diese um jede sechste Masche einer Runde legen. In jeder dritten Runde wurden die Fasern versetzt miteingestrickt.

3 Wie ein modisches Pünktchenmuster wirken die um die Maschen gelegten Schafhaare von der rechten Seite.

4 Wie mollig warm diese Handschuhe sind, das erkennen Sie erst, wenn Sie sich das »Innenleben« der Handschuhe anschauen.
Mit dickem Pelz gefütterte Handschuhe wärmen nicht mehr als unsere selbstgestrickten.

Fingerhandschuhe

Für einen Damenhandschuh schlagen Sie 48 Maschen (bei dünner Sportwolle 56 Maschen) an und stricken das Bündchen (1 Masche rechts, 1 Masche links) in gewünschter Höhe. Anschließend 2 cm hoch glatt rechts stricken bis zum Beginn des Daumenkeils.

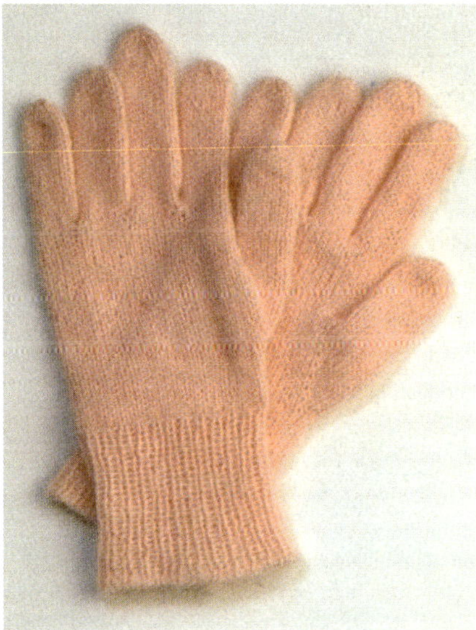

Wenn Sie zu Beginn des Bündchens den italienischen Maschenanschlag verwenden, können Sie unsichtbar ein Gummi einziehen.

1 Den **Daumenkeil** stricken Sie über ca. ein Drittel der Anschlagmaschen (15 Maschen). Es muß eine ungerade Zahl sein. Stricken Sie den Keil und den **Zwickel** wie auf S. 140 unter »Fausthandschuhen« beschrieben. Sobald der Zwickel gestrickt und die ursprüngliche Maschenzahl erreicht ist, arbeiten Sie bis zum Beginn des kleinen Fingers geradehoch.

3 Für den **Ringfinger** nehmen Sie die 3 neu angeschlagenen Maschen des kleinen Fingers, 5 Maschen der Innenhand, 2 neu angeschlagene Maschen und 6 Maschen der Außenhand auf 4 Nadeln und schließen zur Runde. 7 cm hoch stricken, wie beim kleinen Finger beschrieben abnehmen.
Für den **Mittelfinger** die zwei für den Ringfinger angeschlagenen Maschen aufnehmen, 1 Masche zunehmen, 5 Maschen der Innenhand, 3 Maschen neu anschlagen, 6 Maschen der Außenhand zur Runde schließen und 9 cm hoch stricken. Maschen wie vorher beschrieben abnehmen.
Die drei für den Mittelfinger angeschlagenen Maschen und die restlichen 15 Maschen für den **Zeigefinger** aufnehmen und zur Runde schließen. 7 cm hoch stricken, dann jeweils 2 Maschen rechts zusammenstricken, die restlichen 9 Maschen mit dem Strickfaden zusammenziehen und vernähen.

2 Den **kleinen Finger** über je 5 Maschen der Außenhand und 6 Maschen der Innenhand stricken. Dazwischen als Steg 3 Maschen neu anschlagen. Diese 14 Maschen in Runden stricken. Nach 6 cm in einer Runde immer 2 Maschen rechts zusammenstricken und die restlichen 7 Maschen mit dem Strickfaden zusammenziehen.

4 Zuletzt wird der **Daumen** gestrickt. Keil- und Zwickelmaschen aufnehmen. In jeder zweiten Runde nehmen Sie 2 der Zwickelmaschen ab. Über die restlichen Maschen den Daumen 6 cm hoch arbeiten, wie die Finger beenden.

Socken

Das erste, was Sie beim Stricken von Socken tun müssen ist, die richtige Maschenzahl anzuschlagen.
Wenn Sie Ihre Socken aus der Junghans-Wolle „Freizeit-Garant" oder „Freizeit" arbeiten, gelten folgende Zahlen für den Anschlag:

Größe	Anschlag
22/23	40 Maschen
24/25	44 Maschen
26/27	46 Maschen
28/29	48 Maschen
30/31	50 Maschen
32/33	52 Maschen
34/35	54 Maschen
36/37	56 Maschen
38/39	58 Maschen
40/41	62 Maschen
42/43	64 Maschen
44/45	66 Maschen

Die Fußlänge, bei Socken in Zentimetern gemessen, berechnet man folgendermaßen: **Schuhgröße geteilt durch 3mal 2 = Zentimeterlänge.**

Beispiel: Schuhgröße 42 entspricht einer Fußlänge von 28 Zentimetern.

Sie sehen verschiedene Socken, die alle nach dieser Beschreibung gearbeitet wurden. Auf den rechten Fotos werden noch einmal Möglichkeiten gezeigt, wie interessant Sie den Schaft gestalten können.

Freizeit
Junghans-Wolle
50 g
Freizeit
Junghans-Wolle
50 g
Freizeit
Junghans-Wolle

Farbwechsel in Runden

Wenn Sie Socken im Bündchen mit Ringeln versehen, dann gibt es immer »Treppen« beim Farbwechsel. Um diese zu mindern, empfehle ich folgendes.
Beim ersten Farbwechsel müssen Sie die neue Farbe ansetzen. Den versetzten Farbübergang können Sie nicht vermeiden.
Ab dem zweiten Farbwechsel machen Sie einen Umschlag in der neuen Farbe, bevor Sie die erste Masche stricken. Am Anfang der zweiten Runde lassen Sie den Umschlag von der Nadel gleiten und stechen die erste Masche von vorn eine Reihe tiefer ein, dann stricken Sie diese rechts ab.
Sie können erkennen, daß die Reihen beim Farbwechsel jetzt gerade verlaufen.

Maschenanschlag

Sie benötigen zum Stricken der Socken ein Spiel Strumpfstricknadeln (5 Nadeln).

Wenn Sie wie üblich mit dem Kreuzanschlag beginnen, verteilen Sie die angeschlagenen 44 Maschen gleichmäßig auf vier Nadeln eines Nadelspiels. Auf jede Nadel kommen 11 Maschen. Schließen Sie nach dem Anschlag sofort zur Runde. Sie verbinden die Maschen der vierten und ersten Nadel miteinander.

Sie können das Bündchen aber auch italienisch anschlagen. Beginnen Sie mit dem Zeigefingerfaden, damit die erste Masche eine rechte ist und schlagen Sie 44 Maschen an.

Stricken Sie bei dem italienischen Maschenanschlag zunächst eine Reihe zurück: die rechten Maschen hinten eingestochen, rechts abstrikken. Die linken Maschen mit vorgelegtem Faden links abheben. Während des Abstrickens der ersten Reihe werden die Maschen auf vier Strumpfstricknadeln gleichmäßig verteilt und zur Runde geschlossen.
In der zweiten Runde heben Sie die rechten Maschen links ab, den Faden hinter der rechten Masche entlangführen. Die linken Maschen werden links abgestrickt.
Die erste und zweite Runde werden noch einmal wiederholt, die rechten Maschen werden jetzt von links nach rechts eingestochen abgestrickt.

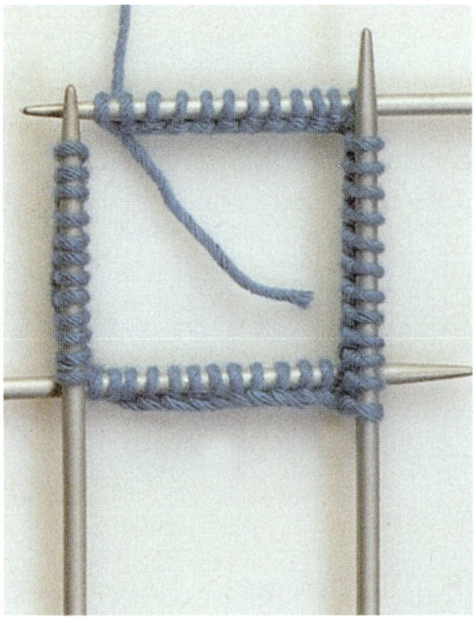

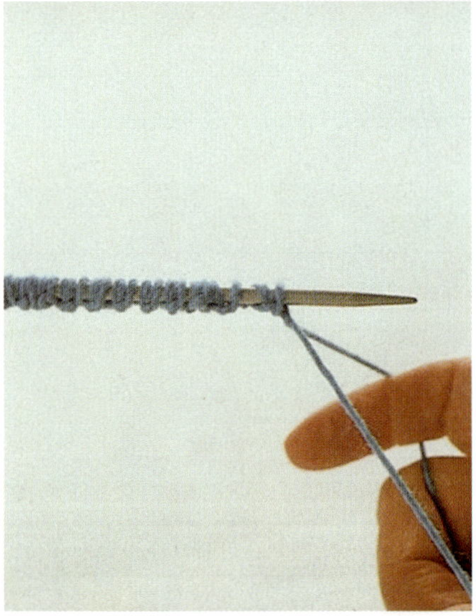

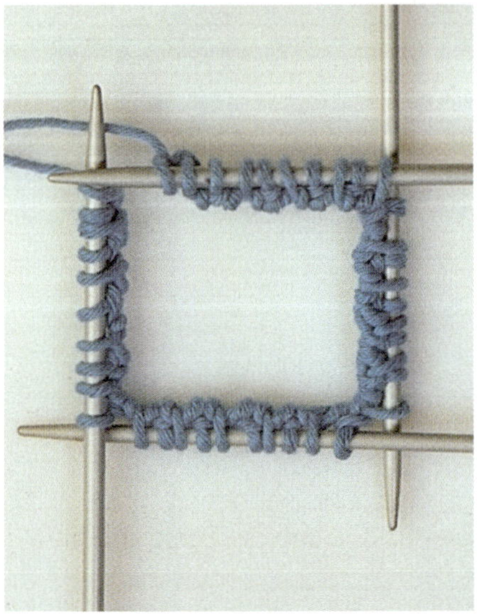

Fertigung der Socken

Wir haben unsere bunten Söckchen in Baumwolle gestrickt und 44 Maschen für das Bündchen angeschlagen.
Der Anschlagfaden kennzeichnet bei strümpfen **immer** die hintere Mitte.

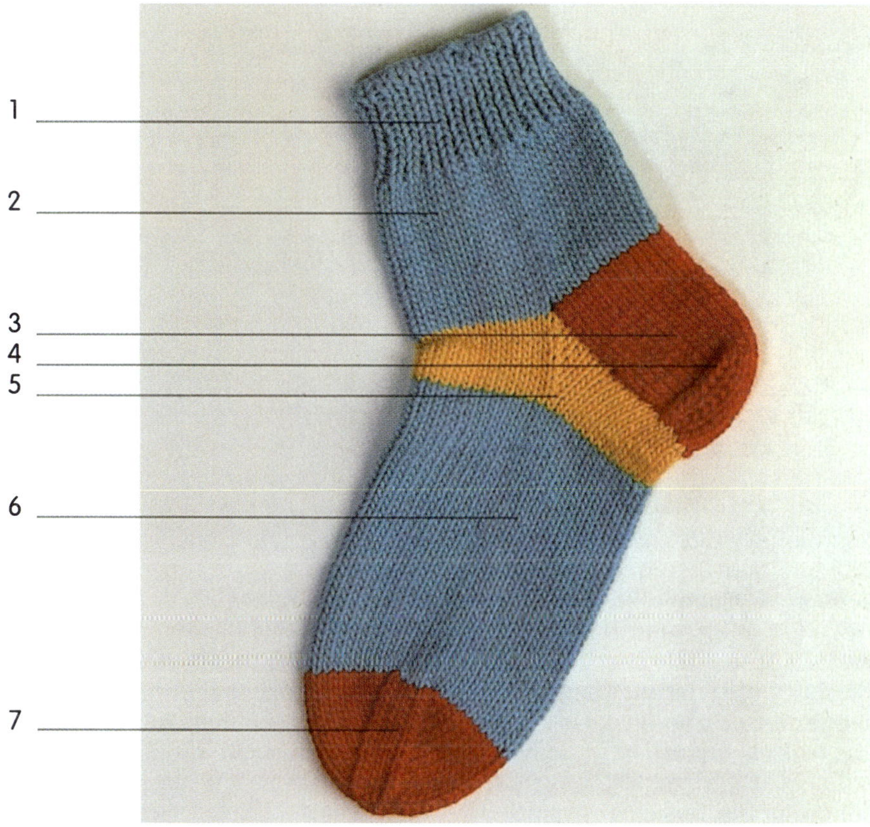

So werden die Teile der Socke genannt:

1 Bündchen
2 Schaft
3 Fersenwand
4 Fersenkappe
5 Zwickel
6 Fuß
7 Bandspitze

1 Bündchen (blau)
Nach dem Anschlag arbeiten Sie im Bündchenmuster 1 Masche rechts, 1 Masche links weiter. Nach 14 Runden wurde der Schaft glatt rechts gestrickt. Dann die Ferse arbeiten.

2 Fersenwand (rot)
Die Fersenwand über die Hälfte der angeschlagenen Maschen stricken (über 22 Maschen). Stricken Sie über die erste und vierte Nadel glatt rechts. Stricken Sie so viele Reihen wie Maschen auf diesen Nadeln liegen, aber nie mehr als 6 cm.

3 Fersenwand verstärkt (rot)
Bei Socken, die stark strapaziert werden, können Sie die Fersenwand verstärken, indem Sie in jeder zweiten Reihe versetzt Hebemaschen einarbeiten (Hebemasche Seite 74/149).

4 Fersenkäppchen (rot)
Nachdem die Fersenwand fertig ist, zwei Drittel der Maschen minus eine Masche (14–1 = 13) rechts abstricken. Die letzte Masche des zweiten Drittels wird mit der ersten Masche des dritten Drittels rechts verschränkt (hinten in die Maschen einstechen) zusammengestrickt. Wenden, die erste Masche links abheben, links stricken bis zur letzten Masche des zweiten Drittels und diese mit der letzten Masche des ersten Drittels (von vorn betrachtet) links zusammenstricken. An beiden Seiten müssen nach dem Zusammenstricken gleich viele Maschen stehenbleiben, bei unseren Socken sind es 7 Maschen. Wenden, 1 Masche rechts abheben und fortlaufend die Maschen vor und hinter der entstandenen Lücke rechts verschränkt oder links zusammenstricken. So fortfahren, bis alle seitlichen Maschen aufgebraucht sind. Sie haben dann noch je 4 Maschen auf der ersten und vierten Nadel.

5 Zwickel (gelb)
Für den Zwickel stricken Sie wieder in Runden glatt rechts. Zusätzlich zu den übriggebliebenen Maschen des Käppchens, werden auf der ersten und vierten Nadel die Maschen aus den Randmaschen der Fersenwand herausgestrickt, aus jeder zweiten Reihe eine Masche (entspricht 11 Maschen).
Damit zwischen Fersenwand und Schaft kein Loch entsteht, stricken Sie zwei Maschen zusätzlich heraus. Die Schaftmaschen glatt rechts abstricken, die Runde gegengleich beenden.
Sie haben auf der ersten und vierten Nadel je 17 Maschen, auf der zweiten und dritten Nadel je 11 Maschen. Stricken Sie eine Runde ohne Abnahmen. Aus den 6 Überhangmaschen der ersten und vierten Nadel bilden Sie den Zwickel. Es wird in jeder zweiten Runde abgenommen:
Erste Nadel: die letzten zwei Maschen rechts zusammenstricken.
Vierte Nadel: die ersten zwei Maschen überzogen zusammenstricken, das heißt 1 Masche rechts abheben, 1 Masche rechts stricken, die abgehobene über die gestrickte Masche ziehen.
Der Zwickel ist beendet, sobald die ursprünglich angeschlagene Maschenzahl (44 Maschen) wieder erreicht ist.

6 Bandspitze (rot)
Stricken Sie die Socken bis zu Beginn der Spitze in Runden geradehoch (türkis). Dann beginnen die Bandabnahmen für die Spitze. Es werden grundsätzlich auf der ersten und dritten Nadel die dritt- und zweitletzte Masche rechts, auf der zweiten und vierten Nadel die zweite und dritte Masche rechts überzogen zusammengestrickt. Diese Abnahmen wiederholen und immer eine Runde ohne Abnahmen dazwischenstricken, bis Sie nur noch die Hälfte der Maschen auf den Nadeln haben. Dann in jeder Runde abnehmen, bis auf jeder Nadel noch 2 Maschen liegen, insgesamt 8 Maschen.
Auf je zwei Nadeln 4 Maschen gegenüberlegen (Bändermaschen). Strumpf nach links ziehen und 4mal je 2 gegenüberliegende Maschen zusammenstricken und sofort abketten.
Sie können auch die letzten 8 Maschen mit einem doppelten Strickfaden zusammenziehen und die Fäden auf der Innenseite vernähen.

Falten

Die Faltenbreite und die Faltentiefe können Sie selbst bestimmen.
Die Faltentiefe (Faltenuntertritt) sollte nicht weniger als zwei Maschen betragen und muß mindestens eine Masche weniger als die Faltenbreite aufweisen. Bei diesem Beispiel beträgt die Faltenbreite acht Maschen und die Faltentiefe vier Maschen.
Dafür schlagen Sie eine Maschenzahl teilbar durch 14 plus 8 Maschen plus 2 Randmaschen an. Machen Sie eine Maschenprobe, bei der die Breite nach dem Zusammenstricken der Falten ausschlaggebend ist.
Stricken Sie die Falten wie folgt:

Nach dem Stricken werden die Falten in Form gelegt.

1 Rückreihe: Randmasche * 13 Maschen links, 1 Masche rechts * 8 Maschen links, Randmasche.
Hinreihe: Randmasche * 8 Maschen rechts, 1 Masche links, 4 Maschen rechts, 1 Hebemasche * 8 Maschen rechts, Randmasche.

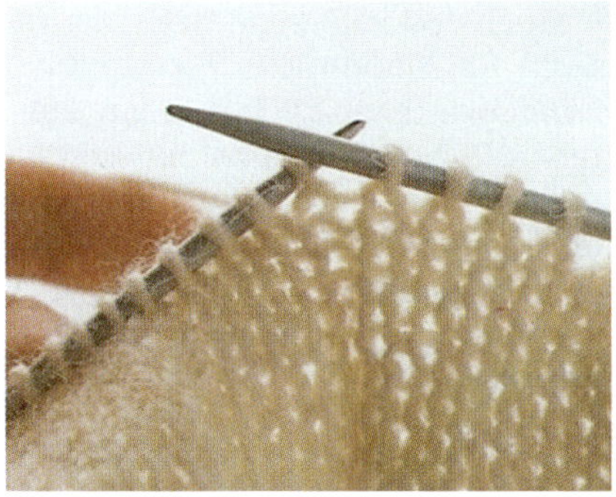

2 Die Falten werden auf der Vorderseite zusammengestrickt. Stricken Sie die rechten Maschen bis zur linken Masche rechts ab. Legen Sie die zuletzt gestrickten fünf Maschen auf eine Hilfsnadel hinter die Arbeit.

3 Die nächsten 5 Maschen wie sie erscheinen (1 Masche links, 4 Maschen rechts bis zur Hebemasche) stricken, und auf eine zweite Hilfsnadel legen. Legen Sie die drei Nadeln parallel, so daß eine Falte entsteht.

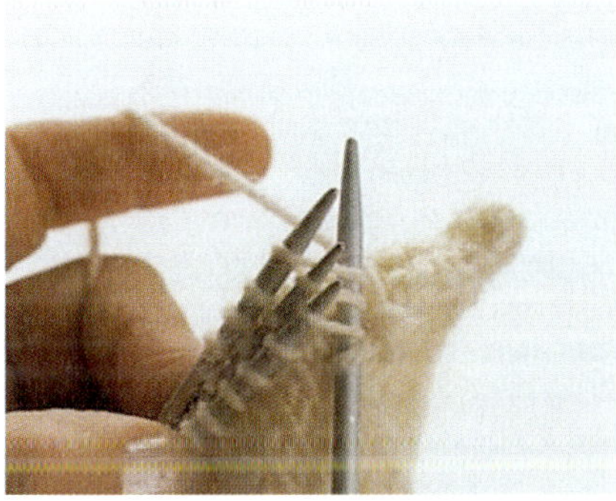

4 Stechen Sie von vorn wie zum Rechtsstricken in die erste Masche jeder Nadel und…

5 …stricken Sie diese drei Maschen zusammen rechts ab. Lassen Sie sie von der Nadel gleiten. So werden insgesamt 5mal drei Maschen für eine Falte zusammengestrickt. Die erste Falte ist entstanden.

Tip

* bedeutet, daß die Arbeitsschritte fortlaufend wiederholt werden.
Eine **Hebemasche** wird auf der linken Seite links gestrickt, auf der rechten Seite links abgehoben, der Faden hinter der Masche entlanggeführt. **Die Hebemasche ergibt den äußeren Faltenbruch, die linke Masche den inneren.**

Plissees

Plissees und Sonnenplissees, die vor allem für Kinderröcke Verwendung finden, werden nicht in Runden, sondern in Reihen gearbeitet. Sie werden nach der Fertigstellung in einer vertieft liegenden Falte unsichtbar zusammengenäht.

Deutlich sind die Plissees zu erkennen.

Grundmuster

Das Muster für Plissees ist das gleiche wie für das Falsche Patent. Sie wählen eine Maschenzahl teilbar durch 4 plus 2 Randmaschen.
Erste Reihe: Randmasche * 3 Maschen rechts, 1 Masche links *, Randmasche.
Zweite Reihe: Randmasche, 2 Maschen rechts * 1 Masche links, 3 Maschen rechts *, 1 Masche links, 1 Masche rechts, Randmasche.
Diese Reihen ständig wiederholen.
Das Grundmuster besteht aus 3 Maschen rechts, 1 Masche links.
In jeder zweiten Reihe müssen Sie darauf achten, daß Sie mit 2 Maschen rechts neben der Randmasche beginnen und dann 1 Masche links, 3 Maschen rechts weiterarbeiten. Dadurch wird das Muster versetzt. Zum Schluß wird von der linken Seite abgekettet.

Sonnenplissee

Maschenzahl teilbar durch 4 plus 2 Randmaschen. Begonnen wird das Muster wie das Plisseegrundmuster. In gleichmäßigen Zentimeter- oder Reihenabständen wird das Plissee durch Zunahmen zu einem Sonnenplissee erweitert. Wie oft diese Zunahmen erfolgen sollen, hängt von der gewünschten Weite des Rockes am unteren Ende ab.
Zugenommen wird vor und nach der rechts hochlaufenden Masche auf der rechten Seite.
Aus dem Querfaden zwischen der vorletzten und letzten Masche vor dem Rechtsstreifen und aus dem Querfaden zwischen der ersten und zweiten Masche nach dem Rechtsstreifen eine rechte Masche verschränkt herausstricken. Am unteren Ende von der linken Seite abketten.

Sonnenplissees, vor allem für Kinderröcke geeignet.

Sie sehen einen Ausschnitt, des mit verkürzten Reihen gestrickten Plisseerocks.

Masche für Masche wird der Häkelfaden aufgelöst und die so entstandenen offenen Maschen auf eine Stricknadel gegeben.

Der Innenbruch des Rockes kann von der linken Seite mit festen Maschen abgehäkelt werden. Ich habe es in einer abweichenden Farbe getan, damit Sie es erkennen können.

Plissee quergestrickt

Für Damenröcke ist ein Plissee zu empfehlen, das mit verkürzten Reihen quergestrickt wird. Der Vorteil dieses Rockes: Sie können die Weite des Rockes durch Anhalten genau bestimmen.

Errechnen müssen Sie die Maschenzahl für die Länge des Rockes. Eine Maschenprobe hilft Ihnen dabei.

Durch das Stricken verkürzter Reihen erhalten Sie die **Faltentiefe.** Am linken oberen Rand lassen Sie die angegebenen Maschenzahlen ungestrickt liegen, wenden Sie die Arbeit an dieser Stelle, machen Sie einen festen Umschlag und stricken Sie die Reihe zurück. In der ersten darauffolgenden Reihe werden die Umschläge mit der nächsten Masche rechts zusammengestrickt. Die Umschläge sorgen dafür, daß an dieser Stelle keine Löcher entstehen.

Die **Faltenbrüche** werden vom rechten Rand eingestrickt. Es ist die Saumseite. Eine auf der rechten Seite links erscheinende Reihe bildet den **Außenbruch.** Für den **Innenbruch** wird in der Hinreihe jede zweite Masche rechts gestrickt, die dazwischenliegende rechte Masche wird links abgehoben, der Faden vor der Masche entlanggeführt.

Gehen wir davon aus, daß Sie für einen Rock 196 Maschen anschlagen müssen. Diese Zahl ist nicht verbindlich, da sie abhängig ist von der Länge des Rockes und der Stärke des Garnes, mit dem Sie stricken. Häkeln Sie mit einer dicken Nadel 196 Luftmaschen in einer abweichenden Farbe und schneiden Sie den Faden ab. Nehmen Sie nun die Wolle, mit der Sie den Rock stricken wollen. Drehen Sie die Luftmaschenreihe um und strikken Sie aus dem »Rücken« der Luftmaschenreihe 196 Maschen heraus. Sie müssen mit dem Aufnehmen der Maschen dort beginnen, wo Sie auch mit dem Häkeln angefangen haben.

Sie können, wenn der Rock fertig ist, die Luftmaschenkette aufräufeln und die offenen Maschen auf die Stricknadel geben, damit der Rock im Maschenstich (S. 68) zusammengenäht werden kann.

Dann stricken Sie als erstes die Rückreihe. Da der Rock glatt rechts gearbeitet wird, sind es linke Maschen. In der zweiten Reihe lassen Sie am linken, oberen Rand 32 Maschen und in den 13 darauffolgenden Hinreihen je 12 Maschen mehr ungestrickt liegen. Nach dem Wenden immer 1 Umschlag machen. Beim Darüberstrikken die Umschläge mit den darauffolgenden Maschen rechts zusammenstricken. 9 Reihen glatt rechts durchgehend stricken, dabei die fünfte Reihe als Außenbruch arbeiten.

Danach die 14 verkürzten Reihen gegengleich wiederholen.

Wiederum 9 durchgehende Reihen stricken, davon die fünfte Reihe als Innenbruch arbeiten. In diesem Rhythmus fahren Sie fort, Ihren Rock zu stricken bis er die nötige Weite erreicht hat. Achten Sie darauf, daß Sie nach dem letzten Innenbruch nur noch 4 Reihen stricken müssen. Nicht abketten, sondern im Maschenstich zusammennähen.

Schlauchstricken

Schlauchstricken, in einigen Gegenden Süddeutschlands auch Schweizer Patent genannt, ist ein Doppelstricken. Vorder- und Rückseite zeigen rechte Maschen. Sie können auf diese Art Bündchen stricken, Gürtel und Träger für Sonnentops.
Den Schlauch können Sie oben und unten geschlossen arbeiten, aber auch offen, so daß Sie eine Kordel oder ein Gurtband einziehen können.

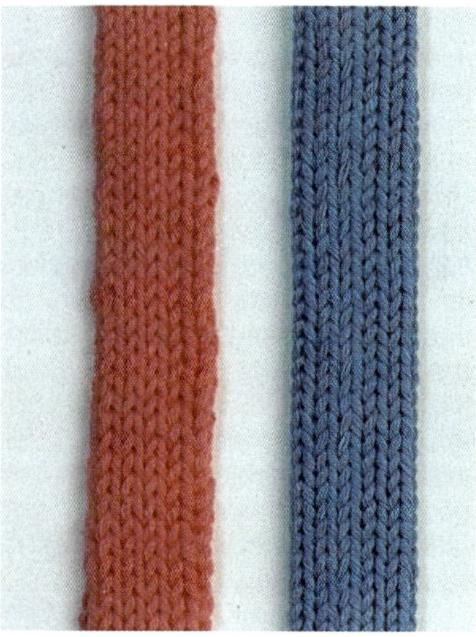

Geschlossener Schlauch

Entsprechend der Breite, die Ihr Schlauch haben soll, schlagen Sie eine gerade Maschenzahl an. Ich habe zehn Maschen gewählt.

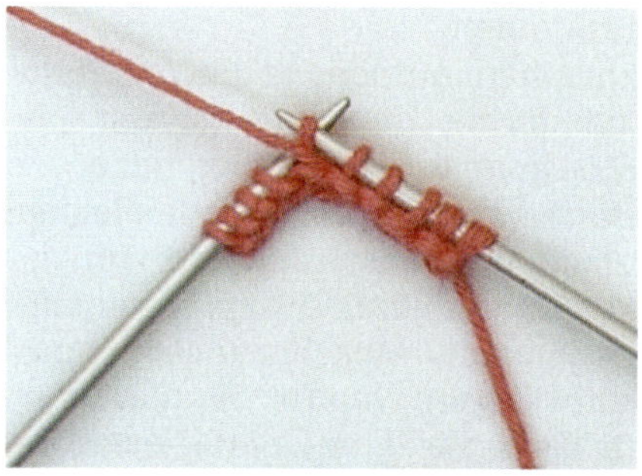

1 Mit einer rechten Masche beginnend, stricken Sie jede zweite Masche rechts ab, die dazwischenliegenden links abheben, den Faden vor der Nadel entlangführen.

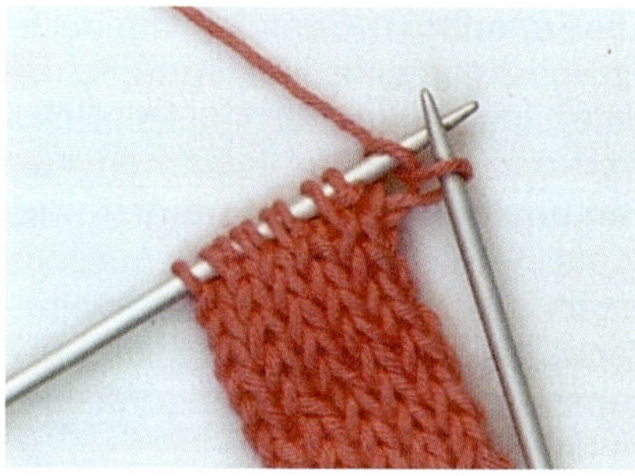

2 Die erste Masche auf jeder Nadel ist eine rechte Masche, die auch rechts abgestrickt wird, …

3 … die letzte Masche ist eine linke, die links abgehoben wird. Der Faden liegt davor.

Offener Schlauch

Schlagen Sie für den offenen Schlauch die gleiche Maschenzahl an. Dann verteilen Sie die Maschen auf zwei Nadeln:

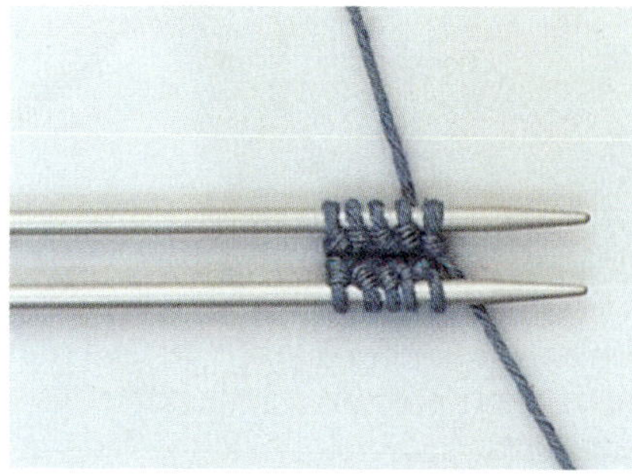

1 Bei zehn Maschen die ersten fünf Maschen auf eine Nadel, die zweiten fünf Maschen auf eine zweite Nadel. Legen Sie die Nadeln parallel.

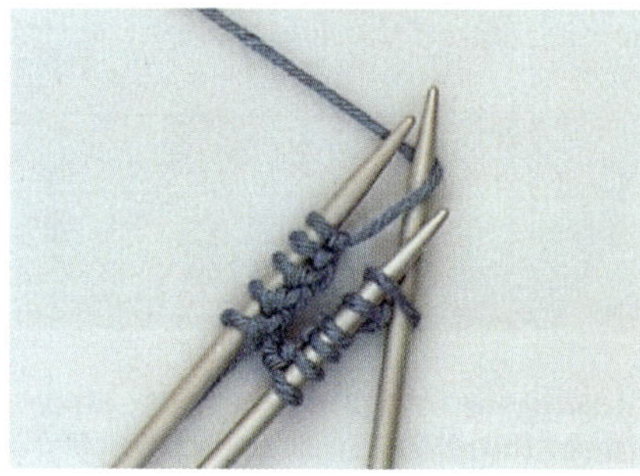

2 In der ersten Reihe stricken Sie jeweils eine Masche der ersten Nadel rechts ab, und …

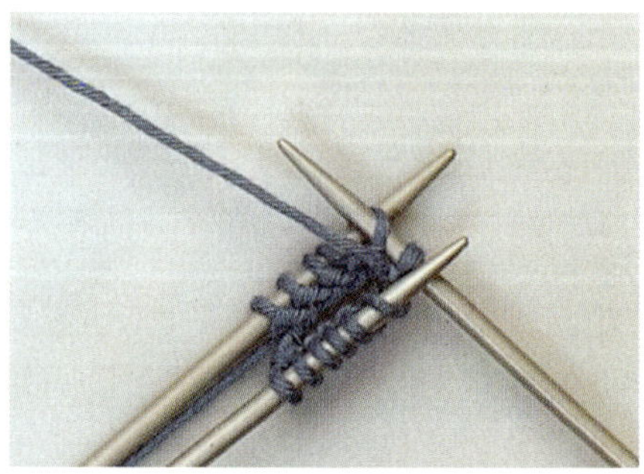

3 … heben von der zweiten Nadel eine linke Masche mit vorgelegtem Faden links ab. Wie beim geschlossenen Schlauch fortfahren.

Kordeln

Wenn Sie für Ihr Selbstgestricktes eine Kordel benötigen, versuchen Sie doch einmal, eine Kordel nach unseren Vorschlägen zu fertigen.
Eine Kordel können Sie ebenso schnell wie einen Schlauch stricken. Vielleicht knüpfen (tundeln) Sie sich Ihre Kordel auch. Beide, in diesen Techniken gearbeitete Kordeln, sind fester als gedrehte.

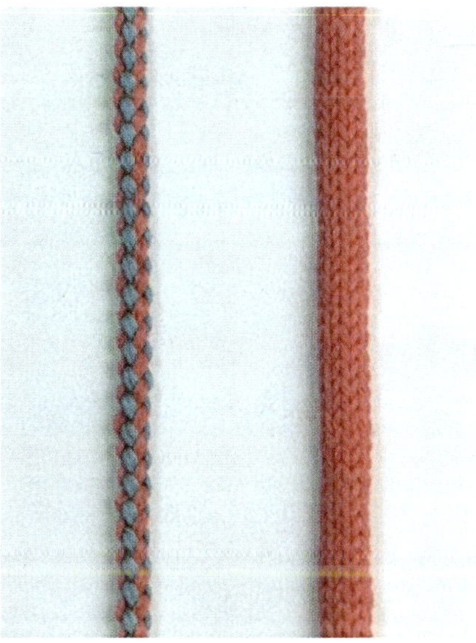

Kordeln stricken

Runde Kordeln können Sie nicht nur mit einer Mühle arbeiten, sondern auch stricken. Verwenden Sie Nadeln ohne Köpfchen.

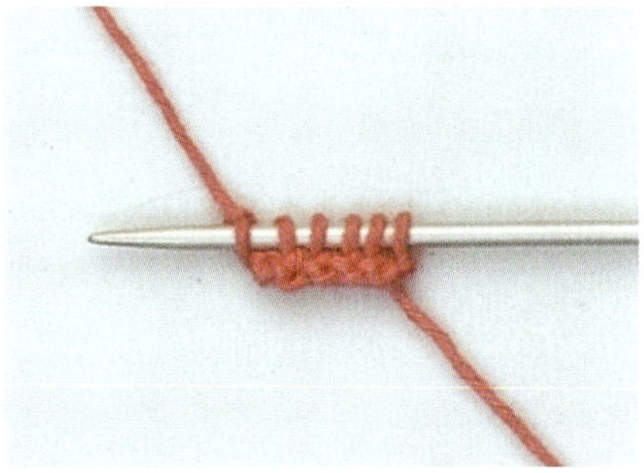

1 Schlagen Sie sechs Maschen an, diese rechts abstricken; von der linken Seite der Nadel auf die rechte Seite schieben.

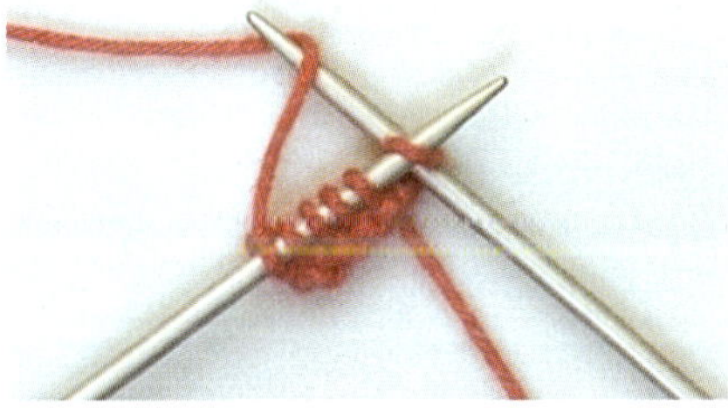

2 Die Maschen von vorn rechts stricken. Den Faden nach der ersten Masche fest anziehen.

Immer wieder werden die Maschen von der linken Seite der Nadel auf die rechte geschoben und nur rechts ab gestrickt.
Das Ergebnis: Eine runde Kordel.

Kordeln knüpfen

Wenn Sie zum erstenmal eine Kordel mit den Fingern knüpfen, nehmen Sie dickes Garn in zwei Farben.

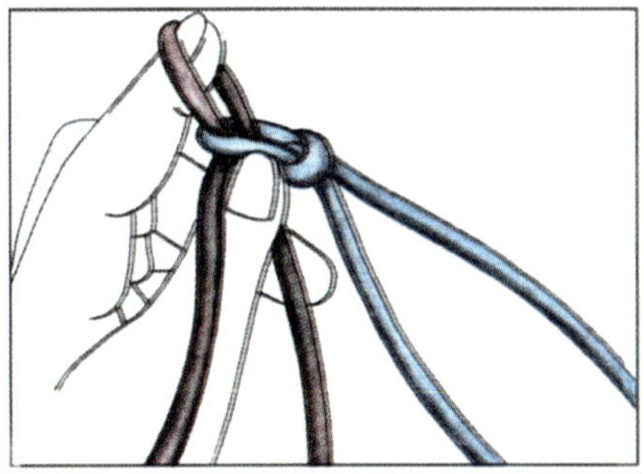

1 Bilden Sie eine Knotenschlinge, in diese eine zweite Schlinge ohne Knoten hineinlegen. Den Knoten anziehen. Die Schlinge über den Zeigefinger legen.

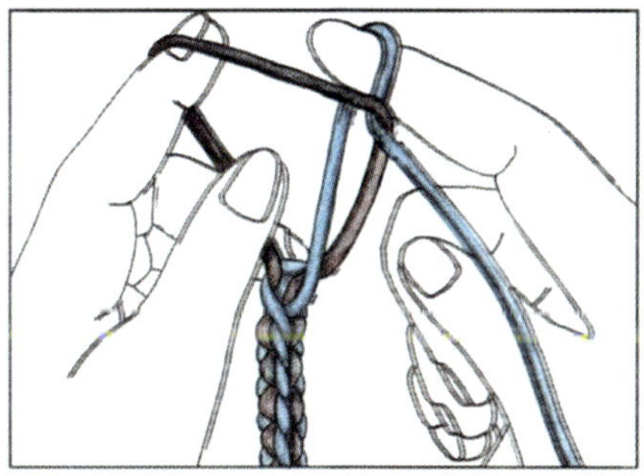

2 Greifen Sie mit dem rechten Zeigefinger von hinten durch die Schlinge, den zweiten Faden durchholen, die Schlaufe zusammenziehen.

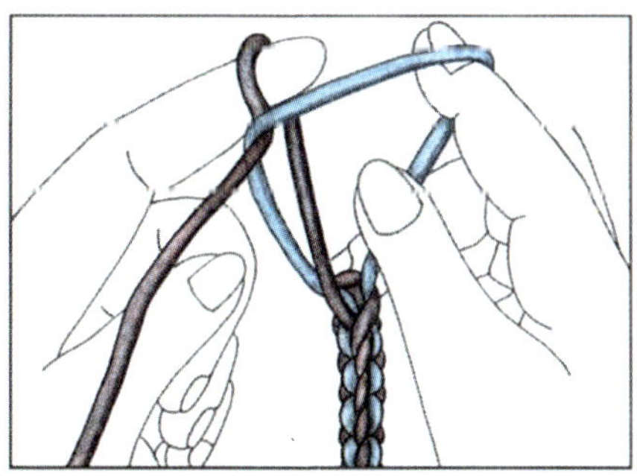

3 Nun mit dem linken Zeigefinger von hinten in die Schlaufe fassen, den rechten Faden durchholen. Mit der rechten Hand die Schlinge anziehen.

Gefallene Maschen

Jedem passiert es einmal beim Stricken, daß eine Masche ungewollt von der Nadel gleitet und »davonläuft«. Besonders schnell und tief laufen die Maschen bei glatten Baumwollen. Ich zeige Ihnen, wie Sie **rechte Maschen** wieder heben können. **Linke Maschen** nehmen Sie am besten von der rechten Seite, wie eine rechte Masche auf.

1 Am einfachsten retten Sie die gefallene Masche, indem Sie mit einer dünneren Häkelnadel die Masche hochhäkeln.

2 Führen Sie die Häkelnadel von unten in die Masche hinein,…

3 … erfassen Sie den darüber liegenden Querfaden von unten und ziehen Sie ihn durch die Masche, die auf der Häkelnadel liegt.

4 Die rechte Masche ist heraufgeholt und kann wieder auf die linke Stricknadel zum Abstricken gelegt werden.

Patentmaschen

Wenn Ihnen beim Stricken von Patentmustern die Maschen tief herunterfallen, so stricken Sie am besten zurück.

1 Eine einzelne heruntergefallene rechte Patentmasche können Sie mit der Häkelnadel aufnehmen.

2 Zwei Querfäden liegen über einer Masche. Fassen Sie mit der Häkelnadel unter den unteren Querfaden, ...

3 ... dann über den oberen hinweg und holen den oberen Querfaden ...

4 ... als Schlinge durch die auf der Häkelnadel liegende rechte Masche. Geben Sie die Masche auf die linke Stricknadel, und stricken diese mit dem Umschlag zusammen rechts ab.

Stricken mit mehreren Knäueln

Seit ein paar Jahren wird viel mit verschiedenen Knäueln gestrickt. Die Knäuel können sich durch unterschiedliche Farben, aber auch durch verschiedene Qualitäten und Effekte voneinander abheben.

Trick mit der Tüte:

Voraussetzung, daß dieser Trick funktioniert ist, daß Sie die Anfangsfäden aus dem Inneren der Knäuel herausholen, damit sich die Knäuel in der Tüte nicht drehen müssen. Wichtig ist aber auch, daß die Farbfolge in Ihrem Pullover oder Ihrer Jacke immer die gleiche bleibt.
Machen Sie in Ihre Tüte so viele Löcher hinein wie Sie Knäuel haben, legen Sie die Knäuel hinein und ziehen Sie die Anfangsfäden der Knäuel in der richtigen Reihenfolge durch die Löcher. Binden Sie die Tüte oben zu.
Ich habe auf dem oberen Foto ein Stück mit drei Knäueln gestrickt. Sie können deutlich erkennen, daß die Fäden noch immer parallel nebeneinanderlaufen, sie sind nicht »vertüdelt«.

Kleine Tricks erleichtern das Stricken

Tip

Beim Stricken mit mehreren Knäueln ist es ganz gleich, ob Sie senkrecht verlaufend die Farben wechseln oder schräg; die Technik ist immer die gleiche.
Wichtig ist das richtige Wenden des Strickstückes. Nach dem Abstricken der Maschen der Hinreihe die linke Nadelspitze nach vorn (zum Körper der Strickerin) ziehen. Am Ende der linken Reihe die Nadel nach hinten weg drehen.
Ziehen Sie beim Stricken den Faden immer aus dem Inneren des Knäuels heraus, damit die Knäuel nicht »herumtrudeln«.

Damit an der Stelle des Farbwechsels keine Löcher entstehen, müssen die Fäden richtig verkreuzt werden: **der Faden, mit dem Sie zuletzt gestrickt haben, muß über dem liegen, mit dem Sie weiterstricken.**

Bevor Sie die erste Masche in der neuen Farbe stricken, ziehen Sie den Faden fest an. Es gibt zwar immer etwas größere Maschen beim Farbwechsel, aber durch das Anziehen des Fadens werden die Maschen fester, wie von der linken Seite deutlich zu sehen ist.

Einstricken von Elastikfäden

Baumwolle und auch Chemiefasern sind im Gegensatz zur Wolle nicht elastisch. Bei Pullovern, die aus diesen Garnen gestrickt wurden, neigen die Bündchen dazu »auszuleiern«. Ich empfehle Ihnen, für das Stricken dieser Bündchen eine Nadel zu wählen, die eine ganze Nummer dünner ist als die, mit der Sie den Pullover stricken. Es gibt aber auch Elastik-Gummiband, das mit den Garnen zusammen im Bündchen verstrickt wird.

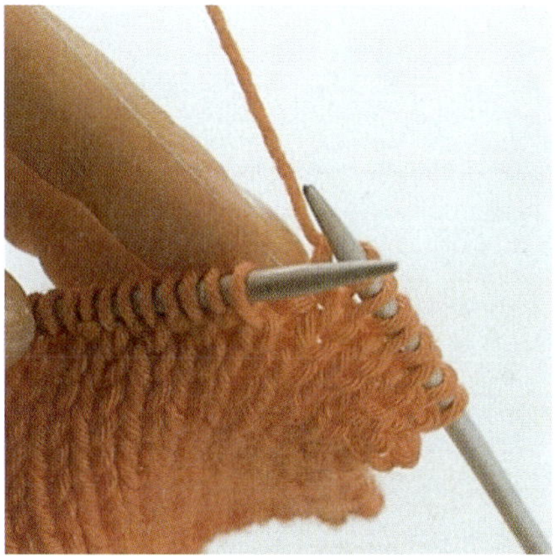

1 Legen Sie beide Fäden, Baumwollgarn und Elastikband parallel über den Zeigefinger. Beide Fäden sollten nicht dicht nebeneinanderliegen. Durch ein Verdrehen des vorn auf dem Finger liegenden Fadens, vermeiden Sie das Zusammenrutschen der Fäden.

2 Stricken Sie den Elastikfaden nicht mit den Maschen zusammen ab, sondern stricken Sie die rechte Masche über den Elastikfaden hinweg rechts. Der elastische Gummifaden liegt hinter der rechten Masche.

3 Die linke Masche wird links abgestrickt, der Elastikfaden liegt vor der Masche.

4 Der Gummifaden wird immer nur um die Maschen herumgeführt, er liegt abwechselnd vor der linken und hinter der rechten Masche. Er wird **nicht** miteingestrickt.

Tip

Hier zeige ich Ihnen eine weitere Möglichkeit, Ihr Bündchen nachträglich mit einem dünnen Gummiband zu versehen.
Ziehen Sie 4mal in gleichmäßigen Abständen mit Hilfe einer stumpfen Sticknadel von der linken Seite einen Gummifaden durch die rechten Maschen. Der Faden darf von der Vorderseite nicht zu sehen sein.

Schlechte Randmaschen

Sollten Ihnen die Randmaschen eines V-Ausschnitts mißlungen sein, dann können Sie anschließend keine Blende herausstricken. Arbeiten Sie in diesem Fall eine separate Blende von innen nach außen und steppen Sie die offenen Maschen zum Schluß so auf, daß die mißglückten Ränder darunter verschwinden.
Berechnen Sie die Maschen, die für die Blende Ihres V-Ausschnitts angeschlagen werden müssen.
Da in diesem besonderen Fall in der Spitze nicht abgenommen wird, sondern in jeder Runde zwei Maschen zugenommen werden, müssen diese Maschen von den Anschlagmaschen abgezogen werden. Schlagen Sie die errechnete Maschenzahl an. **Markieren Sie die rechte Masche in der Spitze.** Nehmen Sie in jeder Runde durch Umschläge zu, die entsprechend dem Muster abwechselnd rechts oder links verschränkt abgestrickt werden.

1 Stricken Sie nach dem Anschlagen die erste Runde Ihrer Blende ohne Zunahmen, dann wird in jeder Runde zugenommen. Wenn Sie die gewünschte Breite erreicht haben und der Rechts-Links-Rhythmus in…

2 …der Spitze hergestellt ist, arbeiten Sie zwei Runden in einer anderen Farbe. Ziehen Sie die Stricknadel heraus und stecken Sie die Blende gleichmäßig verteilt auf.

So aufgesteppt wirkt eine V-Ausschnitt-Blende noch wertvoller als eine herausgestrickte.

3 Lösen Sie Masche für Masche den andersfarbigen Faden heraus und nähen Sie die offenen Maschen im Steppstich auf.

4 Die fertige Blende wird ein Meisterwerk. Niemand kann die mißglückten Ränder erkennen.

Kürzen oder Verlängern

1 Das Kürzen oder Verlängern eines Strickstückes zeige ich Ihnen an einem Ärmel. Sie sehen das untere Ende eines Kinderärmels, den Sie in der Länge verändern wollen.

2 Schneiden Sie oberhalb des Bündchens am Anfang der Reihe einen Faden durch.

3 Ziehen Sie den Faden an, dann kräuselt sich das Strickstück zusammen. Verteilen Sie die Kräuseln bis ans Ende der Reihe.

4 Nur so erkennen Sie, welchen Faden Sie am anderen Ende der Reihe durchtrennen müssen.

5 Nach dem Durchschneiden können Sie den Faden herausziehen und das Gestrick an dieser Stelle teilen.

6 Sie erhalten auf diese Weise offene Maschen. Legen Sie die oberen oder unteren Maschen auf eine Stricknadel und stricken Sie an.

Ausbessern

Zum Ausbessern gehört auf jeden Fall, daß Sie erfahren, wie Sie schlecht gestrickte Ränder »retten« können. Schlechte Ränder an Halsausschnitten oder an den Vorderteilen von Jacken können Sie durch Abhäkeln verschönern.
Häkeln Sie immer als erstes auf Ihren Rand eine Reihe Kettmaschen. Auf diese können Sie weitere Kettmaschenreihen arbeiten.
Eine weitere Möglichkeit, Ihre Ränder zu verschönern ist, sie mit dem Krebsstich abzuhäkeln. So wie der Krebs rückwärts läuft, häkeln Sie auch die Krebsmaschen rückwärts, von links nach rechts.
Ich habe zum Abhäkeln eine abweichende Farbe gewählt, damit Sie es besser erkennen können.

Abhäkeln mit Kettmaschen

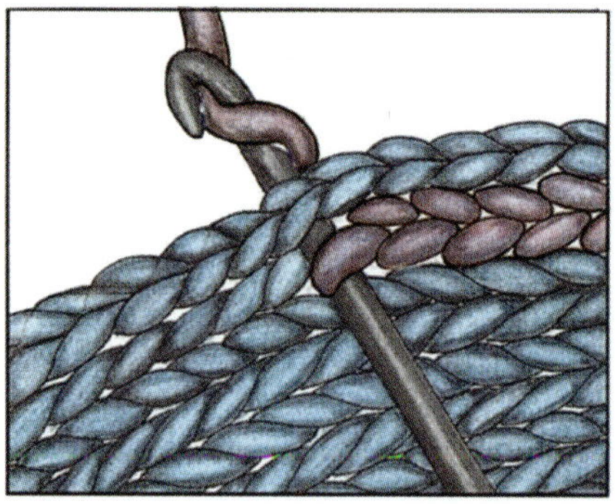

1 Je nachdem wie fest Sie häkeln, überschlagen Sie die dritte oder vierte Reihe, damit sich das Abgehäkelte nicht wellt. Der Faden liegt unter dem Gestrick und wird als Kettmasche nach oben durchgeholt.

2 Lassen Sie zu Beginn der Kettmaschen den Faden so lang hängen, daß er ausreicht, um ein zweites Mal darüberzuhäkeln.

3 Fassen Sie mit der Häkelnadel von oben in das vordere halbe Glied Ihrer aufgehäkelten Kettmaschen und häkeln Sie eine weitere Reihe Kettmaschen obenauf.

Abhäkeln im Krebsstich

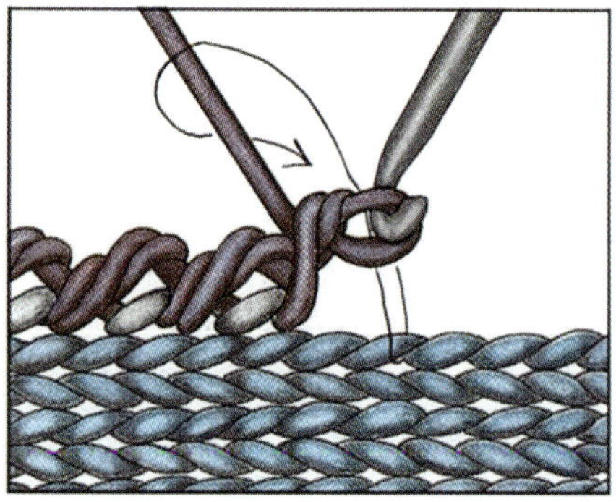

1 Kordelartig legt sich der Krebsstich vor Ihren äußeren Rand. Die Zeichnung erleichtert Ihnen das Nacharbeiten.

2 Häkeln Sie zunächst eine Reihe Kettmaschen auf den äußeren Rand. Nun häkeln Sie von links nach rechts feste Maschen in die vorderen halben Glieder Ihrer Kettmaschen.

3 Stechen Sie von oben in die Masche ein, holen Sie den Faden nach oben durch. Fassen Sie ein zweites Mal unter den Faden und maschen Sie zwei Schlingen ab.

Aufsticken im Maschenstich

Wenn Sie nicht gern mit mehreren Knäueln stricken, dann können Sie auch nachträglich im Maschenstich aufsticken. Sie sollten aber nur kleinere Motive aufsticken.
Ziehen Sie beim Aufsticken den Faden nicht zu fest an oder wählen Sie zum Sticken einen dickeren Faden als den, mit dem Sie gestrickt haben. Der Untergrund sollte nicht durchschimmern.
Nehmen Sie eine dicke, stumpfe Sticknadel, am besten eine Smyrna-Nadel, damit Sie auf keinen Fall in die Wolle stechen.
Beim richtigen Sticken im Maschenstich verlaufen die Fäden auf der linken Seite waagerecht.

Ein Motiv unseres Kinderpullovers, dessen Anleitung Sie auf Seite 178 finden.

1 Beginnen Sie am unteren Ende einer Masche, die wie ein **V** aussieht. Stechen Sie von unten ein und lassen Sie den Stickfaden 10 cm hängen. Er wird später vernäht.

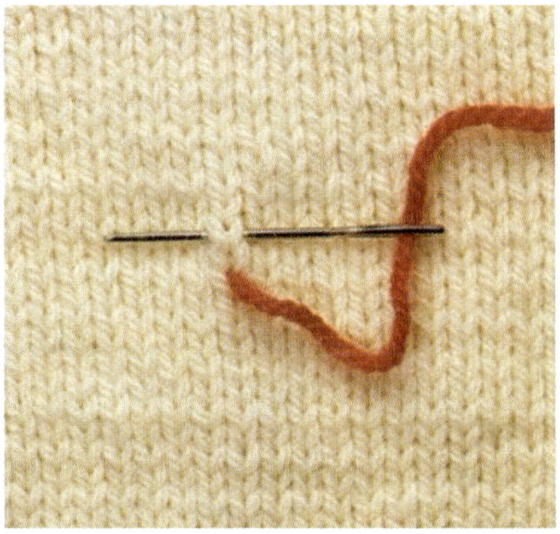

2 Übersticken Sie zuerst die rechte Hälfte der Maschen, stechen Sie von oben ein und führen Sie die Nadel unter dem Gestrick hindurch nach links.

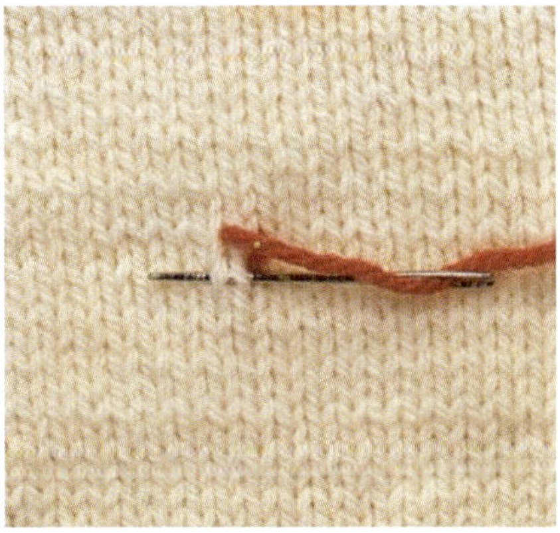

3 Von oben zurück in die untere Spitze, unter dem Gestrick hindurch zur Spitze der nächsten Masche.

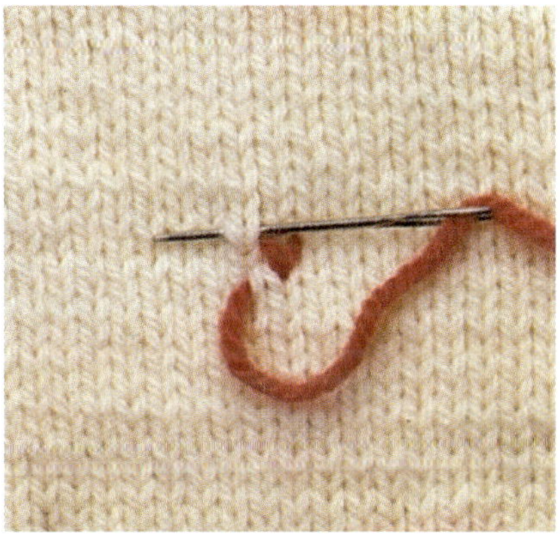

4 So sticken Sie immer von rechts nach links alle Maschen einer Reihe.

5 Um die darüberliegende Reihe zu sticken, stechen Sie in die Spitze der letzten Masche, führen die Nadel senkrecht nach oben.
Drehen Sie das Strickstück um.

6 Es wird wieder die rechte halbe Masche nachgezeichnet, die Nadel parallel unterhalb des Gestrickten entlanggeführt und die linke Hälfte der Masche gestickt.

Double-face I

Das doppelseitige oder Double-face-Stricken, übersetzt: das Strickstück mit den zwei Gesichtern, ist eine Ableitung des Schlauchstrickens. In den meisten Fällen weist es auf der Vorderseite eine andere Farbe als auf der Rückseite auf. Sie können auch Einstrickmuster einarbeiten, die in umgekehrter Farbstellung auf der Rückseite erscheinen.
Es wird auf Nadeln ohne Köpfchen gearbeitet, denn jede Reihe muß 2mal gestrickt werden. Sie müssen die Maschen hin- und herschieben können.

Von außen abgebildet, aufgeklappt fotografiert, sehen Sie, daß wir zwei rechts gestrickte Seiten haben, die eine rot, die andere grau.

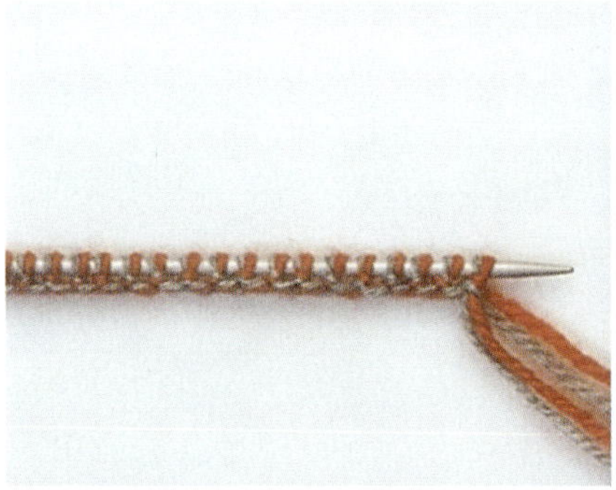

1 Schlagen Sie die Maschen mit zwei Fäden in unterschiedlichen Farben an. Die Maschen müssen in gleichmäßigem Farbwechsel auf der Nadel liegen. Die Randmaschen werden mit beiden Fäden gestrickt.

2 Stricken Sie die Rückreihe mit einer der beiden Farben. Die roten Maschen wurden bei diesem Beispiel rechts abgestrickt.

3 Heben Sie die grauen Maschen links ab und führen Sie den Faden vor der Masche entlang.

4 Sobald die Reihe beendet ist, schieben Sie die Maschen von der linken zur rechten Seite der Nadel. Nicht wenden.

5 Jetzt wird mit dem grauen Faden gestrickt. Die grauen linken Maschen werden links gestrickt, …

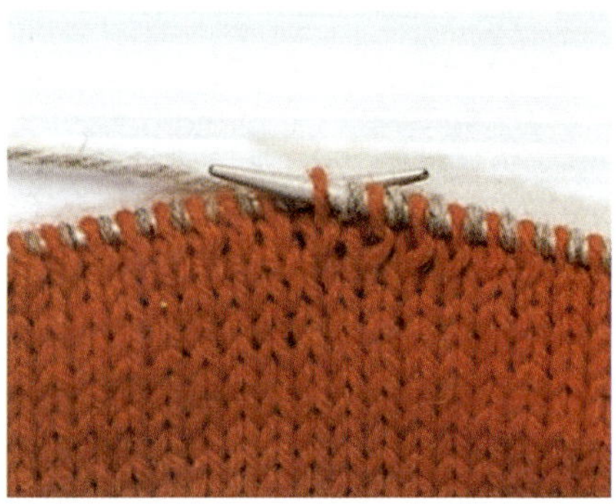

6 … die roten rechten Maschen links abgehoben, der Faden liegt hinter der abgehobenen Masche. Nachdem jede Reihe zweimal gestrickt ist, wenden Sie die Arbeit.

Double-face II

Wenn Sie inzwischen den italienischen Maschenanschlag beherrschen, dann machen Sie beim Doppelstricken Gebrauch davon.
Nach dem Anschlag können Sie auch mit zwei Fäden auf einmal stricken (wie bei Jacquardmustern). Legen Sie beide Fäden über den Zeigefinger oder benutzen Sie einen Fadenführer. Die Farbe, mit der die linken Maschen gestrickt werden, liegt um das obere Ende Ihres Fingers, die zweite Farbe für die rechten Maschen unterhalb.

Das Strickstück, in das wir Muster eingearbeitet haben, wurde von beiden Seiten fotografiert: Einmal das weiß eingestrickte Muster in rotem Grund und auf der anderen Seite die roten Motive in weiß eingestrickt. Am schönsten ist es, wenn Sie das doppelte Gestrick italienisch abketten oder die obersten Maschen im Maschenstich zusammennähen.

1 Knoten Sie zwei Fäden in unterschiedlichen Farben, zum Beispiel rot und weiß, lose zusammen. Der Knoten wird später vor dem Vernähen wieder aufgelöst.

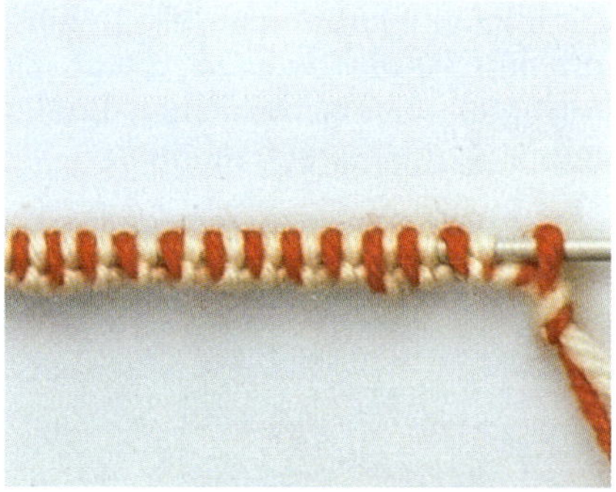

2 Führen Sie eine der Farben zum Daumen, die andere zum Zeigefinger und schlagen Sie mit zwei Farben italienisch an.

3 Stricken Sie die rechte Masche mit dem unteren, weißen Faden rechts ab. Der obere Faden liegt automatisch hinter der Masche.

4 Ziehen Sie mit dem linken Daumen den vorderen Faden nach vorn und stricken Sie die linke Masche mit dem hinteren Faden. Alle Maschen auf diese Weise stricken, die Arbeit wenden.

5 Sobald Sie Muster einstricken, werden die Farben ausgetauscht. Die weißen Maschen werden auf unserer Abbildung rot gestrickt, ...

6 ... die roten Maschen weiß. Um eine Masche verschoben entstehen auf beiden Seiten die gleichen Muster.

Biesen

Die Biesen wurden hier alle in einer anderen Farbe gestrickt, damit Sie auch die unterschiedlichen Breiten und Höhen erkennen können.

Biesen waagerecht

Waagerechte Biesen können sowohl in der Grundfarbe als auch andersfarbig gestrickt werden.

1 Je nach Breite der Biesen, stricken Sie glatt rechts über die Biesenmaschen geradehoch. Stricken Sie die Randmaschen immer mit. Ich habe über 12 Maschen 8 Reihen hoch gearbeitet.

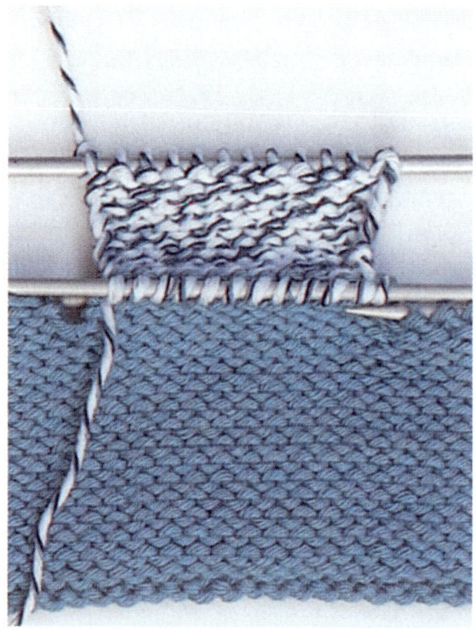

2 Nehmen Sie mit einer Hilfsnadel am unteren Rand der Biese auf der linken Seite die gleiche Anzahl Maschen auf.

3 Stricken Sie die Maschen beider Nadeln in der Grundfarbe rechts zusammen.

4 Die Abbildung zeigt Ihnen die fertige Biese nach dem Zusammenstricken.

Biesen senkrecht

Wie hoch die senkrechten Biesen gestrickt werden, bestimmen Sie selbst oder Sie entnehmen es Ihrer Anleitung.

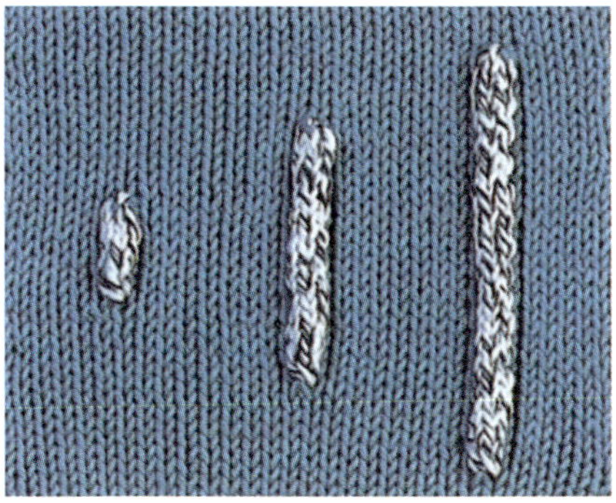

Achten Sie beim Farbwechsel darauf, daß Sie die Fäden verkreuzen, damit an dieser Stelle keine Löcher entstehen.

1 Stricken Sie aus einer Masche vier Maschen in einer anderen Farbe heraus: 1 Masche rechts, 1 Umschlag, 1 Masche rechts, 1 Umschlag. Nach dem Herausstricken der Biesenmaschen stricken Sie in der Grundfarbe weiter.

2 Den Faden nach dem Stricken der ersten Masche in der Grundfarbe anziehen. Das feste Zusammenziehen des Fadens läßt die Biese entstehen.

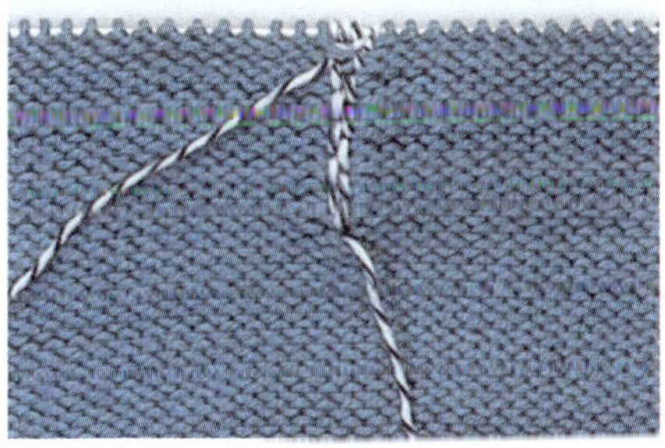

3 Die vier Maschen werden zusammengezogen. Von der Rückseite fotografiert, können Sie die zusammengezogenen Maschen erkennen.

Halbrunde Biesen

Cloquéartig wirkt das Strickstück, in das wir halbrunde Biesen eingestrickt haben.

Symbolschrift für das Cloquéartige Biesenmuster

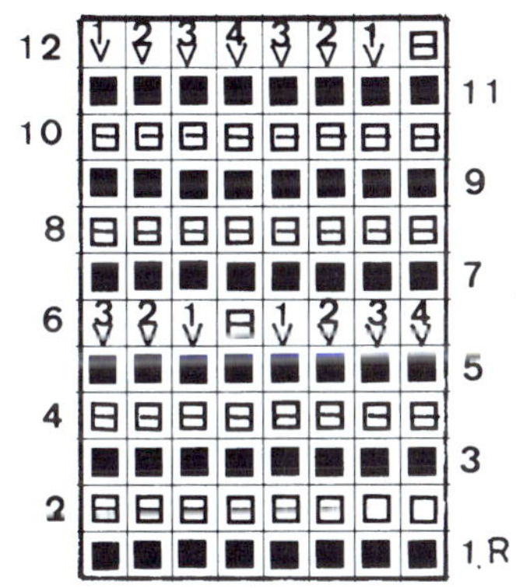

Tip

Sollen Ihre senkrechten Biesen nicht andersfarbig, sondern in der gleichen Farbe Ihres Pullovers eingestrickt werden, so müssen Sie trotzdem für die Biesen ein Extra-Knäuel verwenden.

Patentstricken

Patentmuster gehören schon fast zu den Grundmustern. Deshalb haben wir einige Seiten dieses Buches diesem Thema gewidmet.
Es gibt vier Arten von Patentmustern: Vollpatent, Halbpatent, Falsches Patent und Netzpatent. Hinzu kommen noch einige dieser Muster, die zweifarbig gestrickt oder mit patentgestrickten Zöpfen versehen sind.
Stricken Sie Patentmuster immer fest, evtl. mit dünneren Nadeln. Die Muster neigen dazu, sich in der Breite zu weiten.
Sie können das Voll- und Halbpatent mit tiefer gestochenen Maschen stricken, heute unter dem Namen Französisches Patent bekannt. Ich empfehle Ihnen jedoch, wenn möglich die rechten Maschen rechts zu stricken und die linken Maschen mit Unschlag links abzuheben. Das Muster wird fester und gleichmäßiger. Bei den tiefer eingestochenen Maschen lassen Sie eine Masche fallen. Denken Sie auch daran, daß Sie bei bestimmten Effektgarnen Schwierigkeiten bekommen, weil die Masche nicht »herunterfällt«.
Wenn Sie Jacken oder Pullover in einem dieser Patentmuster arbeiten, dann brauchen Sie an den Seiten, die später zusammengenäht werden, feste Ränder.
Wählen Sie deshalb für Patentgestricktes den Schweizer Rand: erste Masche links stricken, letzte Masche links stricken. Diese Randmaschen ergeben einen festen Knötchenrand.
Schlagen Sie eine ungerade Maschenzahl bei Voll- und Halbpatentmustern an. Die Maschen neben den Randmaschen sollten auf der Vorderseite linke Maschen sein.
Sie erleichtern sich damit das spätere Zusammennähen im Matratzenstich. Erfassen Sie jeweils die Mitte der linken Maschen zweier Teile. Sie werden nach dem Zusammenziehen kaum eine Naht erkennen können. Die zwei halben linken Maschen werden zu einer ganzen zusammengezogen, die vertieft im Strickbild liegt.

Vollpatentgestricktes

Wir zeigen Ihnen Abbildungen einer patentgestrickten Maschenprobe. Wie sie von der Nadel kommt.

So gedehnt sollten Sie alle gerippten Muster mit Hilfe der Maschenprobe berechnen.

Die Ausschnittvergrößerung läßt den Knötchenrand und die linke Masche neben der Randmasche erkennen.

Wenn die Randmaschen sichtbar liegen bleiben sollen, stricken Sie . . .

. . . die ersten und die letzten drei Maschen einer Reihe nicht im Patentmuster (Patentrand Seite 47).

Patentgestricktes wird im Matratzenstich zusammengenäht. Jeweils die Mitte der linken Maschen erfassen.

Die Randmaschen legen sich zur Innenseite um.

Auf der rechten Seite ist die Naht kaum zu erkennen.

Die linken Maschen neben den Randmaschen werden in den Raglanschrägungen im Matratzenstich miteinander verbunden.

Verlegte Abnahmen bei einer Raglanschrägung

Bei Abnahmen, die in das Gestrick hineinverlegt werden, zum Beispiel bei Raglanschrägungen, drei Maschen vor und nach den Abnahmen nicht patent, sondern normal stricken: 1 Masche links, 1 Masche rechts, 1 Masche links plus Randmaschen. In jeder achten Reihe werden zwei Maschen an jeder Seite abgenommen. Auf der rechten Seite eine Masche rechts abheben, zwei Maschen rechts zusammenstricken, die abgehobene Masche (2 Maschenglieder sind auf der Nadel) über die gestrickte ziehen. Auf der linken Seite drei Maschen (5 Maschenglieder: 1 Masche rechts, 1 Masche links, 1 Masche rechts) rechts zusammenstricken.

Patentstricken

Vollpatent

Es ist sehr zu empfehlen, auch beim Vollpatent mit dem italienischen Anschlag zu beginnen. Wenn Sie kein Bündchen stricken, nehmen Sie eine dickere Nadel für den Anschlag.
Schlagen Sie, mit dem Daumenfaden beginnend, eine ungerade Maschenzahl an, wenn Sie das Strickstück später zusammennähen wollen. Die Maschen neben den Randmaschen sind dann auf der Vorderseite linke Maschen.

Erste Reihe (Rückreihe):
Randmasche * 1 Masche rechts, 1 Umschlag, 1 Masche links abheben, * 1 Masche rechts, Randmasche.

Zweite Reihe (Hinreihe):
Randmasche * 1 Umschlag, 1 Masche links abheben, 1 Masche rechts, * 1 Umschlag, 1 Masche links abheben, Randmasche.
Diese zwei Reihen werden ständig wiederholt (*). Ab zweiter Reihe sind die Maschen mit dem Umschlag immer die rechten Maschen. Umschlag und Masche werden als eine Masche abgestrickt.

Halbpatent

Der Name Halbpatent drückt exakt das aus, was Sie stricken: nur die Hälfte Patent. Es wird abwechselnd eine Reihe Vollpatent und eine Reihe 1 Masche rechts, 1 Masche links gestrickt. Bei allen Strickstücken, die Sie später zusammennähen wollen, schlagen Sie eine ungerade Maschenzahl an.

Erste Reihe (Rückreihe):
Randmasche * 1 Masche rechts, 1 Masche links * 1 Masche rechts, Randmasche

Zweite Reihe (Hinreihe):
Randmasche * 1 Umschlag, 1 Masche links abheben, 1 Masche rechts * 1 Umschlag, 1 Masche links abheben, Randmasche.
Diese Reihen ständig wiederholen.
Halbpatent sieht im Gegensatz zum Vollpatent nicht auf beiden Seiten gleich aus. Die »unruhige« Seite ist die Vorderseite.

Falsches Patent

Das falsche Patent wird in einigen Gegenden Deutschlands auch deutsches Patent genannt. Es wird nicht mit abgehobenen Maschen gestrickt. Maschenzahl teilbar durch 4 plus 2 Randmaschen.

Erste Reihe:
Randmasche * 3 Maschen rechts, 1 Masche links * Randmasche.

Zweite Reihe:
Randmasche, 2 Maschen rechts * 1 Masche links, 3 Maschen rechts * 1 Masche links 1 Masche rechts, Randmasche.
Diese beiden Reihen ständig wiederholen. Dieses Muster ergibt auf beiden Seiten Reihen hochlaufender rechter Maschen. Die Maschenzahl zwischen den Rechtsrippen können Sie verändern. Ich habe drei Maschen gewählt, es können aber auch mehr sein. Es muß auf jeden Fall eine ungerade Maschenzahl zwischen den Rippen liegen.

Zweifarbiges Vollpatent

Zweifarbiges Patent stricken Sie mit tiefer eingestochenen Maschen, auch doppelte Maschen genannt. Sie benötigen eine Nadel ohne Köpfchen. **Jede Nadel wird 2mal abgestrickt.** Sie müssen die Maschen von der linken zur rechten Nadelseite schieben.

Erste Reihe (Rückreihe, dunkle Farbe):
Randmasche * 1 Masche rechts, 1 Masche links * 1 Masche rechts, Randmasche. Wenden.

Zweite Reihe (Hinreihe, helle Farbe):
Randmasche * 1 Masche links, 1 Masche rechts * 1 Masche links, Randmasche. Maschen nach rechts schieben.

Dritte Reihe (Hinreihe, dunkle Farbe):
Randmasche * 1 Masche links, 1 doppelte rechte Masche * 1 Masche links, Randmasche. Wenden.

Vierte Reihe (Rückreihe, helle Farbe):
Randmasche * 1 doppelte rechte Masche, 1 Masche links * 1 doppelte rechte Masche, Randmasche. Maschen nach rechts schieben.

Fünfte Reihe (Rückreihe, dunkle Farbe):
Randmasche * 1 Masche rechts, 1 doppelte linke Masche, * 1 Masche rechts *, Randmasche. Wenden.

Sechste Reihe (Hinreihe, helle Farbe):
Randmasche * 1 doppelte linke Masche, 1 Masche rechts * 1 doppelte linke Masche, Randmasche. Maschen nach rechts schieben.

Die dritte bis sechste Reihe werden fortlaufend wiederholt.

Die Randmaschen werden stets 1mal in beiden Farben gestrickt.

Eine doppelte rechte Masche = 1 Masche, eine Reihe tiefer von vorn eingestochen, rechts abgestrickt.

Eine doppelte linke Masche = 1 Masche links gestrickt, dabei eine Reihe tiefer von hinten einstechen und den vorn liegenden Faden nach hinten durchholen.

Einfarbiges Netzpatent

Maschenzahl teilbar durch 2

Erste Reihe (Hinreihe):
Rechtsstricken

Zweite Reihe (Rückreihe):
Rechts stricken

Dritte Reihe (Hinreihe):
Randmasche * 1 Masche rechts, 1 doppelte rechte Masche * Randmasche (Foto 1 und 2).

Vierte Reihe (Rückreihe):
Randmasche * den Faden, der vor der doppelten Masche liegt, auffassen und mit der dazugehörigen Masche rechts abstricken; 1 Masche rechts * Randmasche (Foto 3, 4 und 5).

Fünfte Reihe (Hinreihe):
Randmasche * 1 doppelte rechte Masche, 1 Masche rechts * Randmasche.

Sechste Reihe (Rückreihe):
Randmasche * 1 Masche rechts, den Faden, der vor der doppelten Masche liegt, auffassen und mit der dazugehörigen Masche rechts abstrikken. * Randmasche.

Die dritte bis sechste Reihe ständig wiederholen.

1 Eine Masche rechts stricken.

2 Eine doppelte rechte Masche arbeiten (siehe Seite 168).

3 Den Faden, der vor der doppelten rechten Masche liegt, auffassen...

4 ...und mit der dazugehörigen Masche rechts abstricken.

5 Eine Masche rechts stricken.

Zweifarbiges Netzpatent

Maschenzahl teilbar durch 2.
Das zweifarbige Netzpatent wird wie das beschriebene Netzpatent auf S. 170 gestrickt.
Wechseln Sie immer nach zwei Reihen die Farbe, beginnend mit einer Hinreihe.

Patentzopf I

Zopf über 7 Maschen

Voraussetzung ist eine ungerade Maschenzahl. Achten Sie darauf, daß die Maschen neben den Randmaschen linke Maschen sind.
Gezopft wird in den Hinreihen. Beginnen Sie mit einer rechten Masche und legen Sie 4 Maschen (1 rechte Masche, 1 linke Masche, 1 rechte Masche, 1 linke Masche) auf eine Hilfsnadel hinter die Arbeit.
Die nächsten 3 Maschen (1 rechte Masche, 1 linke Masche, 1 rechte Masche) im Patentmuster abstricken.
Die letzte linke Masche der Hilfsnadel auf die linke Nadel gleiten lassen und mit Umschlag links abheben. Die letzten drei Maschen der Hilfsnadel (1 rechte Masche, 1 linke Masche, 1 rechte Masche) im Vollpatent abstricken.
Frühestens in jeder vierzehnten Reihe die Zopfreihen wiederholen.
Die Maschen zwischen den Zöpfen und die darüberliegenden Reihen werden im Vollpatent gestrickt.

Patentzopf II

Patentzopf über 7 Maschen

Erste bis achte Reihe:
Grundmuster Vollpatent

Neunte Reihe:
Die rechte Masche mit dem Umschlag auf eine Hilfsnadel vor die Arbeit legen, die folgenden 5 Maschen auf eine zweite Hilfsnadel hinter die Arbeit legen. Die folgende rechte Masche mit dem Umschlag rechts zusammenstricken, dann die 5 Maschen der zweiten Hilfsnadel im Patentmuster stricken, und die Masche der ersten Hilfsnadel mit dem Umschlag rechts zusammenstricken.

Eine ungerade Anzahl von Reihen im Patentmuster darüberstricken und auf der Vorderseite zopfen. Stricken Sie nicht weniger als 17 Reihen darüber. Das Muster wirkt nicht, wenn die Maschen zu oft gekreuzt werden.

Patentzopf III

Zopf über 3 Maschen

Grundmuster ist auch hier das Vollpatent.
Legen Sie 1 rechte Masche auf eine Hilfsnadel vor die Arbeit.
Die nächste linke Masche wird auf eine zweite Hilfsnadel hinter die Arbeit gelegt.
Die folgende rechte Masche rechts abstricken, die linke Masche der zweiten Hilfsnadel mit einem Umschlag links abheben und die rechte Masche der ersten Hilfsnadel rechts abstricken.
Frühestens in jeder zwölften Reihe zopfen.

Patentzopf IV

Patentzopf über 8 Maschen

Erste bis achte Reihe:
Im Grundmuster das Vollpatent stricken.

Neunte Reihe:
2 Maschen auf eine Hilfsnadel hinter die Arbeit legen, 2 Maschen mustergemäß stricken, dann die Maschen der Hilfsnadel im Patentmuster stricken, 2 Maschen auf eine Hilfsnadel vor die Arbeit legen, 2 Maschen Patentmuster, dann die Maschen der Hilfsnadel im Patentmuster stricken.

Zehnte Reihe:
Patentmuster

Die erste bis zehnte Reihe werden fortlaufend wiederholt.

Halbpatentmuster mit Relief

In dieses Halbpatentmuster wurde durch Maschenverkreuzung ein Reliefmuster eingearbeitet.
Der Strickschrift sind die Arbeitsweisen des Musters zu entnehmen (Symbolerläuterung Seite 256).
Gezeichnet ist ein Musterrapport, der in Breite und Höhe fortlaufend wiederholt werden kann. Es sind hier nur die Hinreihen gezeichnet, die Rückreihen werden wie folgt gestrickt: Beim Halbpatentmuster die rechts erscheinenden Maschen rechts stricken, die linken Maschen mit einem Umschlag links abheben. Die zum Reliefmuster gehörenden Maschen abstricken wie sie erscheinen.

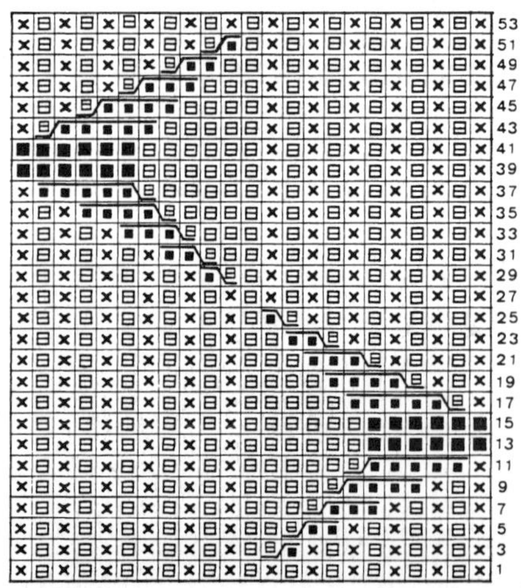

Maschenzahl teilbar durch 14, damit der Zopfrapport aufgeht. Die ersten 3 Maschen des Zopfes auf eine Hilfsnadel nach hinten legen, die folgenden 3 Maschen rechts stricken, dann die stillgelegten.

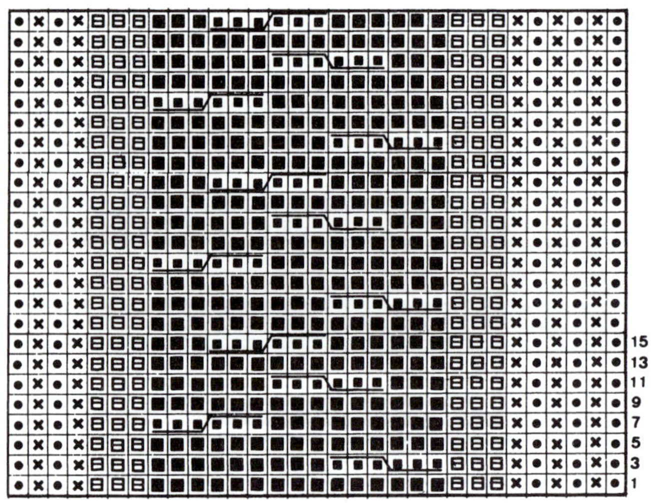

Dieser Zopf wurde in ein patentgestricktes Grundmuster gearbeitet. Für den Zopf 6 Maschen nach rechts verkreuzen und 6 Maschen nach links.

Maschenzahl teilbar durch 14. Die ersten 3 Maschen des Zopfes auf eine Hilfsnadel vor die Arbeit legen. Die nächsten Maschen rechts stricken, anschließend die Maschen der Hilfsnadel.

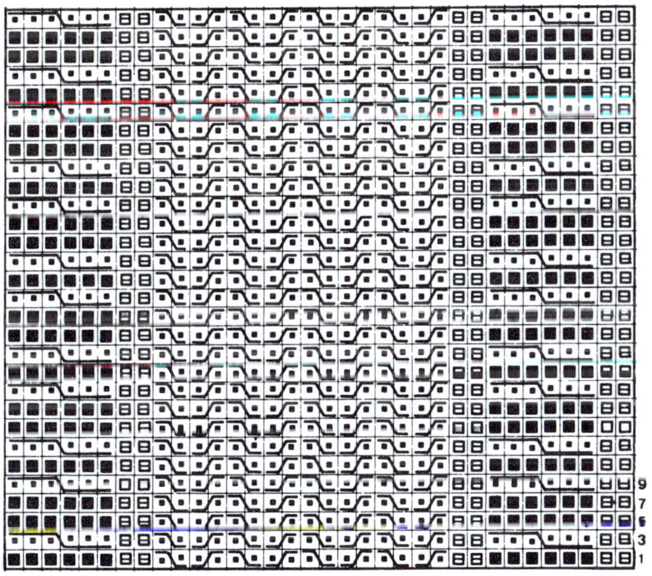

Dieses Muster ist eine Kombination aus einem einfachen Zopf über 6 Maschen und »Minizöpfen«, bestehend aus 2 verkreuzten Maschen. Soll das Muster über eine größere Fläche gearbeitet werden, zunächst 1mal die erste bis zehnte Reihe stricken und dann die fünfte bis zehnte Reihe fortlaufend wiederholen.

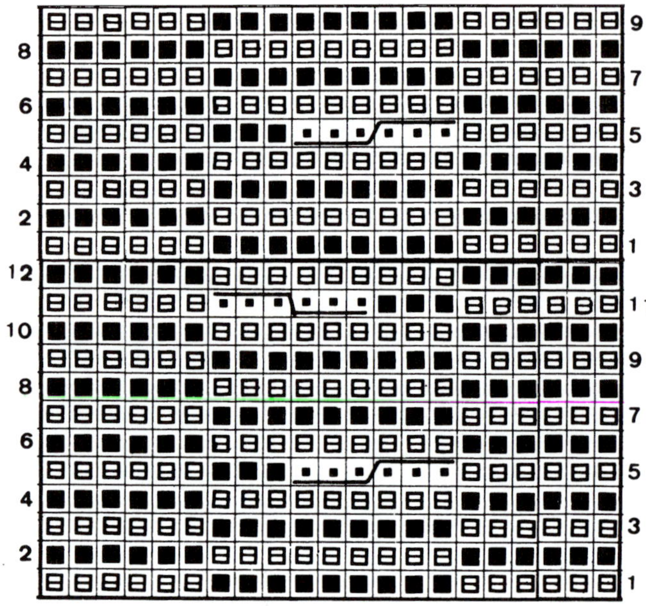

Der geflochtene Zopf wurde über 9 Maschen gestrickt. Er setzt sich aus dem rechts- und linksgedrehten Zopf zusammen, wobei die Zopfverkreuzungen jeweils um 3 Maschen versetzt sind.

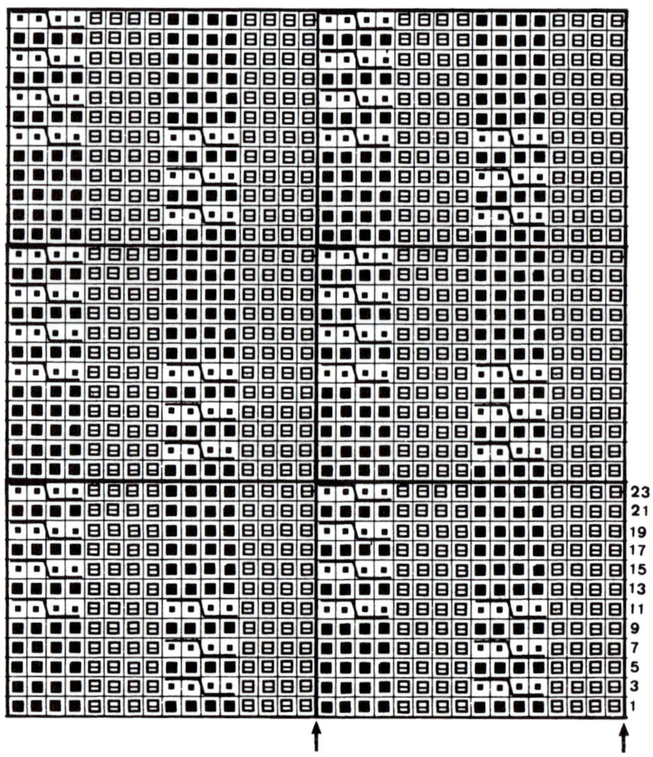

Der Rapport besteht aus 16 Maschen. Gezeichnet sind nur die Hinreihen; die Rückreihen stricken wie sie erscheinen.

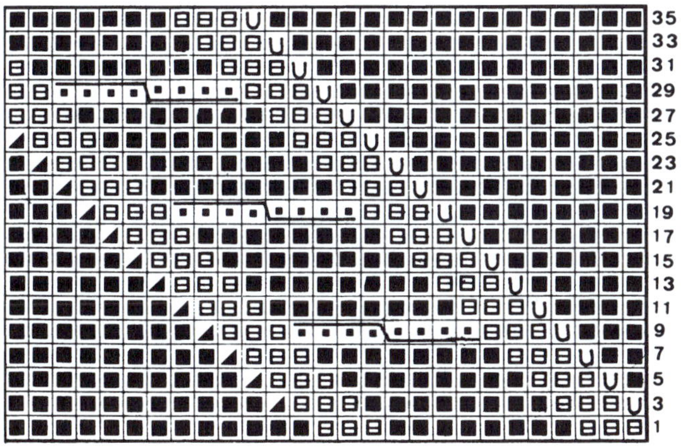

Das Muster kann in der Höhe beliebig fortgesetzt werden. Es sind nur die Hinreihen gezeichnet. Soll die Schrägung des Zopfes nicht so steil ausfallen, so ist dies durch Verschieben der Zunahmen aus dem Querfaden und des Zusammenstrickens der Maschen in nur jeder fünften oder siebten Reihe möglich.

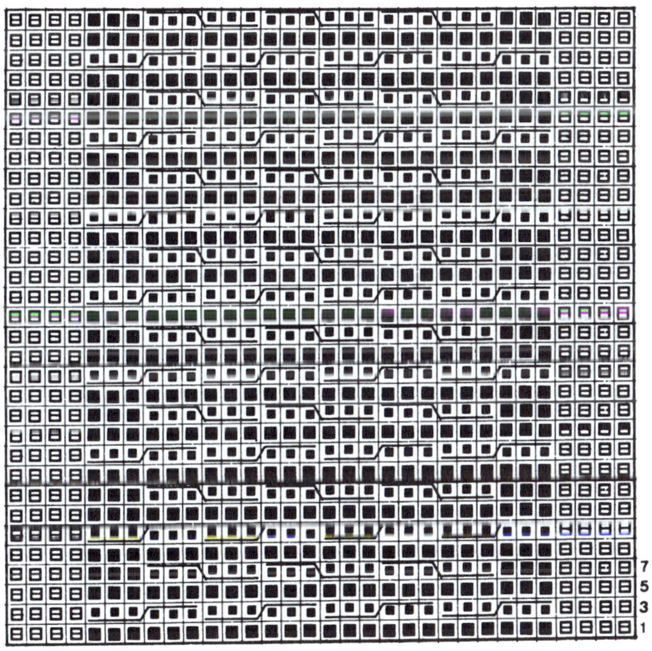

Ein besonders breites Zopfmuster, das wie ein Flechtmuster wirkt. Das Muster wird in der Höhe fortlaufend wiederholt.

1

Für den schrägen, nach links laufenden Zopf ist das Muster (nur die Hinreihen) gezeichnet. Die Rückreihen werden gestrickt wie sie erscheinen. Das Muster kann nach Belieben verlängert werden. Die Schrägung des Zopfes kann man verringern, wenn man die Maschen nur in jeder vierten Reihe versetzt.

1

Das Muster des schrägen, nach rechts laufenden Zopfes kann in der Schrägung verlängert werden. Wie beim nach links laufenden Zopf ergibt sich durch das Überziehen neben dem eigentlichen Zopfmuster die mitlaufende »Randkette«. Auch hier sind nur die Hinreihen gezeichnet.

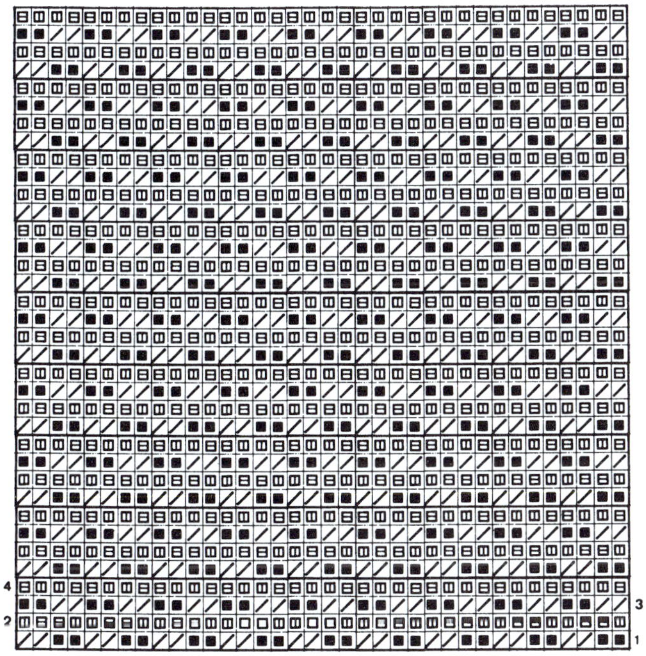

Dieses Muster fortlaufend in Breite und Höhe wiederholen. Der Rapport umfaßt 4 Maschen und 4 Reihen.

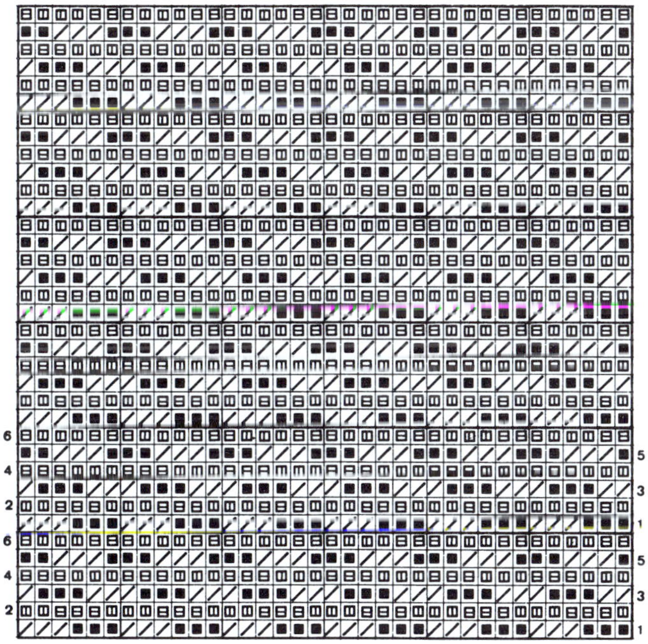

In den Hinreihen 3 Maschen wie zum Linksstricken abheben und den Faden vor der Arbeit entlangführen. Dadurch ergeben sich die »eingewebten« Fäden. Der Rapport umfaßt 6 Maschen und 6 Reihen.

Die folgenden Webmuster sind nicht schwer. Durch die Zweifarbigkeit werden die Mustereffekte erzielt. Der Rapport dieses Musters umfaßt 12 Reihen und 6 Maschen. Nach jeweils 2 Reihen erfolgt ein Farbwechsel.

Das obige Muster wurde leicht verändert, so daß die Schrägungen deutlicher zu erkennen sind. Der Rapport geht über 24 Reihen und 6 Maschen. Dabei jeweils nach 8 Reihen die Farbe wechseln.

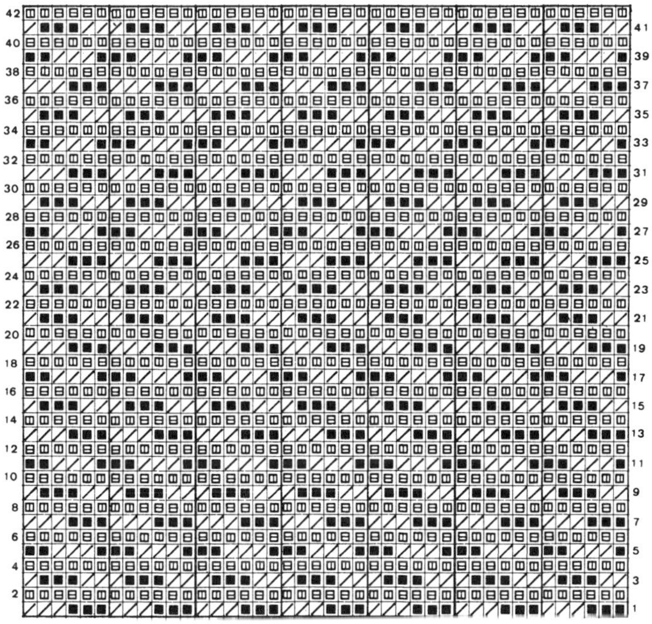

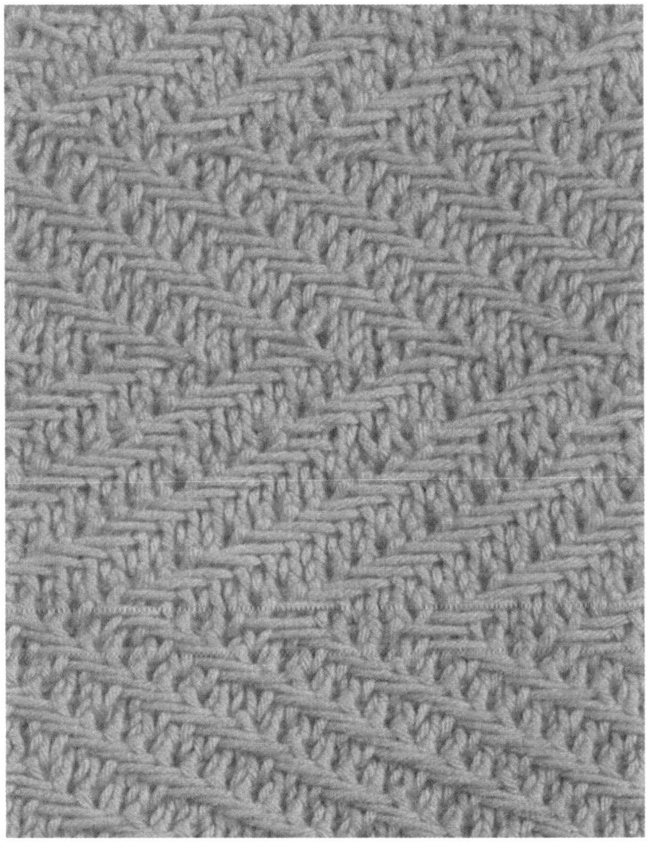

Nach dem gleichen Grundschema ist dieses Muster aufgebaut. Der Mustersatz umfaßt 42 Reihen und 36 Maschen; er ist komplett abgebildet. Wird das Muster einfarbig gestrickt, so sind die Zickzacklinien gut zu erkennen.

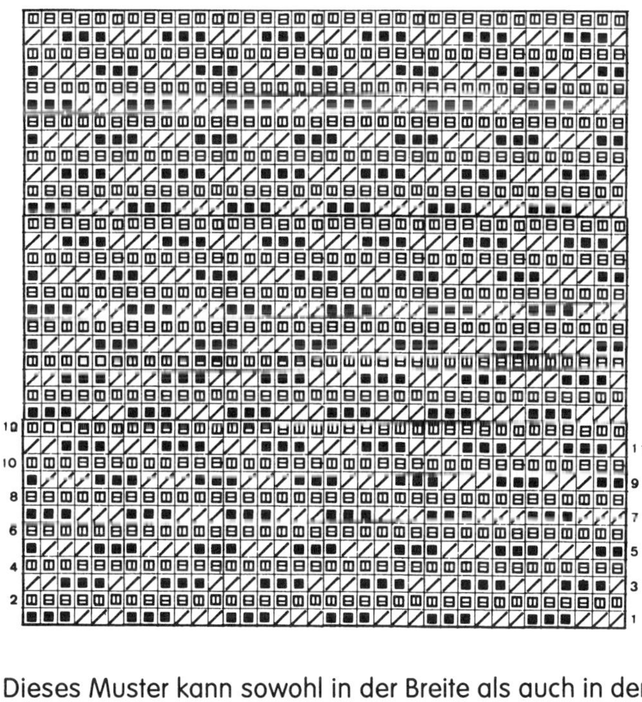

Dieses Muster kann sowohl in der Breite als auch in der Höhe aneinandergesetzt werden. Der Rapport wurde hier mehrfach aneinandergesetzt. Die kleinste Einheit besteht aus 12 Reihen und 6 Maschen. Der Farbwechsel erfolgt nach jeweils 6 Reihen.

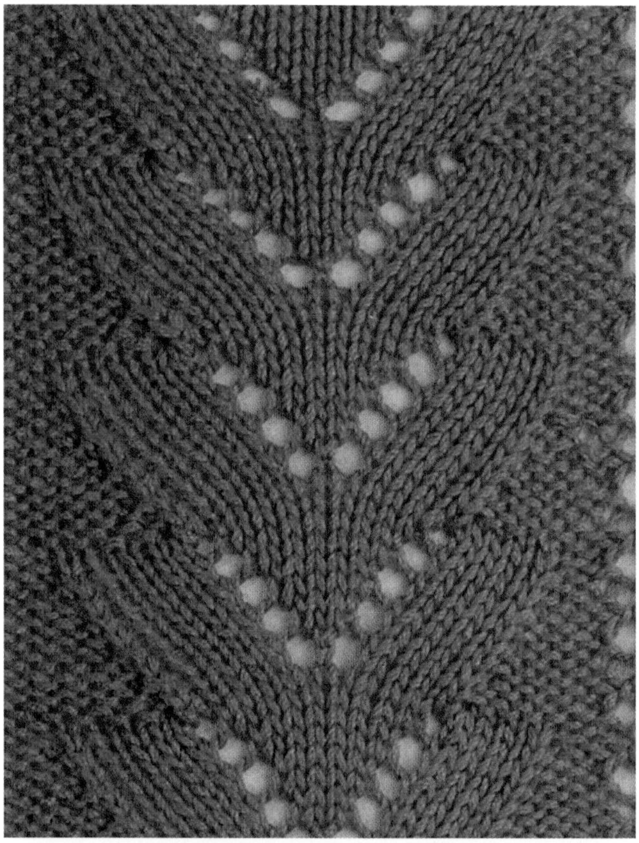

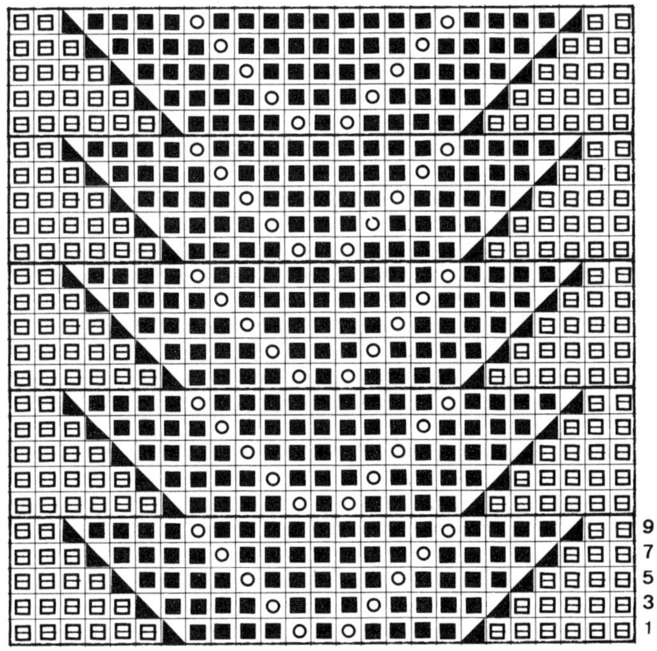

Ein bekanntes und beliebtes Lochmuster. Der Mustersatz umfaßt 10 Reihen und 25 Maschen. Er wurde hier mehrfach übereinandergefügt. Gezeichnet sind nur die Hinreihen, die Rückreihen stricken wie die Maschen erscheinen.

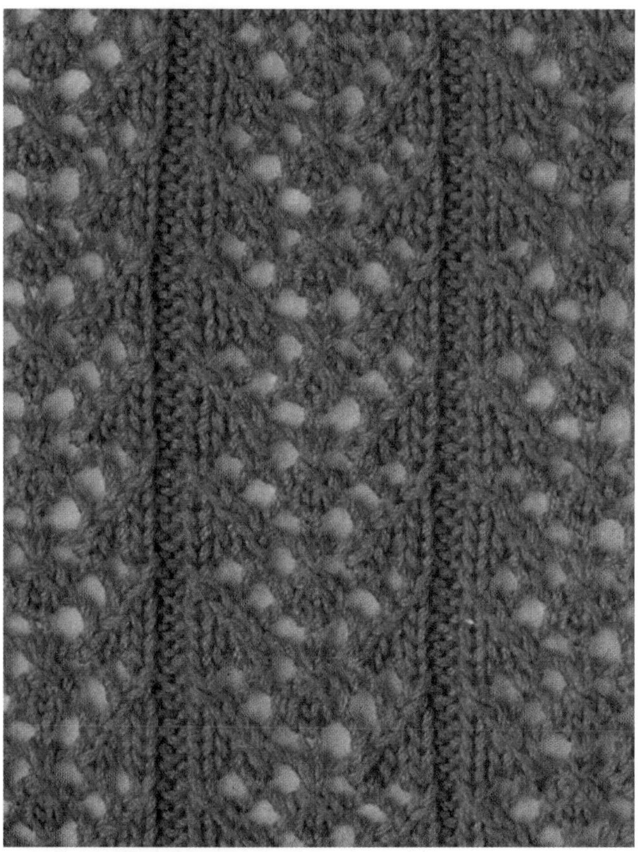

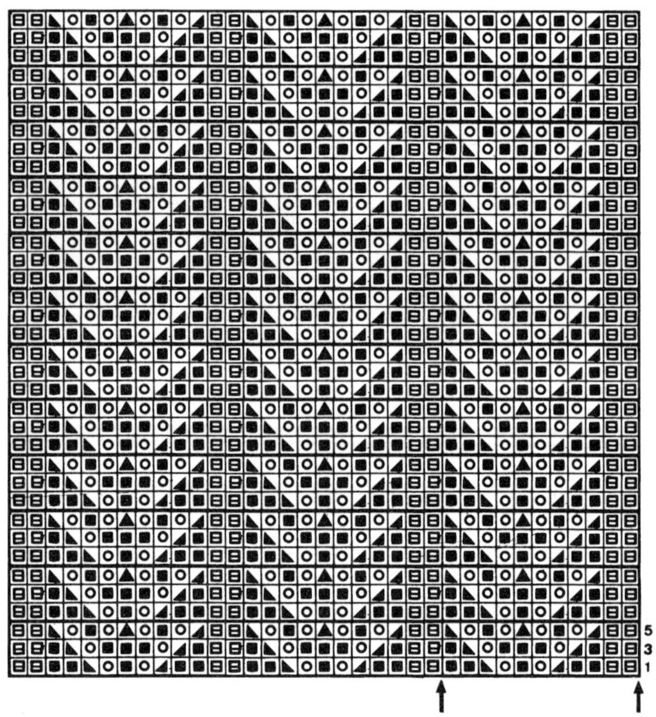

Durch das Aneinandersetzen entsteht ein Streifenlochmuster. Auch hier sind nur die Hinreihen gezeichnet. Der Mustersatz umfaßt 6 Reihen und 11 Maschen.

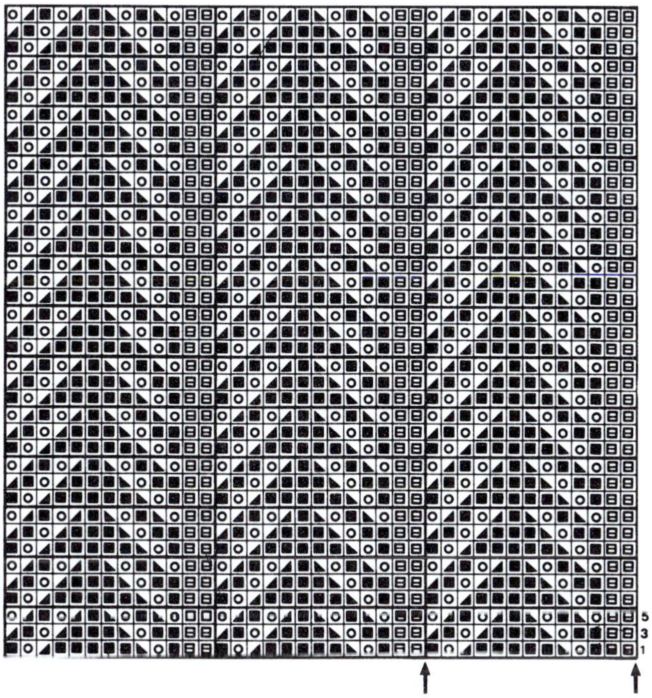

Ein Streifenmuster, das sowohl in der Höhe als auch in der Breite beliebig wiederholt werden kann. Ein Rapport besteht aus 6 Reihen und 13 Maschen.

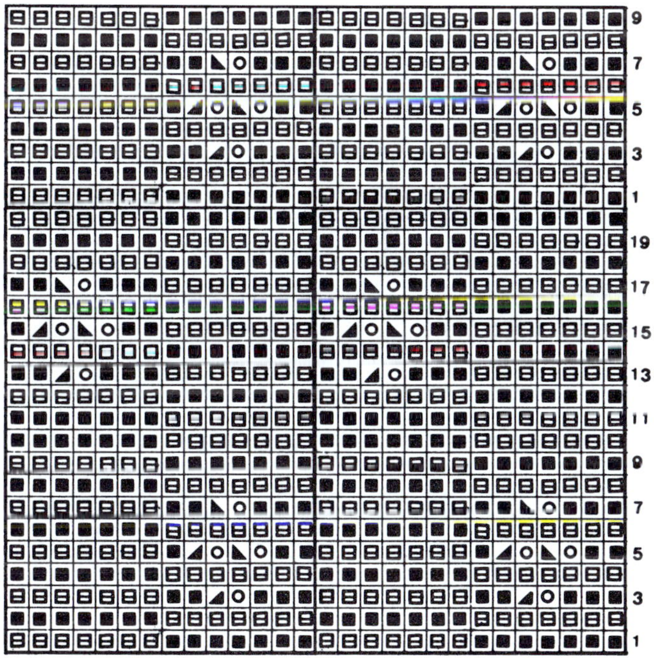

Kleine Quadrate mit einem Vierlochmuster. Der kleinste Rapport geht über vier Quadrate (2 Quadrate mit Loch und 2 Quadrate ohne Loch) und umfaßt 20 Reihen und 14 Maschen.

Dieses Muster sollten Sie mit Aufmerksamkeit stricken. Der Rapport umfaßt 20 Reihen und 12 Maschen. Die Maschen der Rückreihen stricken wie sie erscheinen.

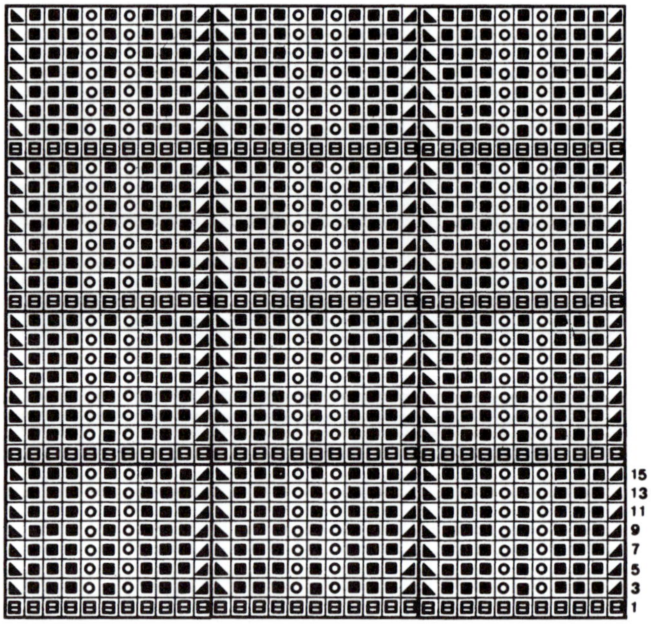

Der Mustersatz geht über 30 Reihen und 11 Maschen. Gezeichnet sind nur die Hinreihen, in den Rückreihen die Maschen stricken wie sie erscheinen.

Eine Variation des Rhombenmusters. Die kleinste Einheit besteht aus 16 Reihen und 12 Maschen. Die Maschen der Rückreihe stricken wie sie erscheinen.

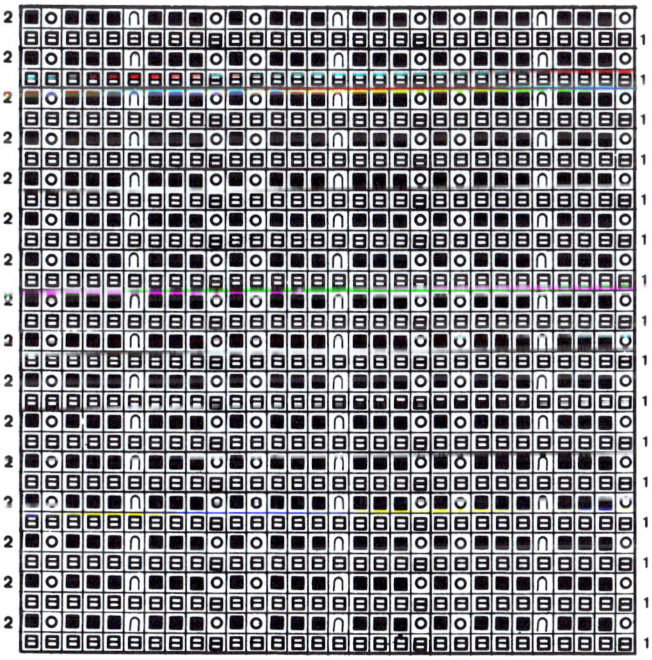

Auch das Streifenmuster können Sie abwandeln. Der Rapport dieses Musters umfaßt 2 Reihen und 10 Maschen.

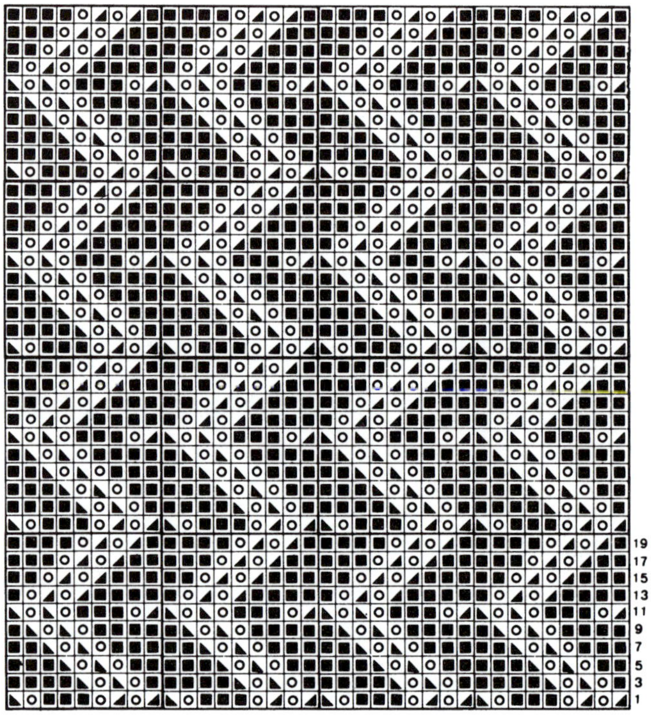

Der Mustersatz umfaßt 20 Reihen und 9 Maschen. Wird er fortlaufend aneinandergesetzt, so ergibt sich eine Zickzacklinie.

Ein sehr einfaches, aber wirkungsvolles Lochmuster. 16 Reihen und 8 Maschen umfaßt ein Grundrapport.

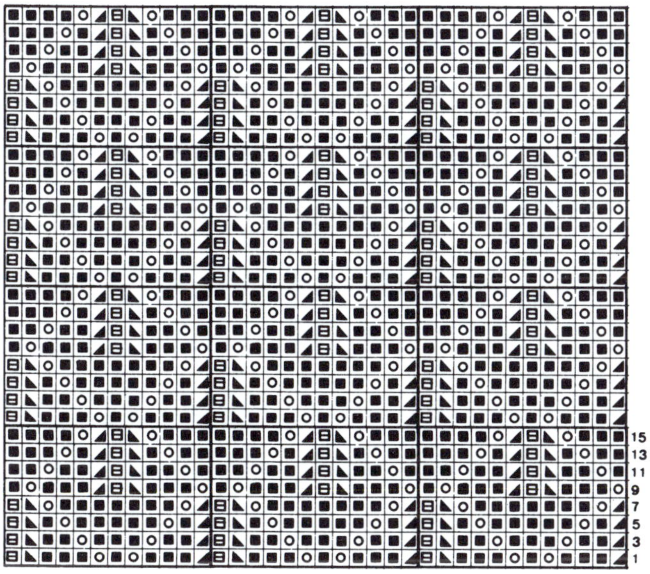

Mit etwas mehr Aufmerksamkeit muß dieses Muster gestrickt werden. Fügen Sie das Grundmuster, bestehend aus 16 Reihen und 12 Maschen, in beliebiger Anzahl aneinander.

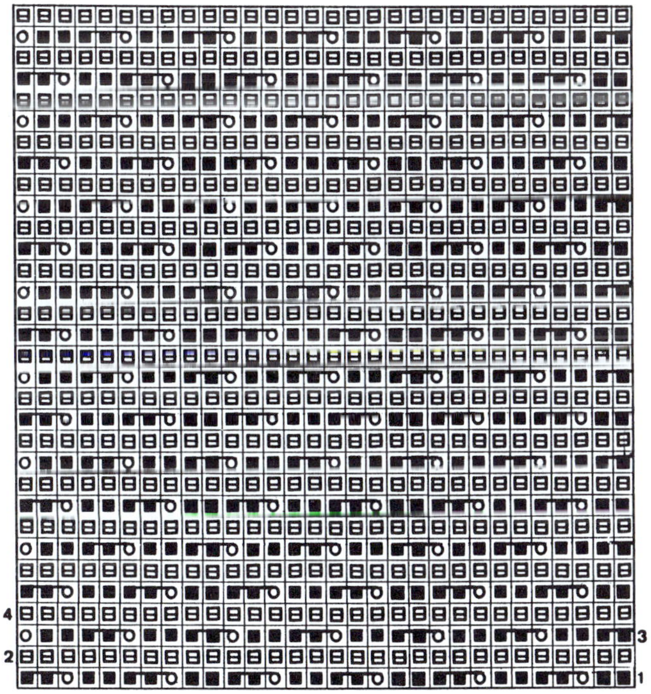

Dieses Muster ähnelt dem Webmuster. Hier besteht das Grundmuster aus 10 Maschen und 4 Reihen. Die überzogenen Maschen brauchen Sie nicht versetzt zu stricken, sie können auch übereinander angeordnet sein.

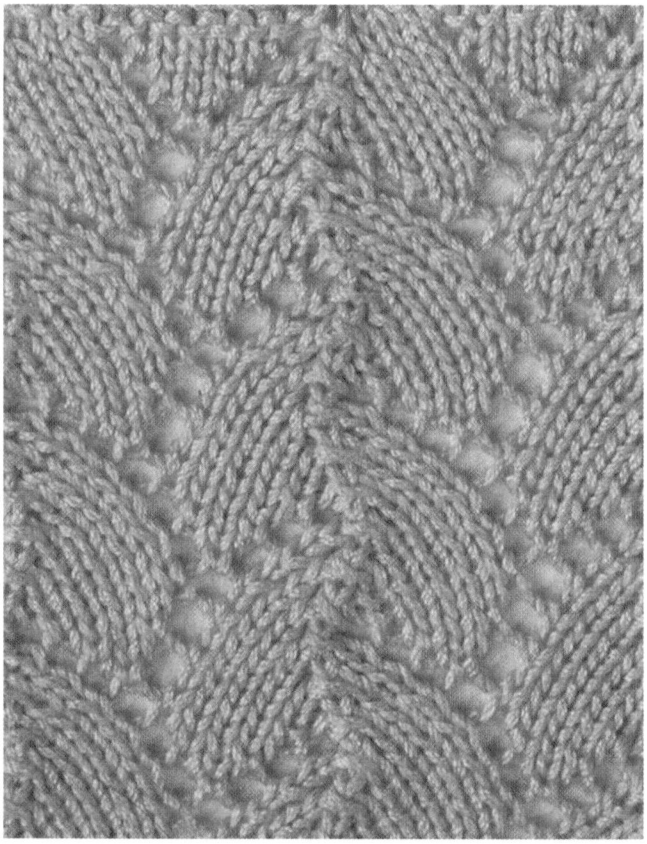

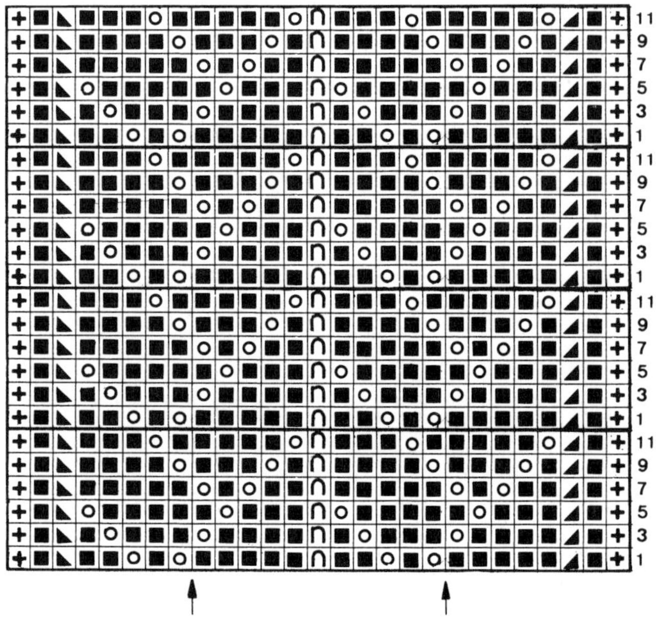

Der Rapport besteht aus 12 Reihen und 11 Maschen. In der Mitte eines Rapports wird zusammengestrickt. Hier wurden seitlich die möglichen Randmaschen mit eingezeichnet.

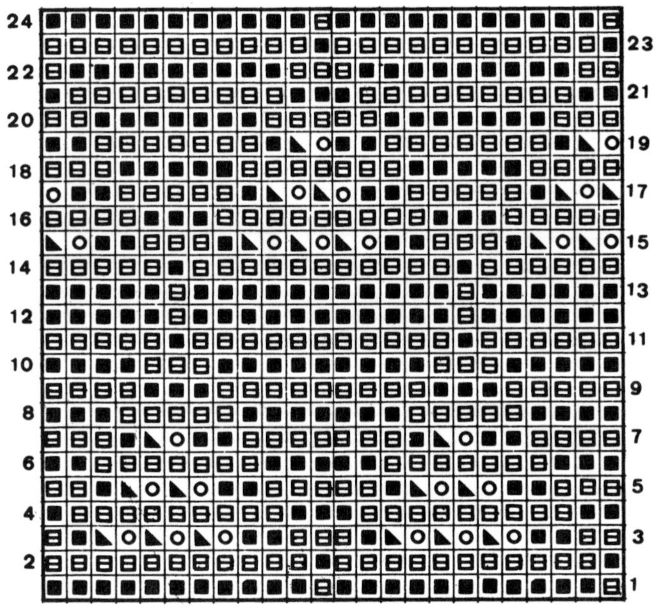

Ein Lochmuster mit kleinen Dreiecken. Der Rapport für ein Dreieck geht über 12 Reihen und 12 Maschen.

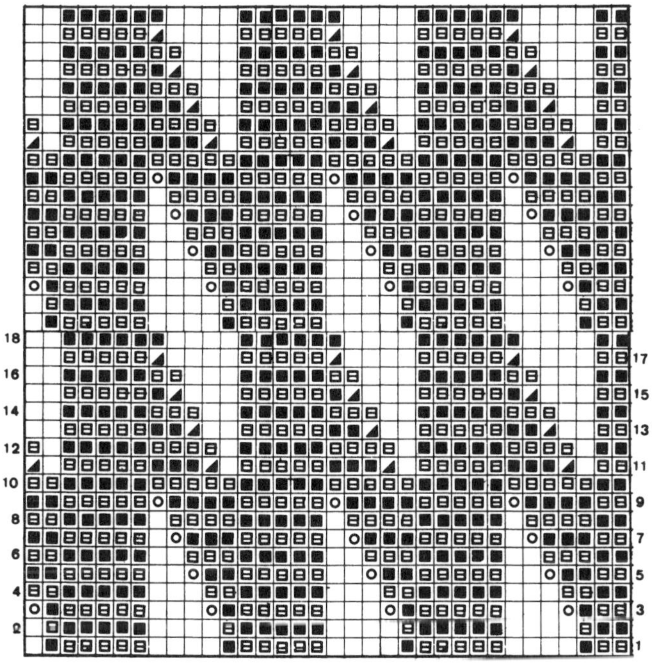

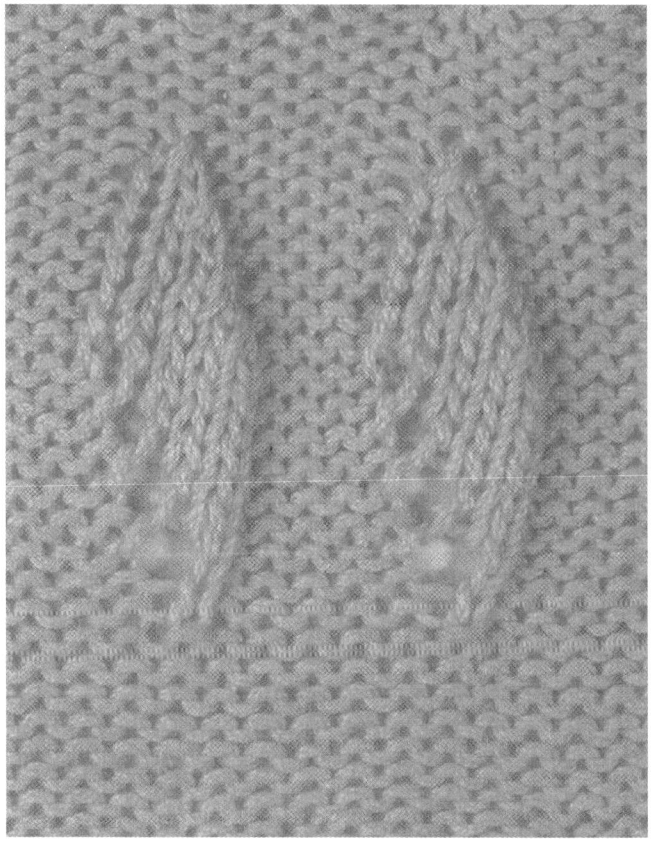

Ein einfaches Blattmuster. Einen kompletten Mustersatz für ein Blatt erhalten Sie, wenn Sie den unteren Teil (durch die Zahlen kenntlich gemacht) noch einmal wiederholen.

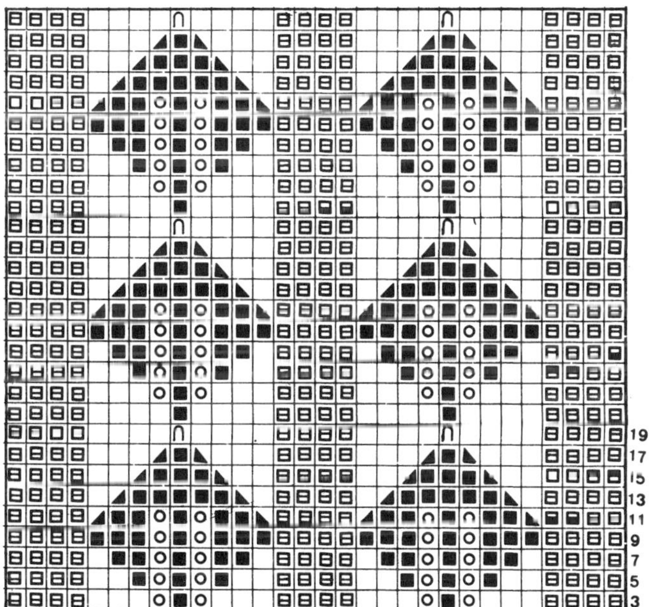

In der Symbolschrift ähneln die Blätter kleinen Dreiecken. Der Mustersatz für ein Blatt geht über 38 Reihen und 13 Maschen.

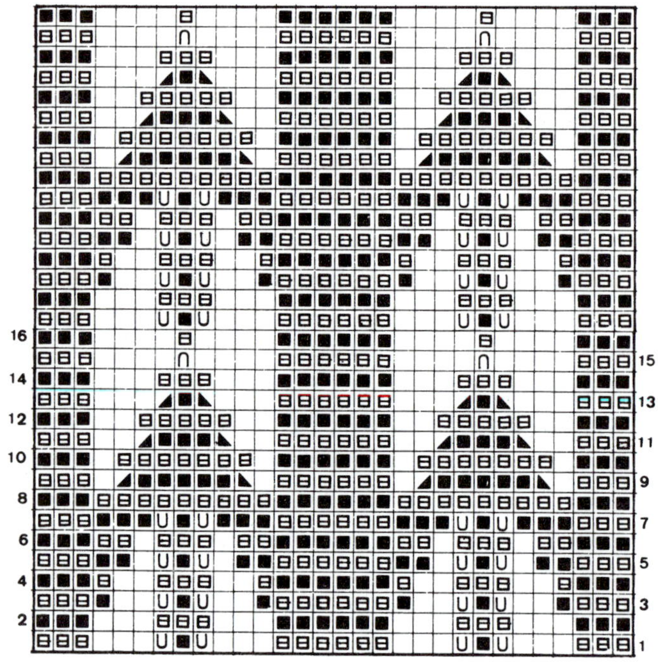

Auch hier ergibt sich der Mustersatz für ein Blatt durch die Wiederholung der ersten 16 Reihen. Bestimmen Sie selbst, wie dicht Sie die einzelnen Blätter neben- und übereinander stellen möchten.

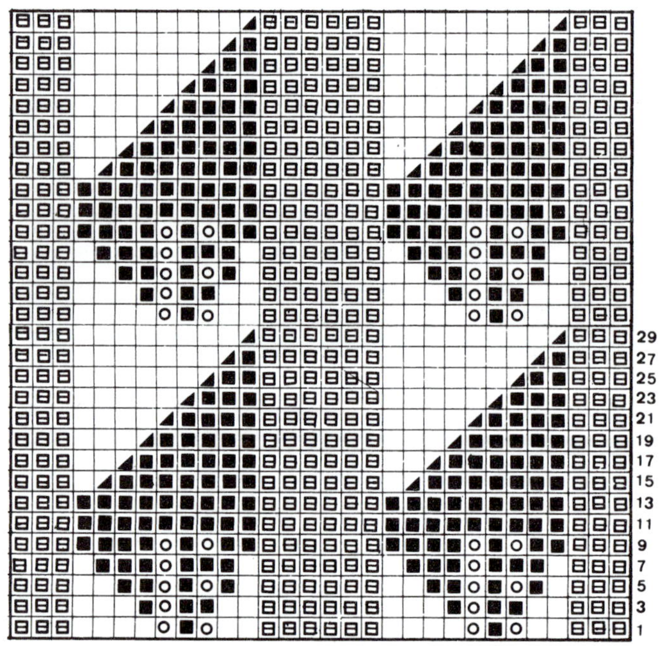

Bei diesem langgezogenen Blatt besteht der Grundrapport aus 30 Reihen und 15 Maschen. Die Blätter sollten in einem linksmaschigen Grund gearbeitet werden.

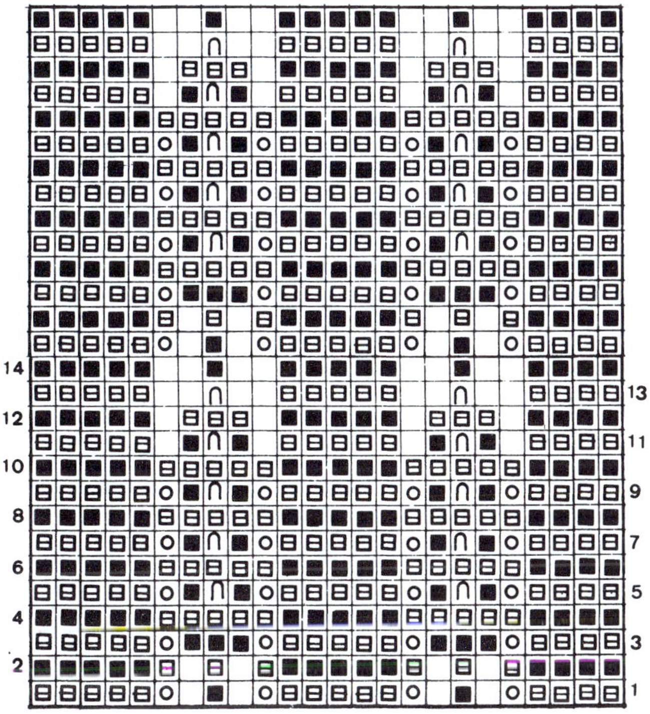

Kleine Blätter, die in der Doppelreihe sehr gut wirken. Hier wurden zwei Mustersätze gezeichnet.

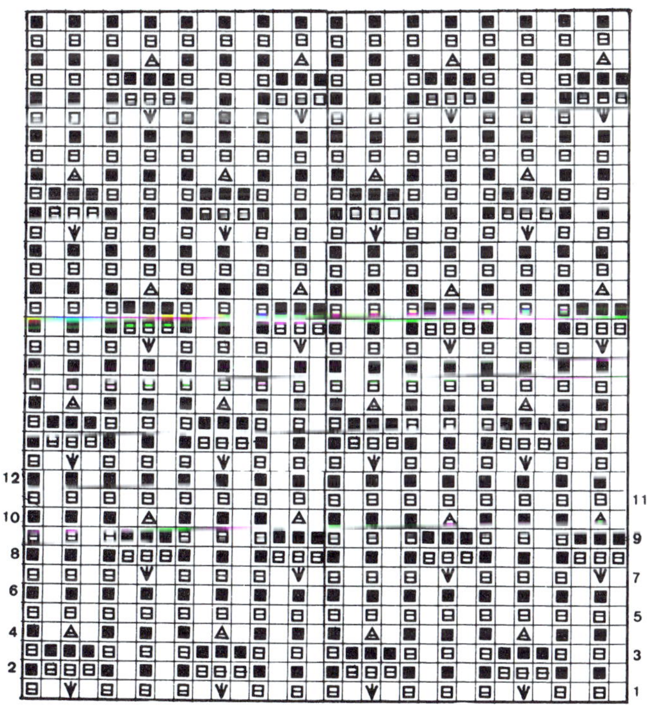

Blätter wie kleine Rosenknospen, die dicht bei dicht angeordnet werden sollten. Die kleinste Einheit besteht aus 12 Reihen und 8 Maschen.

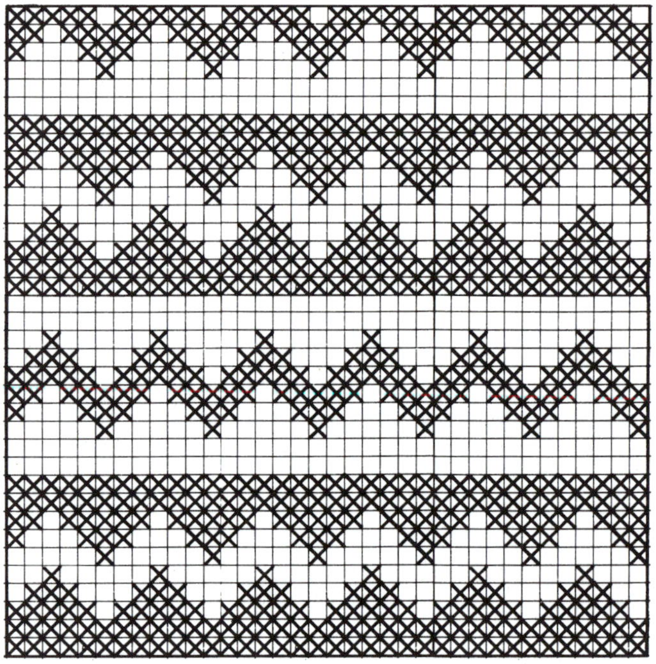

Ein einfaches Muster in zwei Farben. Der Mustersatz geht über 20 Reihen und 6 Maschen. Das Grundmuster wird wie bei allen folgenden Mustern glatt rechts gestrickt.

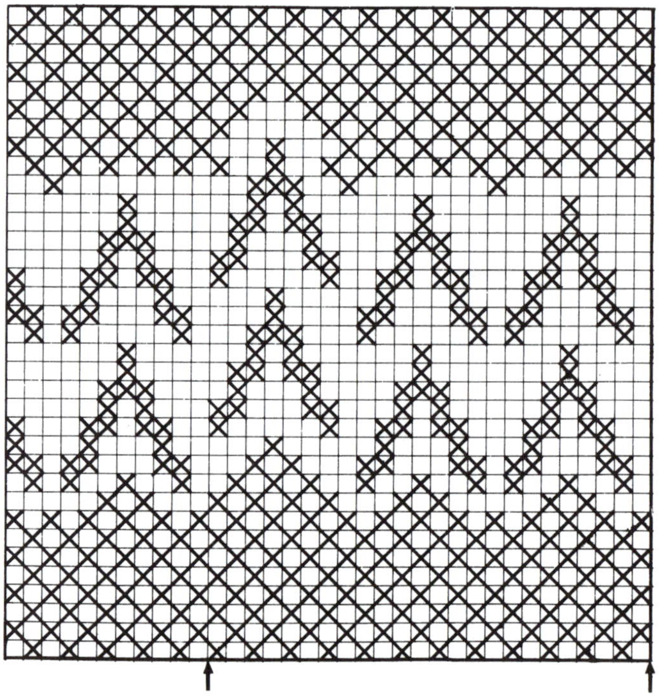

Eine Zackenspitze steht nicht in der Reihe. Dadurch wird dieses Muster interessant.

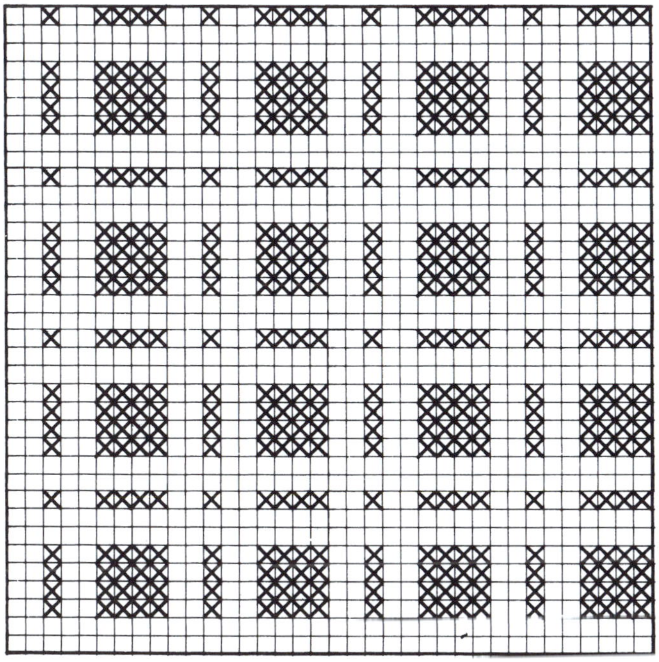

Ein Muster, das sich schnell stricken läßt. Ein Rapport besteht aus 9 Reihen und 9 Maschen.

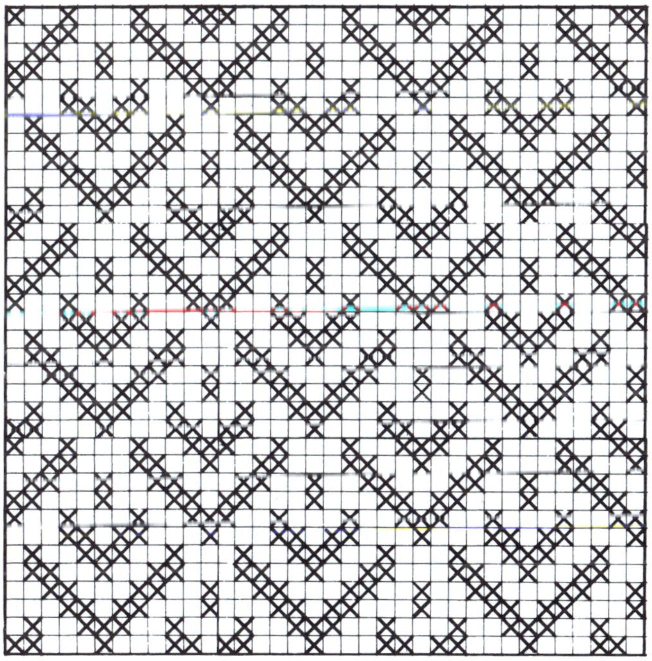

Dieses Zickzackmuster erfordert etwas mehr Aufmerksamkeit. Der Rapport umfaßt 12 Reihen und 12 Maschen.

Hier wurde das bekannte Hahnentrittmuster gestrickt. Dieses Muster wirkt nur, wenn es in zwei Farben gearbeitet wird. Ein Mustersatz umfaßt 10 Reihen und 8 Maschen.

Dies ist ein Muster, das in beliebiger Höhe und Breite gestrickt werden kann. Der Rapport geht über 12 Reihen und 12 Maschen.

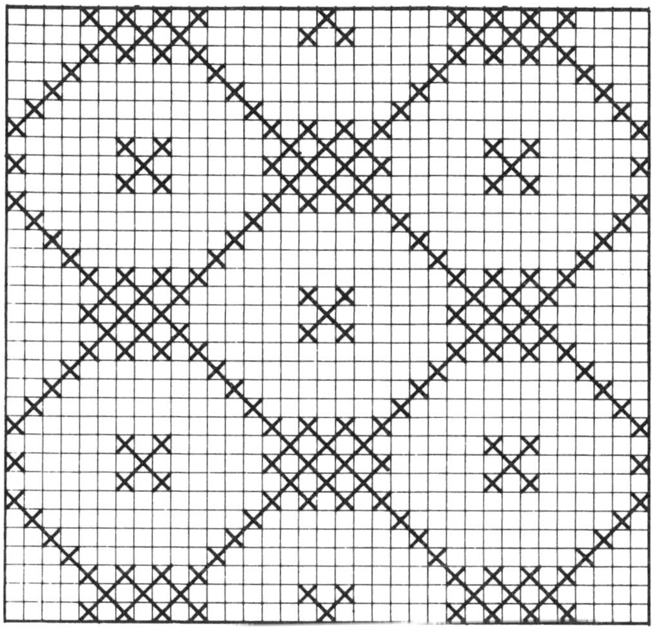

Dieses Muster wurde ebenfalls in zwei Farben gestrickt. Sie können die »Sternchen« im Inneren der Karos auch in einer dritten Farbe stricken. Hier sind zwei Mustersätze gezeichnet.

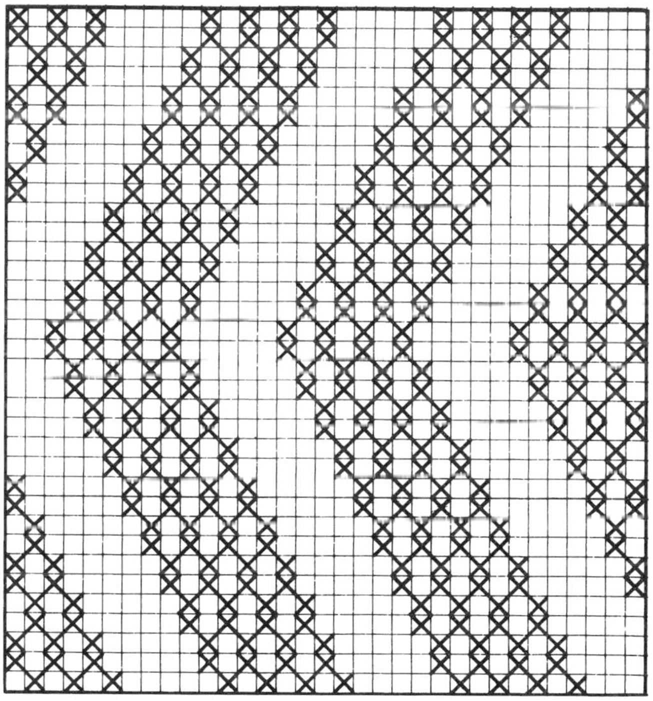

In einem stumpfen Winkel verlaufen die Reihen der in einer Zweitfarbe gestrickten Maschen. Sie können den Rapport beliebig oft aneinandersetzen oder die Streifen verlängern.

Eine Bordüre im Norwegerstil. Der Mustersatz kann beliebig verlängert werden. Der innere Musterstreifen geht über 22 Reihen. Er kann durch zwei schmale Streifen (jeweils 6 Reihen) oben und unten verbreitert werden.

Gezeichnet ist ein Mustersatz, in dem rechts und links zusätzlich einfarbige Ränder aufgenommen wurden.

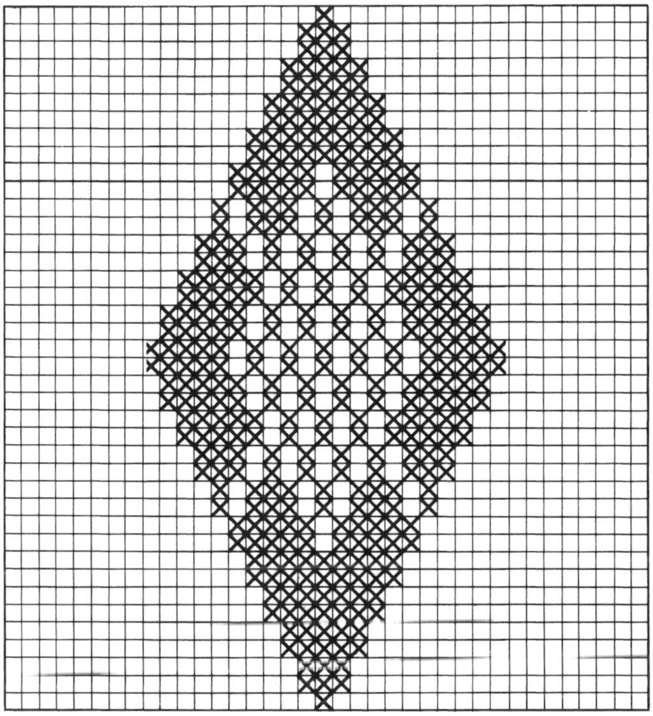

Diese Raute läßt sich sehr gut neben- und übereinander wiederholen. Sie wurde über 21 Maschen und 40 Reihen gestrickt.

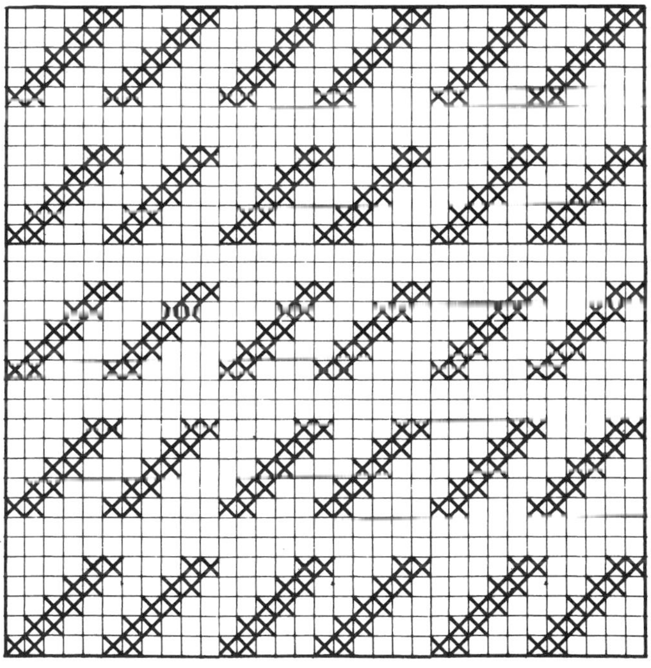

Farbige kurze Streifen können in beliebiger Anordnung eingestrickt werden. Hier wurden sie linear angeordnet. Ein Mustersatz umfaßt 5 Reihen und 11 Maschen.

Dieses Muster kann fortlaufend aneinandergesetzt werden. Je Mustersatz müssen 6 Maschen angeschlagen und 26 beziehungsweise 38 Reihen gestrickt werden.

Stricken Sie diesen Stern genau nach der Strickschrift. Der Mustersatz umfaßt 32 Maschen und 32 Reihen.

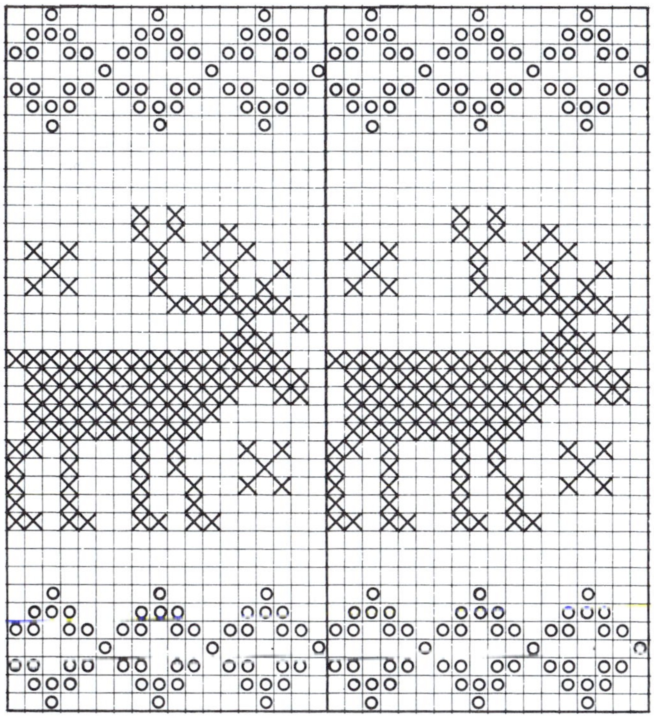

Gezeichnet sind zwei Musterrapporte. Je Mustersatz 18 Maschen und 39 Reihen stricken.

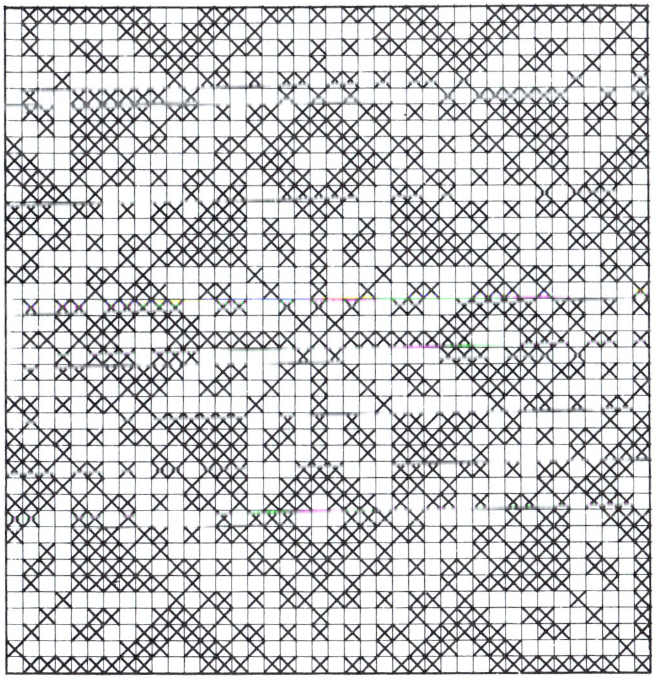

Den Stern genau nach Strickschrift stricken. Der Mustersatz umfaßt original 40 Maschen und 40 Reihen.

Aus Karos und Rauten setzt sich diese Bordüre zusammen. Je Mustersatz müssen 12 Maschen angeschlagen werden.

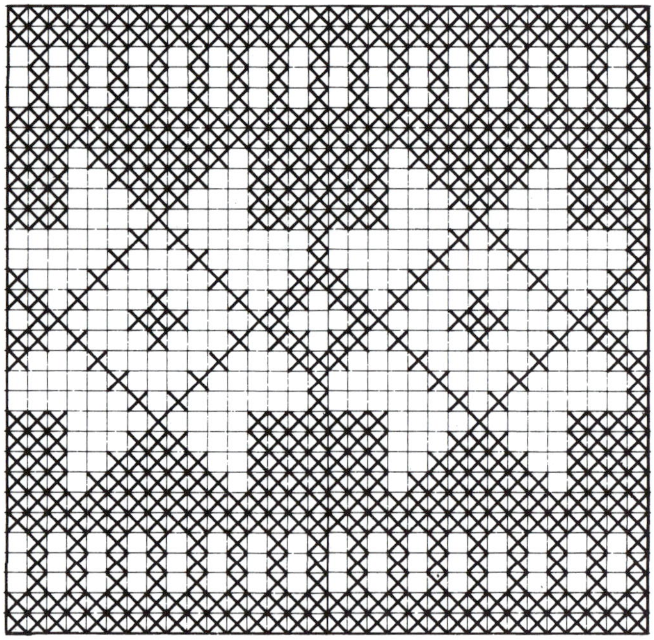

Der Norwegerstern in vereinfachter Form. Der Mustersatz geht über 16 Maschen und 17 Reihen. Zusätzlich können 2 Bordürenreihen gestrickt werden.

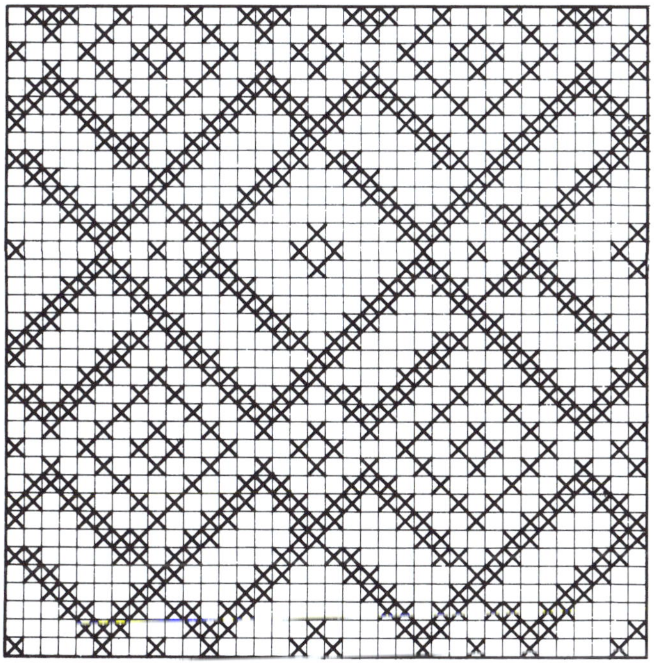

Ineinander verschachtelte Rauten. Soll der Bordürenstreifen (siehe Foto) mehrfach übereinander gestrickt werden, so die 2.–23. Reihe fortlaufend wiederholen.

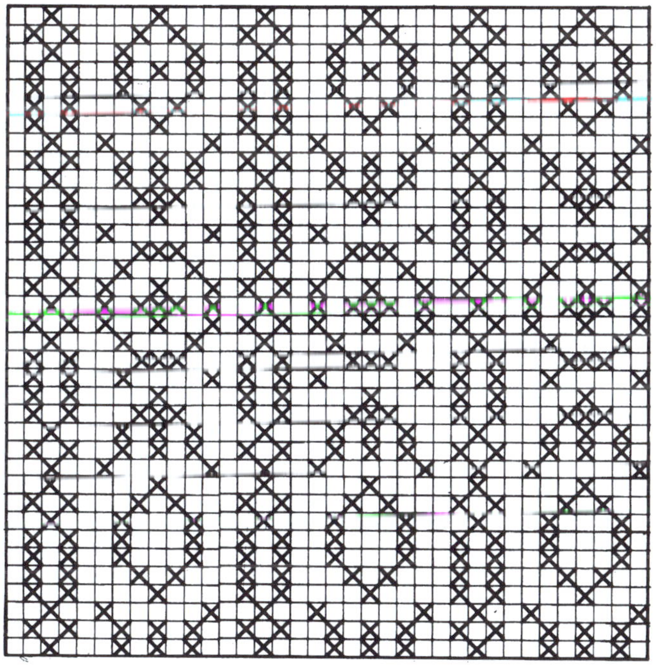

Der Mustersatz der Bordüre kann fortlaufend aneinander und übereinander gesetzt werden. Arbeiten Sie einen Mustersatz über 26 Reihen und 12 Maschen.

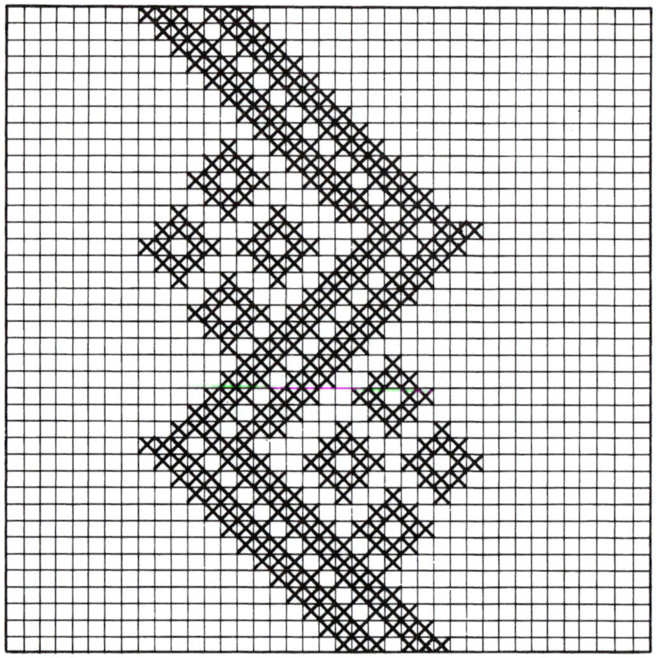

Ein Motiv, das sowohl allein wie auch in Reihe stehen kann. Schlagen Sie je Motiv 21 Maschen an und stricken Sie 39 Reihen hoch.

Eine Bordüre, die aber auch laut Strickschrift als Muster erscheinen kann. Schlagen Sie für ein Grundmotiv 12 Maschen an und stricken Sie 18 Reihen hoch.

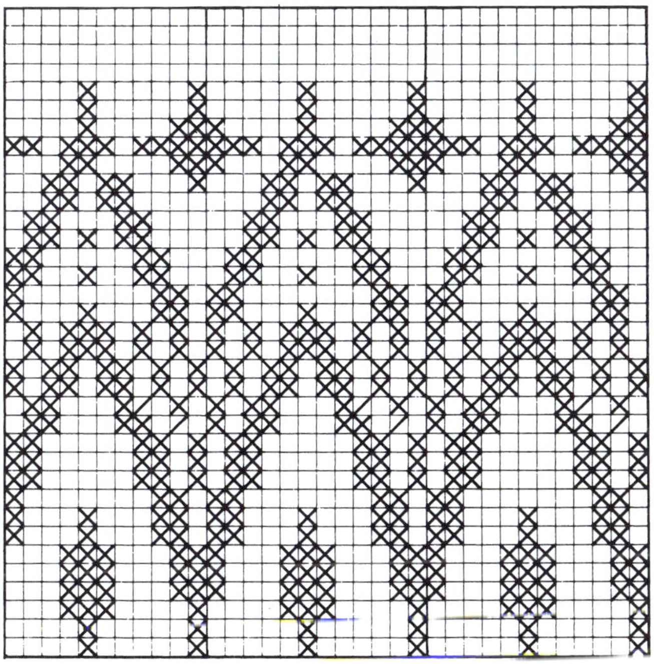

Von dieser Bordüre wurden 3 Mustersätze gezeichnet. Für ein Grundmotiv müssen 12 Maschen angeschlagen werden.

Es ist möglich, diesen Rapport als Bordüre oder auch als Muster aneinanderzufügen. Schlagen Sie für einen Rapport 12 Maschen an und stricken Sie 24 Reihen hoch.

Das Grundmuster ist glatt rechts. So stricken Sie die Noppe: 3 Maschen auf eine Hilfsnadel legen und den Arbeitsfaden von hinten nach vorn insgesamt 5mal um die 3 Maschen schlingen.
Dann die 3 Maschen wieder auf die linke Nadel nehmen und rechts abstricken. Die Noppen im Abstand von je 5 Maschen wiederholen.

Das Grundmuster ist glatt rechts.
So stricken Sie die Noppe:
Aus 1 Masche 4 Maschen (1 Masche links, 1 Masche rechts, 1 Masche links, 1 Masche rechts) herausstricken. Die Arbeit wenden und 4 Maschen links stricken. Wiederum wenden, 4 Maschen rechts stricken, wenden. Nochmals 4 Maschen links stricken, wenden und 4 Maschen rechts stricken. Nun die ersten 3 Maschen über die vierte Masche ziehen.
Die Noppen im Abstand von je 7 Maschen arbeiten.

Das Grundmuster ist glatt rechts.
So stricken Sie die Noppe:
Mit einem gesonderten Knäuel während des Strickens die Noppe einarbeiten, nach Beendigung der Noppe den Faden hinter der Arbeit locker weiterführen.
Mit der Häkelnadel aus einer Masche eine Schlinge holen. Dann 5mal 1 Umschlag und 1 Schlinge aus der gleichen Masche herausarbeiten. Dann alle auf der Häkelnadel liegenden Schlingen zusammen abmaschen.
Noppen im Abstand von je 5 Maschen und nach jeder sechsten Reihe zueinander versetzt arbeiten.

Hier wurde als Grundmuster glatt links gewählt.
So stricken Sie die Noppe:
Mit der Häkelnadel den Faden durch die Masche zur Schlinge holen, 2 Luftmaschen häkeln. Diesen Vorgang 3mal wiederholen, so daß Sie 4 Schlingen auf der Nadel haben. Nochmals den Faden zur Schlinge holen und alle auf der Hakelnadel liegenden Schlingen zusammen abmaschen. Die so erhaltene Masche auf die linke Nadel nehmen und links stricken.
Die Noppen im Abstand von je 5 Maschen arbeiten und frühestens nach 6 Reihen eine weitere Noppenreihe arbeiten.

Das Grundmuster ist glatt rechts.
So stricken Sie die Noppe:
Mit der rechten Nadel in die vier Reihen unter der folgenden Masche liegende Masche einstechen, die Schlinge holen. Dann noch 4mal abwechselnd 1 Umschlag und 1 Schlinge aus der gleichen Masche holen. Alle 9 Schlingen auf die linke Nadel nehmen und mit der folgenden Masche zusammen rechts abstricken.
Diese Noppen im Abstand von je 5 Maschen arbeiten.

Das Grundmuster ist glatt rechts.
So stricken Sie die Noppe:
Aus einer Masche werden im Wechsel 1 Masche rechts, 1 Masche links insgesamt 6 Maschen herausgestrickt. Die Arbeit wenden und die 6 Maschen links stricken, wiederum wenden und diese Maschen rechts stricken. Nochmals wenden, diese Maschen links stricken, dann die ersten 5 Maschen über die sechste ziehen.
Die Noppen im Abstand von je 7 Maschen und nach jeder sechsten Reihe zueinander versetzt einarbeiten.

Das Grundmuster ist glatt rechts.
So stricken Sie die Noppe:
Mit der Häkelnadel in 1 Masche einstechen, den Faden zur Schlinge holen. Die Häkelnadel in die zwei Reihen tiefer liegende Masche einstechen und 1 Schlinge holen. Diesen Vorgang 4mal wiederholen. Dann mit der Häkelnadel in die erste Einstichstelle stechen, den Faden zur Schlinge holen und durch alle auf der Nadel liegenden Schlingen ziehen.
Die Noppen im Abstand von je 5 Maschen und 6 Reihen versetzt zueinander arbeiten.

Das Grundmuster ist glatt links.
So arbeiten Sie die Noppe:
Mit der rechten Nadel 1 Reihe tiefer in die unter der folgenden Masche liegende Masche einstechen und aus dieser Masche 5 Maschen (1 Masche rechts, 1 Umschlag, 1 Masche rechts, 1 Umschlag, 1 Masche rechts) herausarbeiten.
Dann die nächste Masche der linken Nadel links stricken, die Arbeit wenden.
6 Maschen rechts stricken, wenden und 6 Maschen rechts verschränkt zusammenstricken.
Die Noppen im Abstand von je 7 Maschen einarbeiten. Frühestens nach 6 Reihen wiederholen.

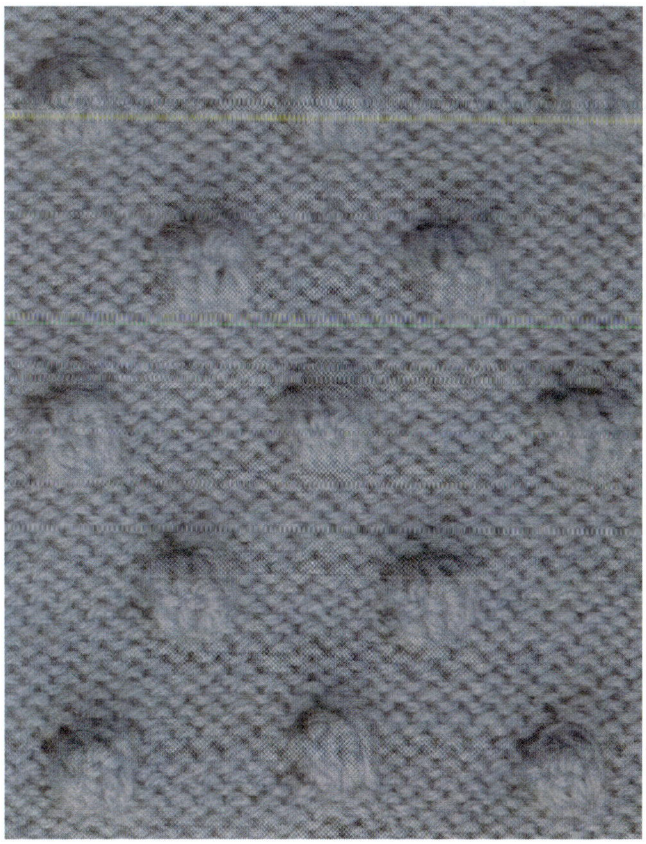

Symbolschrift Stricken

1 Masche rechts

1 Masche links

1 Masche wie zum Linksstricken abheben, dabei den Faden hinter der Masche weiterführen.

1 Masche wie zum Linksstricken abheben, dabei den Faden vor der Masche weiterführen.

1 Umschlag

2 Maschen rechts zusammenstrikken.

2 Maschen überzogen zusammenstricken: 1 Masche wie zum Rechtsstricken abheben, die folgende Masche rechts stricken und die abgehobene Masche darüberziehen.

3 Maschen rechts zusammenstrikken.

3 Maschen links zusammenstricken.

3 Maschen überzogen zusammenstricken: 1 Masche wie zum Rechtsstricken abheben, die folgenden 2 Maschen rechts zusammenstricken und die abgehobene Masche darüberziehen.

1 Masche verschränkt aus dem Querfaden zunehmen.

Aus 1 Masche 1 Masche rechts, 1 Umschlag und 1 Masche rechts herausstricken.

2 Maschen nach rechts verkreuzen: die zweite Masche vor der ersten Masche rechts stricken, dann die erste Masche rechts stricken.

1 V	2 V	3 V	4 V

Das Zeichen V bedeutet, daß die folgende Masche mit der um x Reihen darunter liegenden Masche links zusammengestrickt wird.

2 Maschen nach links verkreuzen: die zweite Masche hinter der ersten Masche rechts stricken, dann die erste Masche rechts stricken.

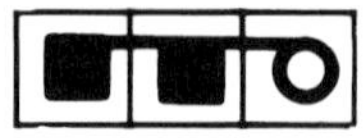

1 Umschlag, 2 Maschen rechts stricken, den Umschlag über die gestrickte Masche ziehen.

Randmasche

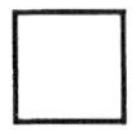

leeres Kästchen; hat keine Bedeutung. Es dient der besseren Übersicht.

↑ Rapportangabe

6 Maschen nach rechts verkreuzen: 3 Maschen auf eine Hilfsnadel hinter die Arbeit legen, die folgenden 3 Maschen rechts stricken, dann die 3 Maschen der Hilfsnadel rechts stricken.

6 Maschen nach links verkreuzen: 3 Maschen auf eine Hilfsnadel vor die Arbeit legen, die folgenden 3 Maschen rechts stricken, dann die 3 Maschen der Hilfsnadel rechts stricken.

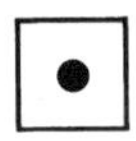

Patentgestrickte linke Masche = 1 Umschlag, 1 Masche links abheben.

Patentgestrickte rechte Masche = Umschlag und Masche zusammen rechts abstricken.